철혈의 민족혁명가

나창헌 평전

지은이 장석흥

국민대학교 한국역사학과 명예교수로 있으며,
한국근현대사학회장, 문화재위원회 근대분과위원,
독립기념관 한국독립운동사연구소장을 지냈다.
주요 저서로는 『임시정부 버팀목, 차리석 평전』(2005),
『6·10만세운동(2009)』, 『한국독립운동의 혁명 영수 안창호』
(2016) 등이있다.

철혈의 민족혁명가

나창헌 평전

제1판 1쇄 발행일 2023년 4월 11일

지은이 장석흥
펴낸이 주혜숙

펴낸곳 역사공간 | 등록일 2003년 7월 22일 제6-510호
주소 04000 서울시 마포구 동교로19길 52-7 PS빌딩 4층
전화 02-725-8806 | 팩스 02-725-8801
전자우편 jhs8807@hanmail.net

ISBN 979-11-5707-602-4 03990

책값은 뒤표지에 있습니다. 잘못된 책은 바꾸어 드립니다.

나창헌 평전

철혈의
민족혁명가

장석흥 지음

역사
공간

머리말

우리는 오랫동안 독립운동가 나창헌을 기억하지 못했다. 그가 펼친 독립운동의 실체조차 제대로 복원되지 않았다. 나창헌의 자취는 관련한 조직과 활동 등에서 언급될 뿐이다. 그에 대한 역사적 평가도 왜곡된 점이 적지 않다. 머나먼 중국 땅에서 나창헌이 서거한 지 90여 년이 지났다. 서거 당시 20대 후반이던 그의 아내 김희숙 여사, 6세의 어린 아들 나중화도 세상을 떠났다.

나창헌의 연구가 미진했던 것에는 자료의 제약이 가장 큰 원인이라 할 수 있다. 그동안 이루어진 나창헌의 선행 연구들을 보면 다음과 같다. 1980년대 초 신복룡 선생의 『대동단 실기』(1982)가 최초의 연구이다. 저자는 35년 전 「조선민족대동단연구」(1989)라는 글에 이어, 20년 전에 나창헌에 관한 단독 논문 「나창헌의 생애와 독립운동」(2001)을 발표한 바 있다. 그 후 나창헌 연구가 진전되지 않다가, 반병률 교수의 「해외 대동단의 조직과 활동」(2004), 신복룡 선생의 『개정증보판 대동단실기』(2014)에 이어 조철행 선생의 『나창헌 – 의열투쟁에 헌신한 독립운동가』(2015)가 간행됐다. 이후 나창헌 연구는 뒤를 잇지 못하고 있다.

3년 전 나창헌의 아들 나중화 선생을 만났다. 90대의 선생은 몸이 무척 수척하셨다. 간암 말기의 몸이었다. 인생의 마지막 소원이라며 아버지 나창헌의 전기를 부탁하셨다. 나중화 선생을 알기는 꽤 오래 전이었다. 광복회 부회장을 맡으시며 독립운동의 정신을 전파하는데 열정이 대단했던 분이다. 그 열정으로 2021년 7월 독립기념관에 나창헌 선생의 시어록비를 세웠다. 그 해 말 나중화 선생은 돌아가셨다. 선생의 마지막 가시는 길에 나창헌의 전기를 만들어 드리지 못한 것에 깊은 송구심과 후회가 따랐다. 나중화 선생은 역사의 진리와 정의를 세우면 되니 책 출판을 서두르지 말 것을 부탁하셨다. 그런데 변명으로 들리겠지만, 나창헌을 새롭게 정리해서 쓴다는 것이 쉽지 않았다. 그러는 동안 저자는 국민대학교 교수를 정년퇴직했다.

오랫동안 손을 놓았던 나창헌에 접근하기가 용이하지 않았다. 새로운 자료를 찾는 과정이 어려웠다. 정년을 한 뒤라 시간이 많았지만, 진도가 나가지 못했다. 그러나 공부를 해가는 과정에서 나창헌에 대한 새로운 사실들을 조금씩 발견할 수 있었다. 주목할 만한 것들로는 다음과 같다.

나창헌의 독립운동에는 안창호가 깊게 연결되었던 점이다. 흥사단 뿐 아니라 국내의 독립운동부터 인연을 맺어온 두 사람의 관계를 정확히 살필 필요가 있었다. 나창헌이 상해 망명한 뒤 구국모험단 시절 폭탄 사고 때 보여준 안창호의 배려, 황학선사건 때 보여준 안창호의 관심과 온정, 국민대표회의부터 민족유일당운동에 이르기까지 안창호의 측근으로 활동했던 사실, 결혼의 주선과 주례를 섰던 점, 도산의 피체로 흐트러진 대오를 정비해 한국병인의용대의 재건에 이르기까지, 대공주의大公主義를 공유한 나창헌과 안창호의 관계는 그 폭이 대단히 넓고 깊었음을 알 수 있었다.

조선민족대동단의 결성 배경에서 신규식의 역할을 발견할 수 있었다. 자료의 한계로 단언키 어려우나, 내면에 흐르는 기맥을 통해 조선민족대동단의 결성 배경에는 신규식이 위치하고 있음을 찾을 수 있었다. 그래서 이 책에서는 조심스럽지만 조선민족대동단의 결성 배경의 인물로 집어넣었다.

그리고 나창헌 5형제 모두가 독립운동에 투신했음을 알 수 있었다. 큰형의 순국, 나머지 3형제들도 나창헌을 따라 중국행에 이어 모두 독립운동에 참가했음을 살필 수 있었다. 이는 개인 차원을 넘어 가문의 차원에서 빛나는 역사를 이루고 있음을 보여주는 것이었다. '독립운동을 하면 3대가 망한다'는 말이 있지만, 나창헌의 5형제들은 그 말을 뛰어넘어 가문의 영광스런 역사를 써갔던 것이다.

의사 출신으로서 나창헌은 의업醫業을 겸하며 독립운동을 이어갔던 모습을 보여주었다. 1921년 상해에서 의원을 개설한 이래 1936년 순국할 때까지 15년간을 끊임 없이 의원을 개설했다. 상해·항주·구강·중경·만현 등지로 이주하는 곳마다 세웅의원, 폐병요양원, 홍십자병원, 중경전료원, 만현의원 등을 세우며 독립운동을 전개했다. 나창헌의 병원들은 독립운동자의 근거지가 됐다. 독립운동의 기준에서 볼 때 경제적인 여유를 마련하는 틀이었으며, 독립운동에 대한 지속적 지원도 가능케 했다. 우리는 독립운동을 얘기할 때 생활 등 경제적 문제를 외면하는 경우가 적지 않다. 그러나 독립운동에서 경제적 기반은 매우 중요한 문제이다. 나창헌에게 의업은, 생활 문제에 그치지 않고 독립운동의 경제적 기반을 제공하는 것이었다.

나창헌의 독립운동은 세대별로 볼 때 3세대의 대표적 기수였음을 확인할 수 있었다. 독립운동사 연구는 주로 2세대에 초점이 맞추어져 있다. 2세대라면 안창호, 신규식, 김구와 같은 1870년대 출신들을 말한다. 그러나 독립운동에는 이들 2세대만이 있는 것이 아니다. 1900년을 전후해 출생한 3세대가 있었다. 한국 독립운동의 과제는 2세대와 3세대 간의 융화와 통합에 있었다. 혹간 나창헌을 반공주의자로 서술하는 것이 있지만, 그런 인식은 편견에 불과한 것이다. 나창헌의 이념과 노선은 철혈주의鐵血主義와 의열투쟁에 있었다. 독립운동에서 늘 강조하는 것은 이념의 차이를 뛰어넘는 민족혁명과 대동단결이라 할 수 있다. 나창헌의 독립운동은 대체로 임시정부의 옹위를 위한 것에 맞춰져 있었지만, 한편으로 민족혁명당과도 깊게 연결되고 있었다. 나창헌의 사후死後, 민족혁명당원들의 추도와 묘소 참배가 그것을 말해주고 있지 않는가. 중경시절 임시정부나 민족혁명당에 관여한 그의 형제들과 지인들의 자취를 통해 나창헌의 진면목을 보여주는 것이었다. 이는 안창호의 대공주의를 실천해간 나창헌의 자취를 말해주고 있다.

이 글에서는 그런 점들에 주목하면서 나창헌의 생애를 복원하는 데 초점을 맞추었다. 그리고 독립운동사에서 차지하는 나창헌의 위상을 정립하고자 했다. 그러나 책을 출간하기에 앞서 부끄럽기만 하다. 앞으로 부족한 내용들은 꾸준히 수정·보완하겠다는 말씀을 드린다.

이 책을 나창헌의 독립운동을 기리는 마음과, 아버지 나창헌의 독립운동 정신을 계승했던 나중화 선생의 영전에 바친다.

2023년 2월

장석홍

차례

나창헌은 누구인가

철혈의 민족혁명가

나창헌羅昌憲(1896~1936)은 3·1운동부터 1936년 중국 사천四川 만현萬縣에서 서거할 때까지 20여 년 동안 국내와 중국을 무대로 활동한 열혈 독립운동가였다. 경성의학전문학교 재학 중 학생층의 3·1운동을 주도하며 독립운동에 뛰어 들었다. 이후 조선민족대동단과 대한민국청년외교단 등의 국내비밀단체를 중심으로 활동을 펼쳤다. 연통본부의 설치, 김가진의 상해 망명과 의친왕 이강 공의 해외망명 기획, '제2회 독립만세운동' 등을 추진했다. 1920년 1월 중국 상해로 망명한 뒤 대동단 재건에 앞장서는 한편 철혈단鐵血團을 창설해 무력투쟁을 펼쳤다. 1920년대 초 임시정부에 참가하는 한편 한국노병회와 국민대표회의, 유호청년대회, 흥사단 등에 참여하고, 1925년 임시의정원에서 이승만탄핵심판위원장으로 활약했다. 임시정부 경무국장으로 임시정부 경위에 앞장서면서 정위단, 병인의용대 등을 조직하여 의열투쟁을 주도하며 강렬한 독립운동을 이끌었다. 1926년 6·10만세운동 때는 병인의용대 대원의 국내 의거를 추진하기도 했다. 일제의 탄압을 피해 상해를 떠나 항주, 구강, 중경, 사천 등지로 거처를 옮기면서도 상해를 오가면서 흥사단과 독립유일당촉성회에 참가하는 한편 병인의용대 재건에 힘을 쏟는 등 독립운동계에서 굵은 자취를 남겼다.

1896년 평북 희천에서 출생한 나창헌은 진사進士 출신의 부친 나지홍羅祉洪으로부터 전통학문을 배웠다. 1905년 희천의 일신학교日新學校에 입학하면서 신학문을 접했다. 1909년 평양고등학교를 거쳐 서울의 한성고등학교를 졸업했고, 1913년에는 경성교원양성소를 수료했다. 경성교원양성소 졸업 후 그는 고향에 내려가 모교인 일신학교와 영변의 창의학교에서 교원으로 지내다가 상급학교로의 진학을 위해 일본으로 건너갔다. 이 무렵 그는 의학과 관련한 정신요법에 깊은 관심을 가지며 동경의 수영脩靈대학을 마치고, 동경최면학회東京催眠學會와 일본정신연구회 등에 출입했다. 국내로 돌아와 1917년 경성의학전문학교에 다니던 중 3·1운동을 맞이했다.

독립운동에 나서다

나창헌이 독립운동에 나서는 것은 3·1운동의 추진 과정에서 학생 측 대표로 참가하면서다. 이 무렵 일본 동경의 한국 유학생들은 민족독립에 관한 문제로 한껏 고조되어 있었다. 당시 동경에 머물던 그는 유학생 모임에 참석하며 독립운동의 방도를 강구했다. 1919년 2월 초 귀국한 그는 동교생 한위건, 김형기 등 학우들에게 동경 유학생의 움직임을 구체적으로 전달하면서, 3·1운동의 경성의학전문학교 학생단 대표로 활동했다. 학생단은 학생 중심의 만세시위를 계획하면서 학생들의 동원과 방법을 진행시켜 갔다.

국내에서 3·1운동을 계획하던 중심 세력은 학생단과 종교계였다. 1910년대 일제의 가혹한 식민지 통치 아래 한국의 사회조직은 거의 파괴당하고, 종교 조직과 학교가 남아 있을 뿐이었다. 때문에 전 민족적 대규모의 독립운동을 전개하기 위해 이들 종교 조직과 학교의 연합이 무엇보다 중요했다. 이 과정에서 학생들은 독립선언서의 사전 배포 특히 서울지역 학교 및 시내 배포, 3월 1일 학생 동원 등의 책임을 맡았다.

학생들은 3월 1일 독립선언식 이후 3월 5일 제2회 만세시위를 일으켜 만세운동을 지속적으로 펼쳐 나갈 것을 계획했다. 아울러 만세시위 이후에도 계속해서 독립운동을 전개하기로 결의했다. 학생단이 계획한 독립운동은 만세운동에 국한하지 않고

나창헌

향후 구체적으로 독립운동에 투신할 것을 결의했다. 나창헌은 3월 1일 거사일에 경성의학전문생들을 독려하며 탑골공원 기념식과 독립만세시위에 참가했다. 3월 5일의 2차 시위를 준비하던 중 3월 2일 운니동 하숙집에서 체포되고 말았다. 일경의 심한 고문으로 세브란스 병원에 입원 중 7월 경 탈출하여 조선민족대동단 단원 정남용의 소개로 전협·김가진을 만나 대동단에 가입했다. 대동단의 조직 선전활동에 참가하는 한편 대동단 총재 김가진의 상해 망명을 성공시켰다. 이어 의친왕 이강공의 해외 망명과 함께 제2회 독립만세시위 계획에서 주도적 역할을 수행했다.

나창헌은 서울을 무대로 활동하던 대한민국청년외교단, 대한독립애국단 등과 같은 비밀단체에도 폭넓게 관계했다. 대한민국청년외교단이 1919년 8월 29일 국치기념일을 기념하여 만세시위를 추진할 때, 그는 인쇄물의 배포 책임을 맡아 서울의 각 독립운동단체를 비롯하여 학교 및 일반에게 배포하는 한편 대한독립애국단 단장 신현구申鉉九와 힘을 모아 거사를 추진해 갔다. 10월에는 안창호의 지시로 파견된 이종욱과 함께 국내 비밀단체를 통합하는 연통부 본부 설치를 주도했다. 대한민국임시정부 통합 수립 축하 및 일제의 소위 천장절을 기해 3·1운동과 같은 방식으로 거행하려 한 '제2회 독립만세시위'를 추진해 갔다. 이 만세시위는 대동단을 비롯하여 서울의 각 단체들과 상해에서 파견된 이종욱과 천진불변단의 인사들이 대거 특파되면서 연합시위 형태로 추진되었다. 이들은 3·1운동 때처럼 대한독립선언서를 작성하고 민족대표를 구성했다. 나창헌은 독립선언서 집필과 함께 대동단을 대표해 민족대표의 인선을 맡았다.

11월 17일 전협이 체포되고 대동단 조직이 파괴당하는 상황에서도 나창헌 등은 만세시위를 강행했다. 이신애, 정규식, 박원식, 안교일, 정희종, 김종진, 변화(전협의 아내) 등과 함께 11월 28일 종로경찰서 앞에서 선언서를 살포하며 200여 군중과 함께 독립만세시위를 거행했다.

상해로 망명하다

일경의 체포를 피해 상해로 망명한 나창헌은 대동단 본부를 이전하고 철혈단을 중심으로 활동했다. 그가 상해에 도착한 것은 1920년 1월이었다. 이 무렵 도산 안창호는 국내의 연통제와 교통국이 파괴당하는 상황에서 새로운 국내활동을 위해 지방선전부 설치를 추진하던 중이었다. 임시정부의 통합과 함께 안창호는 국내외 국민들을 임시정부로 통일 집중시키는 문제를 내정활동의 기본 목표로 설정하고, 국내를 대상으로 한 선전기관으로 지방선전부의 설치에 힘을 기울이고 있었다. 지방선전부는 연통제를 보완하거나 대행하는 조직 성격을 지녔다. 이를 위해 도산은 국내에서 망명한 나창헌과 수시로 만나며 국내 상황에 대한 의견을 교환했다. 국내에서 임시정부 연통부 본부의 설치에 힘을 쏟았던 나창헌은 안창호가 주도한 임시정부의 국내 조직 설치에 적극적으로 참여했다.

상해에서 머물며 나창헌은 임시정부의 분파와 불통일에 대해 커다란 불만을 갖게 되었다. 국내에서 듣던 바와 달리 통합 임시정부 내 이승만李承晩과 이동휘李東輝 세력 간의 극심한 분파는 열혈적 청년 나창헌에게 실망을 넘어 분노의 대상이 되었다.

그는 임시정부에 참가하기보다는 독자 노선에 의한 대동단 재건이라는 방향을 세웠다. 대동단 총재 김가진을 앞세워 대동단 본부를 1920년 4월 상해에서 재건했다. 대동단은 「통고문」과

「포고문」 등을 발표하면서 재건의 뜻을 밝혔다. 독립전쟁을 선포한 취지는 자못 웅장했다. 대동단은 나창헌을 앞세워 열혈투쟁의 철혈단을 조직하며 지원했다. 이는 국내에서 보였던 비무장노선과 달리 향후 나창헌의 노선을 밝히는 것이었다. 그러한 의지는 상해 망명 이후 이름을 세웅世雄이라 바꾸고, 강우규姜宇圭라는 별칭을 즐겨 사용했던 것에서도 나타나고 있다. 블라디보스토크 신한촌 노인단의 길림성 지부장이었던 강우규는 3·1운동 이후 조선총독 암살을 결심하고, 최자남崔子南·허형許炯 등과 거사계획을 세운 후 서울로 들어왔다. 1919년 9월 2일 사이토齋藤實 총독이 부임 차 남대문역에 도착하자마자 수류탄을 던졌으나 성공하지 못했다. 나창헌은 그런 강우규의사의 높은 뜻을 기리고자 강우규란 이름을 사용한 것으로 보인다.

나창헌은 일경의 탄압을 피해 1926년 말 상해를 떠날 때까지 6년여 동안 다양한 부문에서 활발한 활동을 펼쳤다. 처음에는 다소 거리를 두었던 임시정부에 참가하는 한편 한국노병회와 교민단, 유호청년대회, 흥사단 등에서 다양한 활동을 전개했다. 상해에서 세웅의원을 직접 경영한 그는 1924년 상해교민사회에 깊은 관심을 보이며 인성학교의 교사를 맡는 한편 교민단의사회 학무위원으로 활동했다. 임시의정원에 참가하여 이승만탄핵심판위원장으로 활약했다. 1925년 이래 임시정부 경무국장으로 임시정부 옹위에 앞장섰으며, 정위단正尉團과 병인의용대丙寅義勇隊를 이끌며 의열투쟁의 선봉에 섰다. 나창헌의 독립운동에서 가장 강력한 의열투쟁의 기간이었다.

그러나 임시정부의 상황은 더욱 어려워져 갔다. 1924년 12월 임시정부는 박은식을 임시대통령대리로 선출하는 등 체제 정비에 안간힘을 썼으나, 계파 간의 갈등으로 더욱 골이 깊어 갔다. 이승만탄핵의 문제는 임시정부가 넘어야 할 최대의 과제였다. 실천적 의지가 강했던 그는 임시의정원에서 1925년 3월 이승만에 대한 탄핵안을 제출하고, 탄핵심판위원장의 일을 맡았다. 임시의정원은 심판위원회의 결정에 따라 3월 23일 탄핵을 선포했으며, 만장일치로 국무총리 박은식을 후임 대통령으로 선출했다.

1925년 12월 '여운형구타사건'이 일어나며 이상룡이 1926년 초 임시정부를 떠나는 등 지도체제의 불안은 계속됐다. 심지어 임시정부 해산설까지 나돌 정도로 '여운형구타사건'은 큰 파문을 불러일으켰다. 경무국장 나창헌은 이 문제를 해결하는 데 앞장섰다. 이상룡의 국무령 해임은 이승만의 탄핵 못지않게 독립운동계에 큰 파장을 가져왔다. 장문의 성명서를 발표한 나창헌의 지적에는 틀린 바가 없었다. 그런 충정은 임시정부를 위한 정의와 양심에서 비롯된 것이었다.

의열투쟁에 앞장서다

나창헌은 임시정부 내무차장 겸 경무국장의 일을 맡았다. 경무국장은 임시정부 세력을 보호하고 지키는 실무책임자였다. 당시 경무국은 20여 명의 요원이 활동하고 있었다. 임시정부 경무국 요원만으로는 임시정부와 한인 교포들의 생명과 재산을 보호하기에는 턱없이 부족했다. 나창헌은 1925년 6월 경무국 응원단의 성격을 띠는 정위단을 조직하고 단장을 맡았다.

1926년 1월에는 정위단을 개편하여 병인의용대를 결성했다. 병인의용대는 일제 밀정과 친일파 처단 등 의열투쟁을 표방했다. 나창헌의 지휘 아래 첫 과업으로 최병선·장영환·김광신·박인 등 4명의 결사대가 2월 1일 상해의 일본외무성 촉탁인 조선총독부의 밀정 박제건을 상해 북강서로에서 처단했다. 1926년 2월과 3월 사이에는 염익지 등 4명의 일제 밀정을 처단했으며, 대원 이영선李永善이 비록 뜻을 이루지 못했으나 일본영사관의 관리인의 처단을 시도했다. 그런가 하면 3월 1일 기념일을 기해 국내 의거를 위해 4명의 대원을 파견하기도 했다.

병인의용대는 1926년 4월 8일 김광선·김창근, 이수봉 등 3명이 상해 일본총영사관 건물에 폭탄 2개를 투척하는 등 대담한 의열투쟁을 전개했다. 나창헌은 이들의 작전을 직접 지휘하는 한편 폭탄 제조에 가담하는 등 의열투쟁을 이끌었다. 자신이 직접 제작한 시한폭탄을 일본총영사관에 반입시켜 폭파시킬 계획을 추진하던 중 동지 최병선과 장영환이 일본영사관에 체포됐다. 이때 동지 구출의 계획을 추진하는 한편 총영사관에 폭탄을 투척하는 등 강력한 투쟁을 전개했다.

일본영사관의 집요한 추적과 프랑스 조계 당국의 압박으로, 그는 1926년 말 결국 상해를 떠나지 않을 수 없었다. 대신 자신의 집에 머물던 그의 형과 동생이 체포되는 일이 벌어졌다. 포위망을 탈출한 나창헌은 항주로 이주하여, 그곳에서 폐병요양원을 경영하면서 꾸준히 독립운동을 전개했다.

1926년 7월 이후 도산 안창호의 주창 아래 민족유일당운동이 확산되자, 그는 1927년 4월 상해 삼일당에서 결성한 한국유일독립당상해촉성회의 집행위원으로 참가했다. 그러나 정치·사회사상과 이념을 초월하여 민족대당을 결성하려는 노력은 중국내 국공합작이 와해되는 정세 속에서 지속되기 어려웠다. 민족유일당운동이 쇠퇴한 이후 그는 주로 흥사단을 중심으로 활동을 이어갔다. 그러는 사이 국제정세와 독립운동계의 상황도 급변했다.

1929년 말 세계공황이 불어 닥치고, 일제는 군국주의화 하면서 1931년 만주침공에 이어 끝내 1932년 상해침공으로 내달았다. 이어 만주국을 세우며 동아시아를 호령했다. 독립운동의 운명이 백척간두百尺竿頭에 선 형상이었다. 그런 위기를 극복한 게 이봉창의 동경의거와 윤봉길의 상해의거였다. 김구가 이끄는 한인애국단의 쾌거였다. 의열투쟁이야말로 독립운동을 회생시킨 유력한 방략이었다.

나창헌은 1927년 이후 잠잠하던 병인의용대의 재건을 꿈꾸었다. 그는 1933년 여름 박창세·강창제·이수봉 등과 함께 상해를 찾아와 병인의용대의 부흥을 이끌었다. 이 무렵 그는 거처를 사천으로 옮겨 만현의원萬縣醫院을 경영하고 있었다. 고난의 과정에서 병을 얻어 투병하다가 1936년 6월 이국땅에서 40세의 나이로 조국 독립의 한을 가슴에 묻은 채 서거했다.

나창헌은 독립운동 3세대를 대표하는 기수였으며, 철혈주의와 민족의 대동단결을 바탕으로 독립운동을 이끌던 열혈의 민족혁명가였다.

서북인西北人 으로 태어나다

나창헌은 1896년 1월 29일 평북 희천군 동면 갈현동 514번지에서 부친 나지홍羅祉洪 진사와 모친 왕王씨 사이에서 5남 3녀 중 3남으로 출생했다. 그가 태어난 희천은 한국의 북부에 위치한다. 동으로는 강계군, 서로는 운산군과 영변군, 남으로는 평남의 덕천군과 영원군, 북으로는 초산군과 강계군에 접해 있는 오지였다. 이곳은 오래전에는 위성威城 · 청안 · 위주 · 희주 등으로 불려오다가 1896년 희천군이 되었다. 희천의 자연 경계를 보면, 북부에는 적유령산맥, 남동부에는 묘향산맥이 뻗어 있다. 희천은 경계를 따라 무동산(1,763m) · 삿갓봉(992m) · 묘향산(1,909m) · 법왕봉(1,392m) · 다섯령五嶺(776m) 등 비교적 높은 산과 영嶺들로 둘러 처져 있는 분지 지형을 이루었다. 주변에는 청천강 · 희천강 · 극성강克城江 등이 지나고 있다.

평남과 평북 지역은 한국의 서북에 위치한 관계로 이 지역을 서북이라 부르고, 이곳 사람들을 서북인西北人이라 불렀다. 서북은 조선시대 중앙 정부로부터 철저히 배제된 지역이었다. 서북인들 역시 중앙에서 소외된 사람들이었다. 조선 중기까지 서북에서는 삼남三南지방과 달리 향촌질서를 지배하던 사족士族이 형성되지 못했다. 서북에는 양반에게 면제해 준 군포의 납부 유무를 가르는 기준은 있었지만, 반상班常 내지 지배자와 피지배자의 구분이 명확지 않았다.

근대사의 인물인 천도교인 이돈화李敦化(1884~1950)의 말처럼, 서북에는 족보가 없으며 양반과 상놈이 없었던 곳이다.[1] 양반이 존재치 않았던 곳이 서북이었다. 대신 서북에서는 양반 대신에 향임鄕任이 향촌을 지배했다. 때문에 중앙에서는 서북의 향촌질서를 사족의 문화로 인정하지 않았다. 그런 인식과 차별은 조선 중기 사림파가 정권을 주도하면서 더욱 심해졌다. 그런 이유로 서북인들의 중앙 진출은 오랫동안 봉쇄되었다.

서북에서는 산악이 발달한 지리적 조건에 의해 농업이 척박했다. 중앙 정부의 극심한 정치적 차별 등으로 농업 중심의 삼남 지역과는 다른 경로를 밟을 수밖에 없었다. 농경지의 부족으로 농업이 발달하지 못한 채 일찍부터 상업이 발달했다. 특히 청淸과의 무역을 통해 서북에서는 상당한 규모의 자산가들이 등장하고 있었다. 그에 따라 서북에서 부담하는 조세租稅가 농업 중심의 삼남지방을 훨씬 상회할 만큼 컸다.[2] 그렇지만 서북인의 정치적 진출은 여전히 차단되면서, 조선 정부에 대한 서북인들의 반감은 골이 깊을 대로 깊었다. 1811년 홍경래의 난은 차별과 소외에 대한 분노의 폭발이었다.[3]

평안도 천도교 대접주 나용환羅龍煥(1864~1936)은 "내가 동학에 들게 된 동기는 간단히 말하면 '불평'이라 할 수밖에 없지요. … 아무리 문장이 능한 자라도 하향下鄕 더구나 평안도 놈이라면 어림도 없었습니다. 여기서 크게 불평이 생겼습니다. 과거科擧는 단념하고 불평은 그대로 있고 방향은 정하지 못하였으니 나에게 번민 고통이 있지 않겠습니까. 우연히 동경대전을 접하고, 이것이 유교보다 더 큰 것이라 생각해 동학에 입교했다"고 소회를 밝힌 바 있다.[4] 조선 정부의 차별에 대한 불평과 반감은 굳이 나용환만이 아니라 서북인이면 누구나가 가졌던 감정이자 한이었다.

서북인들의 피맺힌 '통한慟恨'은 1926년 융희황제(순종)가 서거하자, 이승훈李昇薰(1864~1930)이 남긴 글에서도 잘 나타나고 있다.

> 근세에 이르러나 탐민 오리들이 무세한 서북인민을 어육같이 박할하여 5백 년 서북 토민이 도탄의 고苦에 울든 것은 기억이 상신하다. 서북인이 국조를 원怨하여 '연이불망자미지유야然而不亡者未之有也'를 부르짖는 것이 어찌 당연치 아니한가. … 근대에 이르러서는 행히 신문명의 공기를 흡수함이 타지방보다 조속하여 문화가 일즉 발달되었으니 … 이것은 오로지 5백 년 학대가 준 부산물이라 말하자면 왕화王禍라고도 할까. … 나는 서북 사람된 제 신세를 생각하고 눈물이 없지 못하다. 나는 결코 서북 사람의 우월을 자긍하여 비루한 지방적 관념을 나타내는 것이 아니라 우리 조선인 전

체가 이제는 모두 한 가지 옛 서북 사람과 동일한 운명 하에서 방황하는 것을 생각함에 지나간 숙원은 어느 듯 사라지고 새로운 비통이 한층 더 가슴을 아프게 한다.[5]

500년간 이어진 서북인에 대한 학대가 어떠했는가를 알 수 있다. 그런데 근대에 이르러 서북인에 대한 박해가 신문명의 공기를 흡수하는 중요한 요소가 되었다고 했다. 서북인이 다른 지역보다 신문명을 적극 받아들인 것도 조선의 500년 학대에서 비롯한 것으로 인식했다.[6] 이승훈은 3·1운동 때 평양의 만세운동을 기획했으며, 민족대표 33인의 한 사람이었다. 그는 식민지로 전락한 조선의 처지를 두고, 과거 서북인의 운명과 다를 바 없다고 했다.

서북의 특징 가운데 하나는 자작농이 발달했던 점이다. 때문에 삼남지역처럼 토착부호의 공박이 적었고, 양반 세력이 약했던 사회적 조건은 서북의 '양민良民'이 근대적으로 성장하는 배경이 되는 것이기도 했다. 양반도 아니고 평민도 아닌 양민의 폭이 넓었던 것은 자립성이 강한 서북을 특징짓는 중요한 기준이 됐다. 그리고 양민의 존재는 한국의 근대화를 촉진시킨 배경으로 주목받고 있다.[7]

아버지 나지홍은 20세 때 진사시進士試에 합격한 사람이었다.[8] 서북에서 진사로 불렸다는 사실은 나창헌의 집안이 그만큼 유력한 가문이었음을 말해주고 있다. 그러나 나지홍은 전통에만 머묻지 않은 개방적 지식인이었던 것으로 보인다. 시대의 물결에 따라 신문명에도 눈을 떴다. 아들 나창헌을 서울과 일본에 유학을 보낼 만큼 경제적 기반도 넉넉했다. 서울에 올라온 나창헌은 경성의학전문학교 시절 등록금 외에 고향 집에서 매달 20원씩 용돈을 받았다.[9]

나창헌은 맏형 장헌章憲, 둘째형 성헌聖憲, 동생 동헌東憲, 경헌景憲 등 5형제 중 셋째였다. 맏형 나장헌(1890~1922)은 평북 운산군청 서기로 일하던 중 3·1운동이 일어나자 나창헌에게 독립운동 자금 1,000여 원을 상해로 보냈다가 1921년 일경에 붙잡혔다. 신의주지방법원에서 징역 1년 6개월을 언도받고, 옥고를 치르던 중 1922년 순국한 것으로 알려졌다.[10] 둘째형 나성헌(1895~?)은 동생 나동헌과 함께 1926년 초 중국 상해로 넘어와 세웅의원을 경영하던 나창헌의 집 존의리 주택단지 2번지에서 동거하고 있었다. 1926년 9월 나창헌이 주도한 병인의용대의 중국 상해 일본총영사관 폭파사건과 관련해 나성헌은 동생 나동헌과 함께 일경에 체포된 일이 있었다.[11] 이들 두 형제는 두 달 만인 11월 19일 풀려났지만, 이후 독립운동의 대열에 합류해 갔다. 나동헌은 나창헌이 서거한 뒤 1938년 4월 중경에서 열린 안창호선생 추도대회주비회에서 활동한 바 있으며, 1944년 11월 대한민국 임시정부 서무국 국원으로 활동한 사실이 확인된다.[12] 광복 직후에는 주화대표단의 서무과 직원으로 일했다.[13] 막내 동생 나경헌羅子和은 1938년 3월 중경전료원重慶電療院에서 의사로 근무했으며,

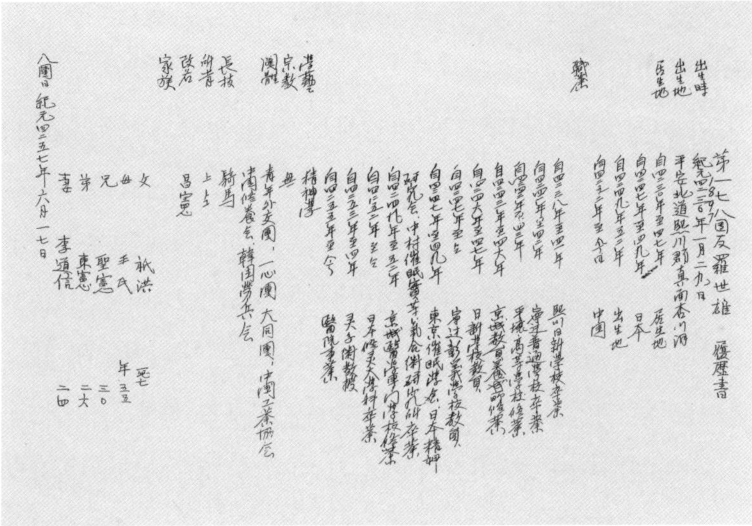

第一七八團友 羅世雄 履歷書
出生時 紀元四二三〇年一月二九日
出生地 平安北道熙川郡真面杏川洞
居生地 自四二三〇年至四七年 居生地
自四二四七年至四九年 日本
自四二四九年至五二年 出生地
自四二五二年至今日 中國
職業 自四二三八年至四一年 熙川日新學校卒業
自四二四一年至四二年 寧邊普通學校卒業
自四二四二年至四三年 平壤高等學校修業
自四二四三年至四六年 京城教育養成所修業
自四二四六年至四七年 日新學校教員
自四二四七年至 寧邊彰義學校教員
自四二四七年至四九年 東京催眠學會, 日本精神研究会, 中村催眠實等氣合術研究所卒業
自四二四九年至五二年 京城醫學專門學校修業
自四二五二年至今 日本修養大學科卒業
自四二五三年至四年 吳子術教授
自四二五五年至今 醫院事業
學藝 精神學
宗教 無
團體 青年外交團, 一心團, 大同團, 中國工業協会, 滿洲修養会, 韓國勞兵会
長技 騎馬
所看 上
政見 昌憲
家族 父 羅祇洪 死
母 李氏 年五五
兄 聖憲 三〇
弟 東憲 二六
妻 李道信 二四
入團日 紀元四二五七年六月一七日

나세웅 이력서

3월 말경 곤명昆明 중국비행장 소속 군의로 갔다.[14] 이로 볼 때 나경헌은 언제인지 모르지만 나창헌이 항주 내지 구강에 머무를 시절 중국으로 망명해 의학을 전공해 의사로 활동한 것이 아닌가 한다. 이렇게 볼 때 나창헌의 5형제 모두가 독립운동에 참가했음을 알 수 있다.

나창헌이 1924년 6월 17일 상해에서 흥사단에 입단할 때 작성한 「제178단우 나세웅羅世雄 이력서」에는 나창헌의 이력과 가족 사항을 알려주고 있다. 여기에는 출생, 학력, 직업, 가족 관계 등이 나타나고 있다.

나창헌의 호는 료범了凡, 이명으로 왕성준王成俊, 강우규姜宇圭, 중국 망명 후에는 나세웅羅世雄을 사용했다. 어려서 부친으로부터 한문을 수학한 나창헌은 1905년 화천일신학교를 입학해 1908년에 마쳤다. 화천일신학교는 평양에 소재한 일신재日新齋라는 전통교육기관에서 유래된 것이었다. 1908년 영변보통학교로 편입해 1909년에 졸업했다. 영변보통학교는 1906년 9월 학부령으로 공포한 공립 보통학교로 수업연한이 4년이었다.[15] 이후 1909년 평양고등학교에서 수업했다. 평양고등학교는 중학과정에 해당한다. 관립 평양고등학교는 1909년 3월 공포한 학부고시 제2호에 의해 관립평양일어학교가 개칭된 것이다. 고등학교 3년 과정을 마치고 졸업하려면 1911년 2월이 되어야 하고, 졸업하자마자 교원양성소에 입학해야 했다.[16] 경성교원양성소는 경성고등보통학교 부설 임시교원양성소 규정에 의해 1913년 3월에 설립되었다. 1부는 고등보통학교 1년 수료 정도, 2부는 고등보통학교 졸업 정도의 학력을 입학 자격으로 했다. 전자는 3년, 후자는 1년을 수업연한으로 하여 초등교원을 양성하는 과정이었다. 나창헌은 고등보통학교 3년 과정을 마친 경력과 교원양성소를 1913년에 1년 과정으로 수료한 경력으로 일신학교와 영변 창의학교 교사에 취업한 것으로 보인다.

1914년에 일본으로 유학해 평소 관심이 높았던 정신과精神科 관련의 과정을 2년간 수학하고 돌아왔다. 그의 이력서에는 1916년까지 수영脩靈대학을 마치고, 중촌최면실등기합술연구소中村催眠實等氣合術研究所에 다닌 것으로 되어 있다. 그리고 동경최면학회, 일본정

나창헌 누이동생 결혼식(1935년경)

윗줄 왼쪽부터 김희숙, 최성오, 나창헌, 아랫줄 왼쪽부터 나영화, 나중화

신연구회 등을 출입하면서 의술을 배웠다.[17]

국내로 돌아와 1917년 경성의학전문학교에 입학하고, 3·1운동 당시 2학년 재학 중이었다. 경성의전은 1905년 일제가 통감부를 설치하면서 대한제국의 의료기관을 통폐합하면서 만든 의학전문학교였다. 일제는 1907년 대한제국의 광제원의학교와 대한적십자병원을 통합하여 대한의원을 설립했다. 대한의원에는 치료부·위생부·교육부를 두었는데, 교육부는 1909년 대한의원 부속의학교로 개칭됐다. 대한의원과 부속의학교는 일제강점 이후 총독부의원과 그 부속 의학강습소로 개편됐다. 이 총독부의원 부속 의학강습소가 1916년 경성의학전문학교로 개칭한 것이다.

정신의학에 관심을 가졌던 그는 일본으로부터 통신과정의 교수를 받았다. 이 무렵 일본의 『태영도太靈道』라는 잡지사에서 1919년 1월 18일부터 28일까지 정신요법 강습이 있다는 것과 일본 동경 지구芝區에 있는 정신연구회에 입회할 수 있는 사실을 알고 1918년 12월 20일경 동경으로 떠났다. 나창헌은 1919년 1월 7일부터 정신연구회에 입회하여 1월 18일부터 28일까지 태영도에서 주관한 강습을 듣는 등 40여 일간의 일정을 보낸 뒤 2월 2일 서울에 돌아왔다.[18]

나창헌은 두 번 결혼했다. 첫 부인은 이도신李道信(1902~1925)이다. 부인 이도신의 고향은 평북 강계였다. 이도신은 서울 세브란스병원 의학전문학교 부속 간호부 양성소의 간호부 견습생이었다. 서울에서 1919년 12월 종묘에서 만세운동에 참가했다가 경성지방법원에서 1919년 12월 18일 징역 6개월을 언도받고 서대문감옥에서 옥고를 치르다가 1920년 4월 27일 출옥했다.[19] 이후 상해로 건너가 나창헌과 결혼했다. 그러나 이도신은 1925년 20대 초반의 젊은 나이에 상해에서 별세했다.[20]

나창헌은 이도신과 사별 후 독신으로 살다가 1930년 둘째 부인 김희숙金嬉淑(1911~2004)과 결혼했다. 김희숙은 평양 출신으로 서문여고를 나온 신여성이었다. 고등학교 때 정구선수를 지낸 기독교도였다고 한다. 안창호와 지인인 아버지의 손에 이끌려 상해로 와 안창호의 소개로 나창헌을 만나 결혼한 것으로 알려졌다. 결혼식 당시 주례는 도산 안창호가 맡고, 축사는 김구가 한 것으로 알려져 있다.[21] 두 사람 간의 사이에는 아들 나중화羅重華(1931~2021), 딸 나영화羅永華(1934~생존)를 두었다. 김희숙 여사는 결혼 후 구강九江과 중경重京, 만현萬縣 등지로 이주하며 살았다. 1936년 나창헌 서거 후 20대 후반의 김희숙 여사는 혼자의 몸으로 어린 아들과 딸을 데리고 국내로 돌아와, 평생 아들과 딸을 뒷바라지하며 살았다. 1993년 남편 나창헌의 유해를 중국 만현에서 찾으며 60여 년 만에 감격스러운 재회를 할 수 있었다.

경성의학전문학교 생도로 학생만세운동을 계획하다

나창헌이 1918년 말부터 1919년 초 동경에 머물던 무렵 일본의 한국 유학생계는 2·8독립선언을 계획하고 있었다. 한국 유학생들은 일본유학생학우회 송년회와 12월 30일에 열린 동서통합웅변대회에서 조국 독립을 위한 실천운동을 일으킬 것을 결의했다. 유학생들은 동경 조선 YMCA 회관에서 1919년 1월 6일 개최된 웅변대회를 통해 일본 내각과 일본의 각국 대사에게 독립 청원을 요구하기로 결정했다. 1월 7일에는 서춘·윤창석·이종근·최근우·전영택·김상덕·백관수·최팔용·송계백·김도연·백남규 등 11명을 유학생 대표로 선출하여 실행위원을 구성했다.

이때 나창헌은 한국 유학생들이 주도한 2·8독립선언에 직접 참가하지는 않은 것으로 보인다. 하지만 유학생들의 움직임을 느낄 수 있었으며, 2·8독립선언을 국내로 전파하는데 매개 역할에 동참했다. 주지하듯이 동경의 2·8독립선언은 3·1운동을 촉발시키는데 크게 기여했다. 이 무렵 동경의 유학생들에게는 미국 대통령 윌슨이 제기한 민족자결주의가 파리강화회의에서 의제된다는 소식이 전해졌다. 그리고 미주의 한인들이 이승만·민찬호閔贊鎬·정한경鄭漢景 등을 한국 민족대표로 파견할 것이라는 소문이 돌면서 2·8독립선언에 직접 영향을 미쳤다.[1]

유학생들은 2월 8일 오전 10시경에 독립선언서와 결의문, 민족대회소집청원서를 일본 정부와 일본에 주재한 각국 대사관, 일본 귀족원과 중의원, 각 신문사와 잡지사 등으로 발송했다. 오후 2시에는 동경 YMCA 회관에서 400여 명의 남녀 유학생이 참가한 가운데 조선청년독립단대회를 개최했다. 나창헌은 1919년 1월 29일 동경을 떠났기 때문에 2·8독립선언식에는 참석하지 못했지만, 이 사정을 알고 귀국했다. 귀국한 나창헌은 경성의전의 학생들에게 유학생들의 2·8독립선언 소식을 전했다.

나창헌이 귀국하기 전 국내에서는 천도교, 기독교, 학생계 등이 각각 별도로 3·1운동을 준비하고 있었다. 학생층의 중심인물은 기독교청년회 YMCA 간사 박희도朴熙道, 연희전문학교생 김원벽金元璧, 보성전문학교생 강기덕康基德, 경성의학전문학교생 한위건韓偉健, 보성전문학교 졸업생 주익朱翼 등이었다. 이들은 1919년 1월 6일 한곳에 모여 3·1운동과 관련한 논의를 해갔다. 이 자리에서 박희도는 천도교와 기독교가 연합해 독립운동을 준비하고 있으니 학생들도 같이 활동할 것을 제의했다.[2] 동경에서 귀국한 나창헌은 경성의전의 학생대표로 선발되어 서울 소재 학교 학생들의 3·1운동을 계획하고 추진을 주도했다. 더욱이 나창헌은 동경 유학생들의 2·8독립선언 계획을 국내에 전파하는 데 힘을 쏟았다.

박희도는 학생 간의 결집을 공고히 하기 위해 2월 12일과 14일에 음악회 등을 가장해 남대문통 세브란스연합의학전문학교 구내의 자택에서 김원벽·김형기·윤자영·김영진·배동석·한위건 등 전문학교 학생 지도자들을 초청했다. 이 자리에서 그들은 해외에서의 독립운동의 정세를 논의하고 독립의 사상을 고취하는데 힘썼다. 박희도는 2월 23일경 김원벽을 통해 각 학교 대표자에게 손병희 일파와 합동으로 서울에서의 만세운동을 주도하기로 했음을 알렸다.

나창헌은 2월 20일경 경성의학전문학교 강당에서 2학년 동급생들에게 파리강화회의 및 민족자결주의의 내용과 유학생들의 독립선언 계획을 알리면서 학생들도 만세운동에 참여할 것을 촉구했다.

나창헌은 2월 25일과 26일 이틀 동안 정동교회 목사 이필주李弼柱 방에서 보성법률상업전문학교 강기덕, 김원벽, 한위건, 세브란스의전 이용설李容卨, 전수학교 박윤하朴潤夏 등 20여 명과 모여 제1회 만세운동에 이어 3월 5일 제2회 만세운동을 강기덕과 김원벽 등이 중심이 되어 추진하기로 결정했다. 제1회와 제2회 독립운동에서 체포를 모면한 사람들은 그 뜻을 굽히지 말고 더욱더 독립운동을 전개해 독립 달성의 최후 목적을 이루자고 결의했다.[3] 그 후 3·1운동은 국내는 물론 국외까지 확대되면서 각

사회계층으로 번져 나갈 때 학생층이 전위역할을 담당했다.

나창헌은 1919년 3월 1일 탑골공원에서 거행한 독립선언식에 참가했다. 이때 경성의학전문학교의 200여 명의 학생 가운데 50여 명이 3·1운동에 참가했다.[4] 당시 서울의 8개 전문학교 학생 77명이 재판에 회부되었다. 그 중 경성의전 학생이 32명으로 가장 많았다. 1918년 말 현재 경성의전의 한국인 학생이 208명이었는데, 그중 32명이 재판에 회부될 만큼 만세운동을 주도했다.[5]

나창헌은 독립만세 시위운동에 참가하고, 제2차 만세운동을 준비하려다가 1919년 3월 2일 운니동의 93번지 하숙집에서 일본 경찰에 체포됐다. 그의 하숙집에는 김성주金成柱·김승진金承鎭·채정흠蔡禎欽과 함께 동숙하고 있었다. 일제 신문조서에서 확인되는 바에 의하면, 나창헌의 심정은 "조선 사람이 독립의 희망을 가지고 있다는 것을 세상에 알리게 되면 독립이 될 것이라 생각했다."[6] 그리고 일제의 식민지체제와 관련해서는, "조선 사람과 일본 사람이 완전히 동화할 수 있다면 그 이상 좋은 일은 없겠으나 현재의 상황이 그대로 간다면 조선 사람은 생존경쟁에 패해 버릴 것이라고 생각했다. 강화담판에서 민족자결주의를 표방한 이때에 조선은 독립하여 일본과 제휴하여 동양평화를 위하여 진력하는 것이 좋다"[7]는 생각을 품고 있었다. 이 무렵 나창헌은 독립에 대한 필연적 의식을 갖고 있었으며, 나아가 독립에 바탕을 둔 동양평화까지 나아갈 정도로 확고한 독립사상을 갖고 있었다.

나창헌은 서대문형무소에 갇혀 3개월여 동안 갖은 고문을 당했다. 이때 거꾸로 매달려 놓고 고춧가루를 코에 뿌리는 등 악형으로 나창헌은 기절을 거듭했다. 결국 세브란스병원에 입원할 정도로 몸이 피폐되었다. 그런데 조선민족대동단의 정남용이 찾아와 국내 사정을 말했고, 나창헌은 7월 세브란스병원을 탈출했다. 병원 화장실 창문을 이용해 탈출에 성공한 것으로 알려져 있다. 나창헌과 정남용鄭南用, 鄭必成, 洪宇植(1896~1921)은 1916년 정남용이 휘문의숙을 다닐 때 같은 하숙에서 살았던 때문에 알고 지내는 사이였다.[8] 정남용은 나창헌이 세브란스병원에 입원한 사실을 알고 여러 차례 병실을 찾아갔다. 향후 나창헌의 독립운동에 대한 의지를 알게 된 두 사람은 동지적으로 결합했다.[9]

정남용은 강원도 고성 출신이다. 건봉사乾鳳寺 승려 출신으로 봉명소학교를 마치고 1914년 서울로 올라와 1917년 휘문의숙을 중퇴하고 중앙불교포교당에서 수학했다. 북간도로 건너가 구룡촌·남양평·동명촌 등에서 교사 생활을 하다가 5개월 만에 귀국했다. 그는 동지들로부터 '신과 같은 추앙을 받을' 정도로 카리스마를 지닌 것으로 알려져 있다.[10] 건봉사에 머물던 그는 3·1운동의 소식을 듣고 3월 10일 서울로 올라왔다.[11] 대동단을 조직한 최익환이 권태석을 통해 정남용을[12] 알게 되면서 대동단에 입단했다. 1919년 5월 대동단의 최익환이 일경에 붙잡힌 이후 그 후임을 맡으며, 대동단 발행의 「선언서宣言書」와 「임시규칙臨時規則」 등 각종 문서의 인쇄 및 배포의 책임을 맡았다.[13]

대동단의 결성이 추진되는 과정에서 3·1운동은 대중화되면서 독립운동계를 일신시켰다. 1910년대만 해도 독립운동이 소수 선각자의 몫으로 여기던 때도 있었으나, 대중의 물결이 독립운동을 이끌어갔다. 독립운동의 기반이 확산되는 것과 함께 독립운동의 이념과 조직도 정비되어 갔다. 3·1운동 전까지 구시대적 이념에 의한 독립운동도 적지 않았으나, 3·1운동을 기점으로 독립운동이 대중적으로 확산됐다. 이념 또한 자유주의와 같이 근대적인 것으로 변모해 갔다. 3·1운동을 경험하며 자유주의와 민주주의가 대중적 기반을 얻어 민주공화정이 일반화되어 갔다. 3·1운동의 물줄기는 구시대와 신시대를 구획하는 분수령을 이루었다. 1910년대에는 복벽주의 이념, 입헌군주론의 보황주의保皇主義, 국민주권주의 이념 등이 혼재하고 있었다. 때문에 민民의 위치도 신민臣民인지 국민國民인지 분간되지 않은 채 어지러웠다. 그러나 이제는 더 이상 군주를 따르는 백성이 아니라, 국가의 주인으로서 자리매김하기에 이르렀다.[14] 여기에서 대동단과 같은 비밀단체는 3·1운동에서 보여준 민족 역량을 구체적 독립운동의 단계로 견인하는 역할을 담당해 갔다.

전협,
상해에서 신규식을 만나다

조선민족대동단은 3·1운동이 전국 확산되는 과정에서 전협全協과 최익환崔益煥의 주도로 서울에서 결성한 비밀단체였다. 결성 배경은 친일파 출신의 두 사람이 민족적 반성을 통해 자생적으로 결성한 것으로 이해해 왔다.[1] 이 무렵 대한독립애국단이나 대한민국청년외교단 같은 비밀단체의 경우 대부분이 임시정부와 연결되면서 결성된 것이 일반적이었다. 대한독립애국단은 임시정부의 안창호와 연결되었고, 청년외교단은 조소앙과의 특별한 관계를 맺으며 창설되거나 활동을 펴나갔다. 반면에 대동단은 임시정부 수립보다 이른 4월 이전에 창립된 특징을 지니고 있었다.

그렇다면 대동단의 창립 배경을 전협과 최익환 두 사람만의 만남으로 이해하는 것에는 무리가 따른다. 그런데 창립 직전 전협이 상해를 다녀온 것에 주목할 필요가 있을 것 같다. 전협은 당초 국제정세를 파악하기 위해 미주 행을 꿈꾸었다고 한다.[2] 경비를 마련하고자 만난 인물이 호서지역의 갑부인 정두화였다. 정두화는 대한제국 내부 주사와 참서관을 지냈고, 충남 예산의 호서은행 이사로 있었다.[3] 전협은 그의 스승 김봉양의 소개로 정두화를 만났다.[4] 전협이 중국 상해로 간다고 했을 때 정두화는 상해의 신규식을 이야기했다. 신규식과 정두화는 일찍부터 알고 지낸 사이였다. 정두화가 신규식에게 독립운동 자금을 내놓기로 약속한 바 있었다.[5] 전협이 정두화로부터 첫 만남에서 4,100원의 군자금을 얻을 수 있었다. 전협은 4,100원의 거금을 받아 대동단의 만주지역 확대를 위해 떠나는 김용환에게 1,500원을 제공하고 2,600원을 갖고 상해로 갔다. 정두화와 전협 사이에서 얘기됐다고 하는 신규식申圭植(1880~1922)은 누구인가. 1911년 중국으로 망명한 이래 상해와 남경을 무대로 활약하던 독립운동계의 지도자였다. 전협은 1918년 12월부터 1919년 2월까지 대략 2, 3개월을 상해에 머물렀다. 그렇다고 할 때 전협이 상해의 신규식을 만나는 것은 어렵지 않게 짐작할 수 있다.

그러나 대동단 연구들에서는 대동단과 신규식의 관계를 크게 주목하지 못했다. 신규식이 대동단과 관련된 사실은, 대동단이 신규식을 외교원으로 선임했던 점, 정두화와 신규식이 국내에서부터 향후 독립운동 자금을 지원하겠다는 약속이 있었다는 점 등에 국한되는 정도였다. 그럼에도 신규식이 대동단 결성 이후 외교원에 선임되는 과정을 설명할 수 없었다.

전협이 상해에 간 것은 1차 대전 후 세계정세를 살피기 위해 미국으로 가기 위해서였다. 그러나 전협은 상해에서 두세 달 머물다가 미국행을 포기한 채 국내로 돌아왔다. 굳이 미국행을 고

집할 필요가 없어진 것이다. 당시 상해는 대한민국 임시정부가 생겨나기 전이라 한인의 수가 그리 많지 않았다. 상해에서 독립운동을 하던 이도 드물던 시기였다. 그 인원은 많아야 수십 명에서 백 명 미만에 불과했다.[6] 이 무렵 상해를 찾는 사람들은 으레 신규식을 만나는 게 일반적이었다. 신규식의 상해 집에는 늘상 독립운동가들이 모여들었다. 그런데 전협의 경우 상해에서 신규식을 만났다는 자료는 찾지 못하고 있다.[7]

그러나 다음의 사실들을 감안할 때 상해에서 전협과 신규식의 만남을 추정해 볼 수 있다. 첫째 전협이 상해에서 2, 3개월 머물렀던 점,[8] 둘째 신규식이 국내의 대동단에서 외교원으로 선임된 점, 셋째 대동단의 명칭과 방략 등에서 1917년 신규식이 주창한 「대동단결의 선언」과 맥락이 통한다는 점, 넷째 신규식이 국내외 독립운동 세력의 대동단결을 꾀하고 있었던 점, 다섯째 대동단이 이념으로 제시한 사회주의가 1917년 신규식이 조선사회당을 결성했던 것과 연관이 있어 보인다는 점, 다섯째 국내에서 대동단을 자금적으로 지원한 정두화와 신규식이 전부터 연결되고 있었던 점,[9] 여섯째 전협이 처음 만난 정두화에게 상해 행을 말할 때 4,100원의 군자금을 선뜻 제공한 점, 일곱째 신규식이 국내로 파견한 정원택이 대동단 인사들과 만나는 점 등으로 미루어 볼 때 전협이 상해에서 신규식을 만난 것으로 추정된다. 그리고 전협은 신규식의 독립운동에 대한 전망과 포부를 들으면서 당초 목표인 미주행을 포기하고 국내에 들어왔을 가능성이 높다고 봐야 할 것이다.

신규식은 이 무렵 파리강화회의에 김규식을 파견하는 등 외교 활동에 전심전력을 기울였다.[10] 그러면서 국내외 동포의 대동단결을 강조하는 가운데 특히 국내의 역할을 중시했다. 당시 국내는 3·1운동을 기획하면서 독립운동의 새로운 전기를 마련해 나가고자 했다.

신규식은 1911년 11월경 중국에 망명했다. 북경에서 국내 시절 육군무관학교 동창인 조성환曺成煥(1875~1948)을 만난 뒤 상해에 도착했다. 신규식은 이후 상해와 남경에서 10여 년을 거주하며 중국의 인사들과 폭넓은 교류를 맺고 있었다. 또 미주와도 연락하며 파리강화회의에 대처해 가고 있었다. 그런 신규식의 행적을 먼저 살피기로 한다.

신규식은 신해혁명에 참가한 첫 한국인이었다.[11] 그는 중국인 서혈아徐血兒,[12] 송교인宋教仁 등 중국 혁명동지들과 접촉하며 중국동맹회의 창립 동지인 황흥黃興, 진기미秦其美 등과 친교를 맺었다.[13] 그는 이름을 신정申檉으로 고쳤다.

신규식은 1912년 6, 7월 상해에서 동제사同濟社를 조직했다.[14] 동제사는 이 무렵 해외 독립운동을 대표하는 단체였다.[15] 동제사에 참가한 인사는 박은식, 김규식, 홍명희, 신채호, 조소앙, 문일평, 장건상 등이었다. 동제사는 상해 본부 이외에 북경, 천진, 만주 등과 노령, 구미, 일본 등 각지에 지사를 설치했다. 본부의 이사장은 신규식, 총재는 박은식이 맡았다. 동제사의 조직은 상해

신규식

본부에 신규식, 홍명희, 조소앙, 문일평 등이 있었고, 안동(단동)의 제1지부는 유동열, 신채호, 북경의 제2지부는 김규식, 열하의 제3지부는 한만양(한흥) 등이 있었던 것으로 확인된다.[16] 비밀단체 동제사는 신규식·박은식·조성환 등이 미국과 하와이 지방에서 보내주는 『신한민보』·『국민보』 등을[17] 받아 단동을 통해 비밀리에 국내로 배포하는 역할을 맡고 있었다.

한중 인사들의 연대를 목적으로 1913년 3월 무렵[18] 신아동제사가 조직됐다. 진기미는 신아동제사의 감독을 맡고 중국 혁명파 다수가 신아동제사에 가입했다.[19] 이 무렵 신규식은 상해에서 진기미로부터 재정적 도움을 받고 있었다.[20]

신규식은 1913년 중국의 자유당에도 가입했다.[21] 이 무렵 남경의 자유당사 안채의 집은 한인들의 근거지로 사용할 만큼[22] 한국 독립운동과 가까운 사이였다. 여기에는 박은식, 신상무, 신성모, 정원택, 김덕진, 김정기, 신건식, 홍명희, 정인보 등을 비롯해 십 수명의 한인들이 함께 살고 있었다. 또한 상해의 민권보사, 남경의 자유당은 한인들의 연락처, 근거지가 되고 있었다.[23] 신규식의 정신적 지주는 대종교였다. 남경과 상해에 대종교 서이도본사西二道本社를 경영하면서[24] 대종교적 민족주의를 고양해 갔다.

1913년 11월 상해에서 홍명희·조소앙·문일평·이광수 등이 한 집에 거주하며 김규식·신규식·신채호 등과 긴밀하게 지냈다.[25] 이범석의 회고에 의하면, 위층 큰 방에 신규식, 그 옆에는 신석우, 다른 한 방에는 조소앙이 있었고, 아래층에는 이범석이 살았다.[26] 신규식의 집은 상해만 아니라 중국 강남 일대 한인 망명객의 본거지를 이루었다.[27]

신규식은 1914년 1월 2일 상해 프랑스조계 내 명덕리에 박달학원博達學院을 설립했다. 박달학원은 중국과 구미지역으로 유학을 원하는 학생들에 대한 예비교육을 목적으로 삼았다. 영어, 중국어, 역사, 지리, 수학 등의 과목을 강의했다. 교사로는 조성환, 박은식, 신채호, 홍명희, 문일평, 조소앙 등 외 중국인 농죽農竹과

미국인 모대위 등이 있었다.[28]

신규식은 1915년 박은식과 상해에서 대동보국단을 조직했다.[29] 본부는 상해 프랑스 조계 내 명덕리에 설치하고 노령과 동삼성 지역에서 활동하던 국내외 동지들을 규합했다. 단장은 박은식이 맡았다. 1916년에는 민충식, 박은식, 장건상 등과 함께 남양중학회南洋中學會를 설립하고 미국·중국·서북간도·노령의 한국 독립운동가들과 '기맥을 통하며' 비밀리에 상해 한국청년들의 배일사상을 고취했다.[30]

1917년 4월 1차 대전에서 미국의 참전으로 전세가 변화되고 국제정세가 급변했다. 한국의 독립운동도 그 변화에 부응해야 했다. 국제적으로 러시아의 2월 혁명과 소수민족의 자유보장 표방 아래 핀란드와 폴란드가 독립하고, 이스라엘의 독립 기운이 고조되었다.[31]

1917년 7월 14일 신규식 등 14명의 명의로 「대동단결선언」을 작성해 국내외 각처로 선포했다.[32] 국내를 비롯해 중국의 상해, 북경, 동삼성, 노령의 블라디보스톡, 니콜리스크, 연해주와 미주의 샌프란시스코, 하와이 등지였다.[33] 이때 신규식은 박찬익과 정원택을[34] 국내로 파견한 것으로 알려져 있다.

대동단결선언을 제안한 이래 8월에는 만국사회당 대회에 독립청원서를 제출하기에 이르렀다.[35] 1917년 8월 신규식과 조소앙은 '조선사회당朝鮮社會黨'의 이름으로 스톡홀롬의 만국사회당대회에 한국 독립을 요구하는 청원서를 전문電文으로 보내 한국 독

립 문제가 만장일치로 가결되었다.[36]

신규식은 국제대회에 강력한 지원세력으로 중국을 기대한 것 같다. 1917년 하반기에 신규식은 손문에게 밀서密函를 보내 한국 독립 문제에 대한 준비를 논의한 적이 있었다.[37] 당시 손문은 상해에 거주했다. 1918년 10월 중국 호법군정부에 청원서를 제출하기 직전 편지를 보냈다. 그리고 신규식은 호법군정부에 보내는 청원서를 들고 광주를 방문했다.[38] 파리강화회의를 준비하는 가운데 1919년 1월 21일 만주 길림에 있는 정원택에게 밀서를 보냈다. 파리강화회의에 대표를 파송 중인데 서·북간도에 기밀을 통하지 못했으니, 길림에서 박찬익과 상의하고 각 방면으로 주선하라는 내용이었다.[39]

신규식은 1919년 2월 9일 하와이 『국민보』 등에 국민대회 소집을 요구하는 편지를 발송했다. 상해에서 한국국민대회를 개최하자는 내용이었다. 유사한 내용이 박용만에게도 송부되었다.[40] 이 편지는 1917년의 대동단결선언의 방식과 동일한 경로 및 방식을 취한 것이었다.

국민대회에 참가할 기관 및 단체로는 국내의 청년협회(일본 동경 학생협회 포함), 기독교 교회, 신도협회, 미국에는 하와이국민회, 북미국민회, 남미국민회, 러시아에서는 한족연합회, 중국에서는 북간도, 남간도, 북경, 상해의 한인협회 등이었다. 여기서 2~3명의 대표를 파견해 줄 것을 요청한 것이다. 이 조직들의 대표는 의회를 조직할 것이며, 여기에서 한국의 독립이 선언될 것

이다. 신규식은 이 모임을 3월 상해에서 열 것을 주장했다.[41]

신규식은 국내와도 연결을 꾀했다. 별도로 비밀 서신을 수십 통 써서 방효성과 곽경에게 맡겨 부탁했다. 그 가운데 알려진 바에 의하면 손병희와 이상재를 대상으로 한 것이다.

> … 아우는 이미 김규식, 조소앙 두 형들에게 파리강화회의에 가서 호소할 것을 청했으며, 여러 형들은 모름지기 때를 맞춰 국내에서 우리 겨레의 전국적 민중운동을 일으켜 일본 통치에 반대하고 독립을 요구하는 굳은 결의를 표시하여 국제적으로 알리는데 이바지 하시요.[42]

그러나 이들 밀사들은 국내에 들어갔다가 일경에 붙잡혀 실행에 옮기지 못한 것으로 알려져 있다.

이상에서 장황하지만, 망명 이후 신규식의 10여 년에 걸친 중국 대륙에서의 활동들을 요약해 보았다. 1910년대 전반에는 신해혁명에 참여하며 다양한 중국 인사들과의 교류를 통해 기반을 굳히고, 1910년대 후반에는 임시정부를 소집하는 대동단결선언에 집중하는 모습을 확인할 수 있다. 또 대동단결선언을 위해 국내외 각처에 노력한 모습과 파리강화회의에 임하는 외교적 활동도 확인된다.

이 무렵 전협은 1918년 12월 상해로 왔다가[43] 신규식을 만나면서 독립운동계의 전반적 흐름뿐 아니라 국제정세의 변화도 알 수 있었다. 전협은 당초 목표인 미국행을 강행할 이유가 없었다. 국내로 돌아와 조선민족대동단 결성에 나서는 것만이 자신의 당면 과제로 여겼다. 이렇듯 대동단의 결성 배경에는 신규식의 독립운동과 국제정세의 변화 등이 크게 반영되었다고 볼 수 있을 것이다. 그리고 신규식이 대동단의 외교원으로 선임됐던 것으로 보인다.

전협과 최익환,
조선민족대동단을 결성하다

전협이 1919년 2월 상해를 떠나 만주에서 어머니와 아들을 동반하고 국내에 돌아온 것은 3월이었다.[1] 국내에서는 전국적으로 3·1운동이 일어나고 있었다. 3·1운동을 눈으로 직접 확인하면서 전협과 최익환은 조선민족대동단의 결성을 진행시켰다. 대동단의 핵심 인사인 전협과 최익환의 행적을 먼저 살피기로 한다.

전협全協(1876~1927)은 서울 출신으로 1896년 농상공부 주사主事로 관직을 시작해 1904년 일진회一進會에 가입한 뒤 일진회의 평의원·총무원과 전북지부 회장을 지냈다.[2] 1907년부터 1909년까지 부평富平 군수로 있다가[3] 1909년 만주로 망명하게 된다.[4] 그가 만주로 이주하는 동기나 배경에 대해서는 분명치 않지만 그의 진술에 의하면, 일진회 내부의 의견대립과 부평 군수 시절의 공금횡령 등으로 망명을 단행했다고 한다.[5] 이후 그는 타인 소유의 토지를 불법 매각하며 거액의 자금을 마련했고, 이를 기반으로 만주 유하현柳河縣에 이주했다.[6] 그러나 일진회원의 전력은 어디를 가나 늘 제약이 되었다. 특히 독립운동 세력이 왕성한 유하현에서는 더욱 심했다. 그런 이유 등으로 그곳에 정착하지 못한 채 1912년에 일시 귀국한 그는 전날의 토지사취가 발각되면서 징역 3년형의 옥고를 치렀다.[7] 출옥 후 그는 국내 및 단동·봉천 등지를 왕래하며 보냈는데, 제1차 세계대전의 종식과 더불어 세계정세가 변화하면서 독립의 기운이 고조되자 그는 정세파악을 위해 상해와 미주 등지를 돌아보기로 결심했다. 일단 1918년 가을 국내로 들어왔다가 같은 해 12월 1차 목적지인 상해로 갔다. 상해 체재 중 신규식을 만나 독립의 기회가 도래함을 감지하면서 미주행을 단념하고 1919년 3월 귀국해서 3·1운동을 서울에서 맞이했다.[8]

최익환崔益煥(1890~1959)은 충남 홍성 출신으로 1905년 일진회계열의 광무일어학교光武日語學校에서[9] 2년간 수학한 뒤 1907년 가을 종사도량형사무국 통역관을 거쳐 탁지부 세무주사 및 충남 서천군 재무주사를 지냈다.[10] 1909년 정천군 재무주사로 있으면서 공금 8천여 원을 사취했다가 징역 7년형을 받았다.[11] 출옥 후 1915년에 그는 만주 봉천으로 넘어가 후일 대동단의 동지가 되는 권태석權泰錫과 함께 상업에 종사했으나[12] 1918년 봄 서울로 돌아왔다. 그리고 만주에서 귀국한 전협과 같은 집에서 묶고 있었다.[13]

전협과 최익환이 친교를 맺는 것은 1905년 최익환이 광무일어학교에 입학하면서 당시 일진회 총무원이던 전협과 알게 되면서다.[14] 이후 이들은 일진회를 통해 친교를 두터이 해갔다. 이들은 1909년에 각기 공금을 사취한 점도 비슷하다. 이들이 만주로의 망명을 계획했다는 기록과,[15] 전협이 만주로 망명하는 것을 보아 우연의 일치만은 아닌 것 같다. 만약 이때의 공금사취가 사전 협의를 통해 만주 망명을 위한 것이라면, 공금사취는 독립운동의 길로 나가려는 의지의 발로가 아닌가 생각된다.[16]

그러나 최익환의 투옥으로 이들은 각기 다른 길을 걸었다. 최익환이 출옥 후 만주로 갔을 때 이들이 재회했을 가능성도 추측할 수 있다. 1918년 가을 전협이 귀국하는 직후부터 서울에서 함께 거거했던 점으로도 미루어 이들의 동지적 결속은 계속 이어졌던 것으로 보인다. 1918년 가을부터 독립방안을 모색하던 이들은 '조선민족의 정신통일과 실력양성'이 급선무라는데 뜻을 모았다.

조선민족대동단은 이 무렵 생겨난 다른 국내독립운동단체와 마찬가지로 3·1운동의 영향과 토양 위에서 성립되었다.[17] 거족적으로 일어난 3·1운동은 1894년 동학농민전쟁의 경험을 계승하고 있었다. 그러나 3·1운동은 이념이나 성격 면에서 동학농민전쟁 때 보다 발전적이며 혁명적 가치를 지니고 있었다. 우선 국민주권주의의 길을 열었다는 점, 기독교와 천도교, 불교 등의 종교 이념을 초월한 민족운동을 전개했다는 점, 남녀노소를 망라한 전 민족적 운동으로 전개되었다는 점 등이 그것이다. 특히 여성의 참여는 민족독립에 대한 한국인의 열망이 어떠했던가를 잘 보여주고 있다. 남성에 종속된 위치가 아니라 여성 스스로가 주체가 되어 만세운동과 독립운동을 전개했다는 점에서 주목할 만했다. 전통사회에서는 도저히 상상할 수 없는 혁신 중의 혁신이었다.

이런 3·1운동의 바탕 위에서 대동단은 '대동주의大同主義'의 실현에 목적을 두었다. 그 실천적 방법으로는 '조선민족의 정신통일 및 실력양성에 의한 독립 달성'에 있었다.[18] 대동단의 선언서는 다음과 같이 성립 취지를 밝혔다.

> 반만년 역사의 권위에 의지하여 인류 대동의 새로운 요구에 응하려 하며, 세계평화의 대원칙을 준수하고 정의 인도의 영원한 기초를 확립하고자 먼저 조선독립을 선포했다. 그리고 우리 전 민족의 일치 동작으로써 10대 사회 각 단체와 각 지방구역에서 선출된 인원을 통일·종합시키기 위해 본 단을 조직하고 우리 민족의 영세永世의 귀추인 3대 강령을 내세워 이를 세계에 선언하는 바다.

대동단 선언서는 3·1운동 준비 과정에서 민족대표가 전 민족의 의사를 수렴하지 못한 한계를 극복하고자 했다. 대동단은 우리 전 민족의 대동단결을 우선적 과제로 삼아 이를 해결하고 그 구심적 역할을 수행코자 한 것이다. 행동방침으로는 아래와 같은 방략을 채택했다.

1. 전 민족을 통일하고 고유의 일정 세력을 부식하여 외래의 세력에 의뢰하지 않을 것.
2. 열국의 교의教義를 통람하고 이웃나라와는 우의를 맺어 적 일본을 고립의 궁지로 떨어뜨릴 것.
3. 일본인민으로 하여금 정의 인도를 자각시켜 비인도적 정부를 타도 개조하여 우방으로서의 신교新交를 출현시킬 것.

이들은 대동주의大同主義에 입각하여 전 민족 각 계층이 망라된 조직의 필요성을 느꼈다.[19] 그런 다음 국제외교를 통해 일본을 고립시킬 것, 그리고 일본제국주의와는 별도로 일본 국민들과의 교감을 얻자는 것이다. 그러나 외교적 지향성을 드러내고, 투쟁방침에서 뚜렷한 방향성을 제시하지는 못했던 것이 아닌가 생각된다.

이들은 결성 초기엔 김사국金思國 · 김찬규金燦奎 · 윤용주尹龍周 등을 포섭했다. 운동방향을 놓고 김사국은 임시정부의 조직과 국민대회의 개최를 주장했던 반면,[20] 전협 · 최익환은 그런 방법은 시기상조라 판단하고 민족단합에 우선을 두어야 한다는 주장이었다. 그리고 자력에 의한 독립은 어렵다고 보고 파리강화회의 등에 국제적 호소를 통한 독립실현을 전망했다. 전협 등은 전 민족 각층의 의지가 담긴 '진정서'를 열국에 보낼 것을 계획하고,[21] 이의 실행을 위한 조직 확대와 동지포섭에 힘을 쏟았다.

이들의 생각은 전 민족을 하나로 통합하는 것에 의지를 드러냈다. 그 그림은 자못 웅장했다. 이들은 당시 사회 각층을 황족·진신縉紳·유림·종교·교육·상공·노동·청년·군인·부인·지역구역의 11개단으로 분류했다. 그리고 확장될 조직의 대강인 기관을 성립했다. 조직의 구성은 크게 중앙의 중추조직인 중견기관과 필요에 의해 설치되는 부설기관으로 구분했다. 중견기관은 총재 아래 통재부統宰部·추밀부樞密部·상무부常務部·외무부外務部·재무부財務部·무정부武政部 등 6부로 구성되었다. 부설기관은 국민의사회를 비롯하여 민권위원회·통신위원회·제도연구위원회·기관신문사·국민대회·국민외교위원회·국민경제동맹회·의용단·군인교육회 등이 있었다. 이들 부설기관은 각기 업무와 관련된 중견기관의 감독 아래 운용되도록 정했다. 사회 각층의 대표로 구성되는 국민의사회는 지방구역단체 및 종교단·교육단·유림단·진신단·군인단·상공단·청년단·노동단 등의 사회대표위원으로 구성되도록 했다.[22]

그 가운데 단원의 결성이 가능하다고 판단된 진신·유림·상공·청년 등 4단을 대상으로 하여 단원 포섭에 착수했다.[23] 진신·유림단의 포섭은 구한말 비서승秘書丞을 지낸 바 있는 김찬규金燦奎가 맡아 박영효朴泳孝·김가진金嘉鎭·민영달閔泳達·곽종석郭鍾錫·맹유순孟輪淳 등을 대상으로 추진했다.[24] 그러나 대부분의 인사들이 냉담하거나 미온적인 반응을 보였다.[25] 곽종석의 경우는 이 무렵 파리장서巴里長書 문제로 일경에 피체된 상황이라 접촉이 안 되었다.[26] 다만 적극성을 보인 김가진의 영입을 성사시키며 대동단 총재로 추대했다.

상공단은 보부상을 주축으로 조직한다는 방침 아래 과거 보부상 두목을 지낸 바 있는 양정楊楨을 중심으로 동지를 포섭해 갔다. 대동단에서는 36명의 보부상을 선전요원으로 모집하여 전국 13도道에 파견할 계획이었다. 이는 보부상의 기동성을 이용한 구상이었으나 실제로는 자금문제 등으로 부진을 면치 못했다.[27] 청년단은 정남용鄭南用이 중심이 되어 주로 학생층을 포섭할 계획이었다. 그러나 나창헌이 가입하는 8월까지 역시 별다른 성과를 거둘 수 없었다.[28]

대동단 발행의 선전물 가운데 부설기관인 민권위원회가 보이거나[29] 지단 중 대표가 정해지는 것도 보이지만,[30] 기관에 의한 조직 구성은 너무 거창해서 전단傳單의 성격이 짙은 것이었다.

결성 이후 대외에 대동단의 성립을 천명하는 「선언서」 및 행동지침의 골간이 되는 「방략方略」·「강령綱領」·「결의決議」 등을 작성했다. 그리고 이들 문서를 비롯한 다수의 선전물을 작성, 배포했다. 전협이 정한 대동단의 노선은 "정의·인도는 세계에 동일한 것이고 조선인도 이 크나큰 정의·인도 아래 단결하여 나가지 않으면 안 될 것이라"는 의미를 지녔다.[31] 「방략」의 세 가지는 민족적 통일, 국제외교, 정의·인도 등이었다.[32] 이런 방략은 신규식이 1917년 대동단결선언의 것과 흡사했다.[33]

주요 단원의 임무는 총재 김가진, 인사 전협, 문서편집 최익환·정남용, 배달책임 권헌복, 출자자 권태석 등이 맡았다.[34] 그러나 대동단에 시련이 다가왔다. 이 무렵 최익환·이능우 등이 자금모집을 위해 관여했던 거간 중매가 금품사취로 되면서, 5월 23일 일경에 붙잡히는 일이 발생했다.[35] 일경도 처음엔 이들이 대동단과 관련된 사실을 몰랐다. 그러나 조사과정에서 대동단원으로 밝혀지면서 최익환을 중심한 권태석·나경섭羅景燮·김영철金永喆 등이 피체되는 일이 있었다.[36] 이때 대동단 조직의 전모가 드러나지는 않았지만, 선전활동을 맡았던 이들의 피체는 물론 중심인물인 전협·김찬규 등의 실체가 알려지면서 일제의 포위망이 압축되어 왔다.[37]

전협 등이 일제의 탄압을 피해 근거지를 옮기는 한편 문서 작성 및 인쇄 업무를 정남용으로 하여금 맡게 하는 등 대동단의 전열을 재정비하고 활동해 갔다.[38] 그중에도 특히 세력 확장에 많은 비중을 두었다. 전협 등은 세력범위가 서울을 중심 한 지역에 그치던 것을, 해외 유력인사의 포섭과 지방조직의 설치, 조직 개편 등을 통해 세력 확장을 꾀했다.

지단 가운데 전북지단을 확보할 수 있었다. 대동단 전북 지단은 서울에서의 윤용주의 가입 권유를 비롯해 임응철, 김재구 등이 가입해 남원과 전주로의 단원 모집 및 독립운동자금 모집을 할 수 있었다. 의병장 임병찬의 아들인 임응철이 전북 지단에 참가한 것은 임병찬의 의병활동과 독립의군부를 대동단으로 잇는 의미를 지녔다.[39]

해외 유력인사에 대한 포섭활동은 당시 독립운동의 중심세력이 있던 상해와 만주 등지에 대동단의 존재를 선전하기 위한 의도가 짙었다. 해외 세력과의 연결은 주로 자금지원 형식을 통해 이루어졌다. 신규식은 대동단 총재 김가진과는 독립협회와 대한협회 시절부터 친교를 맺은 인사였다.[40] 신규식은 대동단의 외교를 맡았다.[41] 대동단은 김봉양에게 수차례에 걸쳐 자금을 지원하면서 세력 확장에 힘을 꾀했다.[42] 대동단의 활동 자금은 대부분 정두화로부터 조달되었다. 그가 대동단에 제공한 자금의 액수는 일제의 조사기록만으로도 1만 원을 넘었다.[43]

‘독립대동단’으로 명칭을 변경하다

1919년 8월 대동단은 명칭을 독립대동단獨立大同團으로 바꿨다. 심기일전의 표시였다. 왜 명칭을 바꿨는지가 분명히 밝혀져 있지는 않다. 6월 최익환 등의 발각으로 조직이 일제에 노출되면서, 조직 정비가 필요했던 때문으로 보인다. 다만 독립이 강조된 점은 분명해 보이는데, 나창헌의 대동단 가입과 관련이 깊었다.

「독립대동단임시규칙獨立大同團臨時規則」과 「세칙細則」 등을 새롭게 만들었다. 종래의 기관을 발전시킨 독립대동단임시규칙은 총 7장 45조항, ‘세칙’은 44조항으로 이루어졌다.[1] 그 내용을 보면, 단원 범위를 전국의 조선민족으로 한 것, 대의기관으로서 의사회議事會를 설치하고 총재總裁에 대한 탄핵권을 부여하고 있는 것, 중앙과 지방의 조직을 일정한 체계로 구획하는 등 흡사 정부적 차원의 조직 형태를 취하고 있는 점이 주목된다. 일일이 열거할 수 없으나 중앙조직의 편제는 대체로 기관과 비슷하고, 지방조직의 편제는 도道 단위로 지단을 설치하여 지단장 아래 총관사總管司·서무사庶務司·상공사商工司·의용사義勇司·재무사財務司·교통사

交通司 등의 부서를 두었다.

대동단에 참여한 인사들도 다양했다. 먼저 구한말 관리 출신으로는 총재 김가진을 비롯해 전협·김찬규·임응철·이재호·김진명·이능우·정두화·이정 등이다.

김가진은 구한말의 대관 출신으로 1877년에 문과 급제 이래 주요 관력만도 주일공사(1891), 농상공부대신(1985), 중추원의장(1900), 궁내부특진관(1902), 규장각제학(1907) 등 관직의 요로를 두루 거친 인사였다.[2] 그는 온건개화론자로서 일찍이 독립협회의 주요 회원으로 활동한 바 있고,[3] 1907년부터는 대한협회 회장을 지냈다. 그는 대한협회와 일진회의 연합을 앞장서 추진하는 등 친일적 성향을 띠어갔다.[4] 그는 일제로부터 남작 작위를 받기도 했다. 이런 친일 경력의 인사가 대동단 총재를 맡았던 것에는 우선 자신의 과오에 대한 민족적 반성이 따랐으며, 김가진의 명망을 이용한 대동단 조직의 이름을 높이기 위한 의도가 겹쳐져 있었던 것으로 해석된다.[5]

이재호李在浩는 1900년경 궁내부 주사를 거쳐 시종을 지낸 바 있다.[6] 그는 의친왕이 일본에 갔을 때 수행한 일이 있고, 1919년 10월 김가진의 상해 망명 때 일산역까지 동행했으며, 의친왕의 상해망명 계획에도 참여했다. 김진명金振明은 구한국군 보병오장 출신으로서 대동단의 전라북도 지단에 참여 활동했다.[7] 결성 초기부터 활동한 이능우李能雨는 경성관립중학교 졸업 후 동교 교관을 거쳐 경무국 주사와 지방제도조사위원·참여관·보좌관을 지낸 뒤 내무 번역관 등을 지내고 경술국치 이후 매일신보의 기자를 지내면서 소위 '일·한병합기념장'을 받았던 친일 경력의 인사였다.[8]

정두화는 남작 수여자인 정주영鄭周永의 아들로서 구한국 내부 주사와 참서관을 지냈으며, 대동단 결성 무렵엔 호서은행 이사로 있었다.[9] 그는 신규식이 국내에서 활동할 무렵 독립운동 자금의 지원을 약속한 일이 있었던 것으로 알려졌다.

이정李政은 구한국 통신원 주사를 지낸 인사로서 대동단의 '선언서'에 민족대표로 서명하고 대동단이 주도한 만세시위에 적극 참여했다.[10] 대동단 인사 중 일진회원 출신은 전협·최익환 외에 동창률董昌律·지봉서池鳳瑞 등이 확인된다. 동창률은 일진회 평의원과 경무위원장 등 지냈고,[11] 지봉서는 일진회 사찰원·사무원 등을 지낸 바 있다.[12]

보부상 출신으로는 양정을 비롯해 나경섭·권태석 등이 확인된다. 이들은 각 보부상 두목·공사장·공원을 지냈다. 양정은 전협과는 부평군수로 있을 때부터 친교를 나누었으며,[13] 동단에 가입 후 보부상을 중심한 상공단의 조직을 주도했다. 보부상의 공사장을 지낸 바 있는 나경섭 역시 휘하에 보부상들을 많이 거느리고 있었다.[14]

권태석은 구한국 규장각 부제학을 지낸 권중은의 아들로서 경북 김천 출신이다. 그는 중학교 3년 정도의 수업을 마친 뒤 보부상에 관계하여 봉천·상해 등지를 왕래했다. 1916년 최익환과 친교를 맺은 이후 함께 행동하다가 대동단에 참가, 인쇄물 제작 자금의 출자 등 대동단의 초기 활동에 커다란 활약을 했다.[15] 대동단 문제로 옥고를 치른 이후 그는 최익환과 함께 김사국이 주도한 서울계 조선공산당에 입당하여 사회주의운동을 펴나갔다.[16]

종교계 인사로는 불교 승려 출신으로 정남용과 송세호宋世浩가 있고, 기독교 전도사로는 이신애李信愛 · 박정선朴貞善 · 전필순全弼淳 등이 참여했다. 정남용은 1919년 5월 최익환의 체포 후 대동단의 선전활동을 주도했다. 나창헌과 송세호 등을 가입시키는 등 조직 확대에 많은 힘을 쏟았다.[17] 정남용은 김가진의 자문을 받아 기관이라는 직제표를 마련했다.[18]

경성의전 학생 김영철도 대동단 단원으로 활약했다. 그는 1919년 경성의전 2학년 재학 중 서울의 1차, 2차 시위에 참가했다. 국내 비밀단체인 대한독립애국단에 가입한 뒤 허정묵의 소개로 최익환을 알게 되었다. 5월 김영철은 대동단의 「선언서」 및 「일본 국민에게 告함」이라는[19] 인쇄물을 배포했다. 그리고 경성의전 동급생 이도제李道濟를 동지로 규합했다.[20]

이신애는 개성의 호수돈여학교와 원산의 성경여학교를 거친 전도사였으며,[21] 한기동韓基東의 권유로 1919년 10월 초 동단에 가입한 이후 대동단 주도의 독립만세시위와 동지 포섭에 활약이 컸다. 이신애의 권유로 가입한 박정선은 동단의 '선언서'에 부인대표의 자격으로 민족대표에 서명하고, 이신애와 함께 동단 주도의 만세시위를 끝까지 추진했던 열혈 여성이다.[22]

이상에서 보듯이 구성원 중에는 구한말 관리, 일진회, 보부상계통, 종교계, 학생 출신의 인사가 많았다. 이들은 대부분 대동단의 결성 초기부터 참가했으며, 전협·최익환 등 주도 인물과 이전부터의 친교를 바탕으로 대동단에 가입했다.

대동단과 상해와의 연락은 민강이 맡았다. 청주 출신으로 선전관이었던 민병호의 아들이다. 1897년 동화약방을 설립해 활명수를 만들었다. 민강은 1909년 대동청년단에 가입한 뒤 소의학교를 설립하고 교육운동에 투신했으며, 3·1운동 때에는 국민대회의 개최를 주도한 바 있다.[23] 그는 연통본부의 비밀장소를 제공했으며, 제2회 독립만세시위에도 지원을 아끼지 않았다.

정두화는 전협에게 세 번에 걸쳐 7천 원의 자금을 지급했다.[24] 파리강화회의에 보내는 진정서(1919년 4월)를[25] 작성해 상해에 전달했다.[26] 전협은 정남용으로 하여금 최익환의 활동을 대신 맡게 하고,[27] 이건호에게 자금주를 물색토록 했다. 그래서 포섭한 인물이 장현식이었다. 장현식은 3천 원을 전협에게 전달했다.[28]

대동단의 기관지 성격을 갖는 『대동신보』가 고종의 생일인 음력 7월 15일 발행됐다. 그리고 9월에는 대동단의 임시규칙을 정비했다. 그 가운데 강령에는 독립, 평화, 사회주의를 취지로 삼았다.[29] 대동단의 강령 가운데 주목되는 것이 사회주의를 주장한 점이다. 이를 두고 대동단을 사회주의적 조직으로 보는 설이 제기됐다.[30] 설령 사회주의를 강령으로 내걸고 있다 해도, 대동단의 주체나 조직, 활동 동에서 사회주의적인 성격을 찾을 수 있는

가를 함께 고려해 봐야 할 것이다. 대동단에서 사회주의를 강령에 포함시킨 것에는, 1917년 8월 신규식과 조소앙이 스톡홀름의 만국사회당대회에 한국독립을 요구하는 청원서를 '조선사회당'의 이름으로 보낸 사실과[31] 관련이 있지 않을까 생각해 본다.

외교문제는 신규식이 맡기로 하고, 전협의 스승인 김용환에게 1,500원을 전달하면서 중국 만주에 파견했으나, 김용환이 콜레라로 죽은 후 연락이 원활하지 않았다.[32]

정원택은 1919년 4월 18일 김의한의 안내로 서울의 다옥동 여관 후면 밀실에서 정두화를 만나 서함을 전하고 신규식의 근황이며 상해의 정세를 설명하면서 김가진의 상해망명을 권고하니 정두화가 "일본인의 주목하는 대상으로 되어 있어… 현금 인출이 어려우니 시일이 지체되리라." 했다. 1919년 6월 전협과 정남용이 김가진을 찾아가 상해망명의 의중을 타진했을 때 가겠다는 의사를 분명히 했다.[33]

1919년 10월 안창호가 상해에서 이종욱을 파견할 때[34] 김가진 외에 이강공, 박영효, 김윤식, 이용직, 이능화, 이용태, 정운복, 윤치호, 이상재 등을 탈출시킬 것을 지시했다. 이때 나창헌이 이종욱을 전협에게 소개해 줬다.[35]

대한민국청년외교단, 대한독립애국단과 연결되다

당시 국내독립운동단체 중에는 대동단과 같이 독자적인 독립운동을 전개하거나, 대한독립애국단 같이 자생적으로 결성된 후 임시정부와 밀접한 관계를 이루며 임시정부 지원단체의 성격으로 전환되는 등 조직 양상이 다양하게 나타났다.

나창헌의 단체 활동은 대동단에 그치지 않았다. 그는 1919년 8월 대한민국청년외교단에 가입하면서 활동했다. 대동단에 참가한 직후 청년외교단에도 가입한 것으로 보인다. 이때 나창헌을 청년외교단에 가입시킨 인물은 정낙륜이었다. 정낙륜鄭樂倫(1884~?)은 충북 충주 출신으로, 연배로 보아 나창헌과는 10년 이상의 차이가 나는데 어떻게 알게 됐는지는 알 수 없다.

청년외교단의 중심인물은 안재홍과 이병철이었다. 이들은 1919년 8월 대한민국임시정부에 대동통일과 적극적 외교정책을 추진할 것을 요구하는 6개항의 건의서를 제출했다. 건의서는 다음과 같다.

1. 이상과 주의의 대기치 아래 각파의 대찬大贊 협동을 표방하여 만일의 감정적 충동의 폐해가 없도록 전력할 것.

2. 임시정부의 내각 각부 총장은 상해에 집중하여 정무의 통일을 기할 것.

3. 열국 정부에 직접 외교원을 특파하여 외교 사무를 속히 확장할 것.

4. 일본정부에 외교원을 파견하여 국가의 독립을 정면으로 요구할 것.

5. 내외의 계획책을 긴밀하게 하기 위하여 정부에서 인원을 파견하여 국 내 각 단체 및 종파의 대표자와 협의한 후 서울에 교통본부를 설치하여 일체 책동의 중추기관을 작성케 할 것.

6. 적당한 인재適材를 뽑아 여론을 환기하기 위하여 조용은趙鏞殷에게 즉시 신임장을 교부하여 국제연맹회의에 파견하여 외교활동을 담당케 할 것.

청년외교단의 건의서에서 5항의 교통본부는 전국적 연통부의 총괄 조직을 요구한 것이다. 그만큼 임시정부의 지원단체로서 성격을 분명히 했다. 청년외교단의 단원은 600명에 달했다고 하나.[1] 확인할 바가 없다.

나창헌은 나대화와 이의경 등을 청년외교단에 가입시켰다. 나대화羅大化(1887~1945)는 함북 경성 사람이다. 그는 회령 지부를 중심으로 조직 확대 및 선전활동을 전개하던 중 같은 해 11월 말 청년외교단의 조직이 발각되면서 붙잡혔으며, 1920년 6월 29일 대구지방법원에서 징역 1년형의 옥고를 치렀다.[2]

이의경李儀景, 李彌勒, 李義儆, 李義敬(1899~1950)은 황해도 해주 사람으로 본명보다는 이미륵이라 널리 알려진 인물이다. 나창헌과는 경성의학전문학교 재학 중 3·1운동의 계획 과정에 참가한 바 있으며, 나창헌의 소개로 청년외교단의 편집부장을 맡았다. 1919년 8월 29일 국치기념일을 기해 거행한 만세시위 때 사용된 「경술국치경고문」 등의 선전물 인쇄를 책임 맡았다. 1920년 6월 29일 대구지방법원에서 징역 2년형을 선고받았다.[3] 그 후 상해로 망명해, 독일에 가면 살 수 있고, 공부도 할 수 있다는 얘기를 듣고 이름을 Yiking Li라는 중국식 이름을 사용해 프랑스 마르세유로 가는 배를 탔다. 그는 마르세유에서 안중근과 관계가 깊은 빌헬름(홍석구; 한국 이름) 신부의 도움을 받아 독일의 뷔르츠부르크(Würzburg) 대학과 하이델베르크 대학에서 의학을 공부했고, 뮌헨 대학에서는 동물학, 철학 등을 전공했다. 1928년 박사학위를 받고 1931년부터 작가의 길을 걷다가 대표작 『압록강은 흐른다』가 1946년 출판되면서 유명세를 얻었다.[4]

송세호宋世浩(1893~1970)는 경북 구미 출신으로 15세쯤 서울로 올라와 광무일어학교를 다녔다. 1914년 경 출가해 도리사, 금강사, 월정시 등지에서 수행하다가 이종욱을 만났다. 1919년 4월 봉천, 천진을 거쳐 상해의 임시정부를 찾아갔으나 밀정으로 의심을 받고 귀국했다. 정남용의 소개로 나창헌과 함께 대동단·청년외교단에 가입했다.[5] 불교학교인 중앙학림 출신으로 청년외교단의 상해지부장으로 활동했다.

1920년대 독립운동은 3·1운동을 기점으로 새로운 국면을 맞이했다. 서울을 비롯하여 상해·노령 등지에서 임시정부가 수립되고, 만주 등지에서는 독립군단체가 형성되었으며 국내에서는 3·1운동 이후 급속히 확대된 대중적 기반을 바탕으로 독립운동단체들이 출현했다.

독립운동의 양상은 항일 민족역량을 조직으로 발전시켜 전개되는 것과 함께 독립운동의 방략도 실력양성론·외교론·독립전쟁론 등으로 다양하게 표출됐다. 만주 등지에서 형성된 독립군은 독립전쟁론의 방략 아래 무장투쟁을 전개해 갔고, 임시정부를 중심한 국내외의 각 독립운동단체들은 외교활동을 통해 독립실현에 힘을 쏟았다.

외교론은 당시 국제정세를 이용하여 독립의 기회를 포착하려는 입장으로서, 임시정부는 제1차 세계대전 종료 후 파리에서 열렸던 파리강화회의에 대표를 파견하기도 했다. 상해에서는 신규식과 신한청년당 등에서 1919년 2월 1일 김규식金奎植을 대표로 파리강화회의에 파견한 바 있다.[6] 임시정부 수립 이후 김규식은 임시정부의 파리위원부 설치와 함께 임시정부의 대표로 선임, 활동했다.[7] 이런 상황은 노령지방이나 미주지역에서도 마찬가지였다.

파리강화회의 등의 국제회의를 통한 외교활동에 높은 비중을 두었는데,[8] 외교활동을 수행하기 위해서는 재정적 지원의 문제도 중요했다. 국내독립운동 단체들은 재정적 지원의 민족적 기반을 제공하는 주체가 됐다. 그런 이유로 상해의 조용주趙鏞周·연병호延秉昊 등이 국내의 안재홍·이병철 등과 연결되어 외교활동을 표방하는 대한민국청년외교단의 결성을 추진해 간 것이다.

대한민국청년외교단의 결성 시기는 대체로 1919년 5월 내지 6월 경[9] 상해로부터 조용주·연병호·송세호 등이 국내로 들어와 안재홍·이병철 등과 연결되어 상해의 임시정부를 지원할 목적으로 조직한 것으로 알려져 있다.

청년외교단의 결성과 관련해 조용주의 역할이 중요했다. 첫째, 청년외교단의 결성을 주도한 조용주는 조소앙의 동생으로, 1910년대 초반 중국으로 망명한 이래 청년외교단을 결성하기 위해 국내로 들어올 때까지 줄곧 조소앙의 곁에서 상해와 만주 등지를 오가며 형의 활동을 지원하던 인사였다. 둘째, 조용주가 청년외교단의 결성을 위해 국내에서 활동하는 것과 같은 무렵인 1919년 5월 조소앙이 국제무대에서 외교활동을 위해 구주로 떠났다는 점이다.[10] 셋째, 청년외교단의 결성에는 관여된 바 없는 조소앙이 청년외교단의 외교특파원으로 선임되었다는 점,[11] 청년외교단에서는 이후 조소앙의 외교활동을 지원하고 있다는 점이다.[12] 넷째, 청년외교단의 중심인물들인 안재홍·연병호·송세호·이병철 등과 조소앙이 청년외교단 결성 이전부터 교류를 맺었다는 점이다.

조용주는 조소앙이 상해로 망명하던 무렵인 1913년 중국으로 건너가, 중국혁명지사들과 결합해 아세아민족반일대동당亞細亞民族反日大同黨을 조직했다.[13] 1915년에 조소앙이 잠시 귀국했다가 1916년에 다시 망명하여 상해에서 대동당의 결성을 추진할 때에도 조용주는 조소앙과 함께 행동했다.[14] 1917년 조소앙이 독립운동자의 대동단결선언을 기초할 때에도,[15] 1918년 조소앙이 대동단결의 실현을 위해 만주로 갔을 때에도 함께 했다.[16] 그 후 3·1운동이 일어나자 국내의 상황을 즉시 길림吉林에 있던 조소앙에게 알렸고,[17] 조소앙이 임시정부 수립에 참여할 때에도 조소앙을 곁에서 도왔다. 그는 중국망명 이후 조소앙과 행동을 같이 하면서 조소앙의 누구보다 가까운 동지로서 활동했다. 조소앙은 국제외교에 관심이 지대했다. 조소앙의 유럽행은 임시정부에서 파견한 것이 아니고 신규식 외 몇몇 사람만이 아는 지극히 개인적 계획에 의해서였다.[18]

안재홍의 경우 조소앙과 교류한 것은 1910년 일본으로 유학하면서다. 이들은 조선 YMCA·조선인유학생학우회 등의 모임을 통해 친밀한 관계를 맺었다.[19] 1911년에는 중국의 혁명을 예기하고 중국 망명을 계획할 정도로[20] 동지적 유대가 깊었다. 조소앙이 상해로 망명해 동제사에 참여하고 있을 때인[21] 1913년 여름 안재홍은 상해 등지를 여행하면서 동제사를 주도하던 신규식과 조소앙 등을 만나 동제사에 가담하기도 했다.[22] 그 후 귀국하여 1915년 중앙학교 학감으로 있을 때와 1917년 중앙기독교청년회

의 교육부간사로 활동할 때에도 조소앙과의 교류는 계속됐다.[23]

연병호는 1910년대 초반에 형 연병환延秉煥을[24] 따라 중국으로 건너간 이후 연길·북경·상해 등지에서 활동했다. 조소앙과 조용주와는 정확한 시기는 알 수 없지만 상해 체재 중 알게 되어 동지적 결합을 이루었다.[25] 송세호는 1914년 경 상해로 건너가 조소앙·조용주·연병호 등과 교류를 맺었다.[26] 1916년 귀국하여 불교 승려 생활을 하던 중 3·1운동 직후 다시 상해로 넘어갔다.[27]

이병철은 판결문에 조용주와는 일찍부터 알고 지냈다는[28] 내용이 있으며, 귀국한 조용주가 처음으로 만난 인사가 이병철이었다는 점이다.

이상에서 볼 때 청년외교단의 결성은 조소앙의 국제외교활동을 지원하기 위해 만들어진 것임을 알 수 있다. 1919년 5월 초순 조용주와 이병철, 연병호 등이 서울에서 결성한 단체가 청년외교단이었다.

청년외교단은 결성 이후 서울에 중앙부를 설치하고 국내와 상해 등지에 지부를 두고 조직을 확대해 갔다. 부서 구성 및 임원을 보면 다음과 같다.

(1) 중앙부 : 총무 안재홍·이병철. 외교부장 김연우金演祐, 재무부장 김태규金泰珪, 편집국장 이의경, 간사장 김홍식金鴻植, 외교원 조용주·연병호·유흥식柳興植, 외교특파원 이종욱·조소앙, 특별

단원 정락윤鄭樂倫

(2) 국내지부 : 대전지부 지부장 이호승李鎬承, 회령지부 지부장, 나대화羅大化, 충주지부 지부장 윤우영尹宇榮

(3) 해외지부 : 상해지부 지부장 송세호[29]

청년외교단 중앙부의 체제는 단장이나 총재 같은 자리를 비워두고 총무 중심의 체제로 구성되고 있음이 특징이다. 총무제의 운영 형태는 규모가 적은 초기 조직이거나 또는 청년 중심의 조직에서 볼 수 체제이다.[30] 2인 총무제를 두었으며, 안재홍이 강령 및 규칙 등 운영에 필요한 문안 작성의 일을 맡고, 이병철은 주로 자금과 조직을 맡았다.[31] 그런데 청년외교단의 총무를 안재홍·나창헌으로 기록하고 있는 자료도 발견된다.[32] 청년외교단의 설립 과정에서 볼 때 나창헌이 옥중에 있었던 시기와 겹치므로 총무를 맡았다는 것은 신빙성이 떨어진다. 단지 청년외교단에서 나창헌의 활약이 그만큼 컸음을 말해주는 것이라 하겠다.

중앙부의 부서별 성격을 보면 외교부를 비롯하여 외교특파원·외교원 등 외교 사무에 관한 부서가 높은 비중을 차지하고 있다. 이를 보더라도 조직 구성상 외교활동을 위한 전문단체의 성격을 지니고 있는 단체였다. 지부조직의 경우 국내에는 대전·회령·충주 등지에 설치됐다. 청년외교단의 존속이 7개월 남짓밖에 되지 않아 지부가 발달할 수 없겠지만, 외교활동의 특성상 지부가 확산되지 못한 점도 있던 것 같다.[33]

지부조직의 취약성은 청년외교단과 밀접한 관계를 지닌 대한민국애국부인회大韓民國愛國婦人會와 관련시켜 살필 수 있다. 1919년 4월 청년외교단이 결성되기 전에 이병철의 지도 아래 그의 처 경하순을 포함해 김원경·최숙자 등 기독교 계통의 여자고등보통학교 졸업생을 중심으로 대조선독립애국부인회大朝鮮獨立愛國婦人會가 조직되었다.[34] 청년외교단의 지도로 대조선독립애국부인회가 같은 해 6월 혈성단애국부인회血誠團愛國婦人會와[35] 통합하여 대한민국애국부인회로 발전 개편되었다.[36] 또한 청년외교단 인사들에 의해 애국부인회의 강령과 규칙 등이 작성된 점 등을 보더라도 이들 두 단체의 관계를 짐작할 수 있다. 청년외교단이 대한적십자대한총지부를 설치하여 국내의 적십자 활동을 총괄할 때, 대한민국애국부인회의 지부 조직이 적십자회 지부 조직의 역할을 대행했던 것에서 두 단체의 조직이 서로 유기적인 관계였음을 알 수 있다. 나창헌은 청년외교단에 가입한 직후 1919년 9월 대한적십자회 대한지부의 특별단원으로 참가했다.[37]

대한민국애국부인회의 지부는 평양·대구·개성·진주·기장·밀양·거창·통영·양산·울산·부산·마산·군산·회녕·정평·목포·전주·광주·홍수 등지의 전국 각처에 설치됐다.[38]

청년외교단의 성격은 해외 조직인 상해지부를 통해 보다 분명하게 나타난다. 지부장은 임시정부에 참가해 강원도대의원, 재무부위원으로 활동한 바 있는 송세호가 맡고, 중심인물인 조용주·연병호 등의 상당수의 인원이 국내에서 해외로 파견되어 활

동하고 있음이 주목된다.[39]

나창헌과 송세호 등은 의친왕의 상해 망명 계획에 깊게 참여하는 한편 대한독립애국단의 본부와도 연결되어 활동을 전개했다.[40] 청년외교단이 임시정부와 밀접한 관계를 맺고 대동단이나 대한독립애국단 등의 단체와도 교류가 있음이 파악된다. 이는 당시 국내독립운동 단체 간의 결속이 상당한 수준에서 이루어졌음을 보여주는 것이다. 청년외교단은 1919년 8월 안재홍·이병철 양 총무의 명의로 독립운동의 나아갈 방향에 대한 견해를 밝힌 「건의서」를 임시정부 앞으로 보냈다.

1) 이상과 주의의 대기치 아래 각파의 대찬大贊 협동을 표방하여 만일의 감정적 충동의 폐해가 없도록 전력할 것

2) 임시정부의 내각 각부 총장은 상해에 집중하여 정무의 통일을 기할 것

3) 열국 정부에 직접 외교원을 특파하여 외교사무를 속히 확장할 것

4) 일본 정부에 외교원을 파견하여 국가의 독립을 정면으로 요구할 것

5) 내외의 책응을 긴밀 전일케하기 위하여 정부에서 인원을 파견하여 국내 각 단체 및 종파의 대표자와 협의한 후 서울에 교통본부를 설치하여 일절 책동의 중추기관을 작성케 할 것

6) 적재를 광취하여 여론을 환기하기 위하여 조용은(조소앙)에

게 즉시 신임장을 교부하여 국제연맹회의에 파견하여 외교활동을 담당케 할 것

6개 항으로 된 「건의서」에는 임시정부를 중심한 독립운동계의 단결과 통일을 촉구하는 한편 그에 호응한 국내독립운동의 중추기관으로서 교통본부를 설치할 것을 건의했다. 임시정부는 안창호의 명의로 전문 요원을 파견할 것이라 답장을 보내왔다.[41] 그리고 외교문제에도 깊은 관심을 보였다. 특히 6항에서는 조용은을 직접 거명하며 국제연맹에 파견할 것을 건의했다. 이 점을 보더라도 청년외교단의 주요 임무와 역할이 조소앙의 외교활동을 지원한 것임에 분명히 드러난다고 하겠다.

「국치기념경고문」은 상해에서 조용주가 기초하여 국내로 보내온 것을 청년외교단이 300매 정도 인쇄하여 1919년 8월 29일의 국치일國恥日을 기해 배포했다. 경고문에는 10년 전 치욕의 경술국치를 상기시키면서 민족적 각성을 일깨우는 한편 만세운동의 궐기를 촉구하는 내용을 담고 있다. 이 경고문의 배포는 대동단에도 관여하며 행동반경이 넓었던 나창헌이 맡아, 서울의 각 독립운동단체를 비롯해 학교 및 일반에게 배포되었다. 국치기념일인 1919년 8월 29일 종로 등지에서 국치를 기념하는 만세시위가 전개되었고, 동일 밤에는 북악산의 각소에 태극기가 게양되는 등 독립만세운동의 분위기가 고조되었다.

청년외교단은 동년 9월경 조직을 확장 개편하기로 결정했다.

9월 2일자로 기관지 「외교시보外交時報」를 창간하여 국내외독립운동의 상황을 알리며 독립의식을 고양해 갔다. 「외교시보」는 국내의 소식을 알리는 내보內報와 국제정세의 동향을 보도하는 외보外報로 편집 구성되었다. 편집 발간의 책임은 편집부장 이의경이 맡았고, 배포는 나창헌이 담당해 200부 정도를 인쇄해 서울 각처에 살포했다. 그러나 총무 이병철이 외국인선교사와 연결되어 추진하던 기독교 계통 인사들의 반일적 모임이 일경에 발각되었고, 「외교시보」도 일경의 손에 넘어가면서 발행이 중단되고 말았다.

청년외교단은 임시정부에 대한 지원활동도 활발히 전개했다. 지원활동으로는 독립운동자금의 조달과 국내 조직을 이용한 국내의 각종 사항을 조사 보고하는 것이 주를 이루었다. 청년외교단에서는 그의 조직을 동원하여 「독립운동참가단체조사표」, 「피해의사조사표」, 「가옥파괴조사표」, 「일본반항행위조사표」 등을 작성, 임시정부에 보고했다. 이러한 활동은 곧 연통부의 역할을 청년외교단이 대행했음을 보여주는 것이다.

연통부는 임시정부의 국내 조직이다. 임시정부는 "정부와 국민 간에 기맥을 상통하여 복국사업에 완성을 기하고 내외의 활동을 일치시키기 위해 내지와 외국거류지에 연통부를 치置함"이라 밝혔다.[42] 연통부의 조직은 각 도에 감독부를 두고 그 아래 각 군에 총감부, 그리고 각 면에 사감부를 두기로 했다. 1919년 8월과 9월 사이에 함경북도, 전라남북도 등지에 연통부가 설치됐다.[43] 연통부는 전국을 13도 12부 221군으로 구획하고 전국을 통할하는 목적을 갖고 만들어졌다. 그러나 연통제는 북부지역에만 발달했다. 중부이남 지역은 미미했는데 대신 비밀단체들이 그 역할을 대행하고 있었다. 임시정부는 이런 비밀단체를 연통제에 흡수하는 방향으로 통일시키려 했다.

임시정부의 안창호는 1919년 10월 초순 경 이종욱을 서울로 파견했다. 이종욱은 연건동 202번지 집에서 전필순, 나창헌 등과 연통제 조직을 의논했다.[44] 그 취지는 국내에는 각 단체가 각기로 운동하는 관계로 불통일하다는 것이다. 서울에 연통본부를 두고 전국의 감독부, 총감부, 사감부를 명령 체계로 이루겠다는 의지를 보였다. 청년외교단, 대동단, 대한민국애국부인회에 직간접으로 관계가 있던 나창헌과 송세호는 1차로 서울에 연통본부를 설치하고 직접 각 도의 감독부의 임무를 맡기로 했다.

윤종석은 국내와 해외와의 교통연락 사무를 관장했는데 그 사무소인 조선여관은 사람의 출입이 번거로워 타인에 발각될 염려가 있었으므로, 강매姜邁의 소개로 민강의 집을 교통연락기관 장소로 정했다. 민강은 10월 초 강매의 소개로 윤종석을 만났다. 해외와의 통신 및 교통연락에 관하여 편의를 제공하기로 했다.[45] 문서를 보내올 때 민강이 단골로 거래하는 남대문통 5정목의 공성共成운송점으로 약정했다. 이로써 해외에서 비밀 통신을 용이하도록 꾀했다.

송세호는 이종욱과는 사제지간이다. 송세호는 함경남북과 전라남북을 담당, 윤종석은 평안남북과 황해도를, 나창헌은 경상남북과 충청남북, 강원, 경기 각 도의 감독부를 담당하기로 했다. 나창헌이 중부 이남의 전역을 관장하기로 한 것이다. 전필순은[46] 회계 사무를 맡기로 했다.[47] 그리고 나창헌이 대동단, 윤종석이 청년외교단, 대한독립애국단에는 신현구가 맡기로 정했다.[48]

민강閔疆(1884~1931)은 충북 청주 사람으로 1909년 대동청년단에 참가한[49] 이래 소의학교를 설립하고 교육운동에 투신했다. 3·1운동 때에는 국민대회 개최를 주도했다.[50] 이 일로 옥고를 치르고 1919년 8월 출옥한 뒤에는 자신이 경영하는 동화약방을 대동단 및 연통본부의 연락거점으로 제공하는[51] 한편 대동단 주도의 제2회 독립만세시위에 강매姜邁와[52] 함께 서울의 7개 학생 청년단체들에 대한 동원책임을 맡았다.[53] 배재고보 교사인 강매는 자신의 제자인 대동단원 윤종석을 통해 연통본부를 지원했다.

연통본부의 설치에 참가한 인사들은 대동단뿐 아니라 대한독립애국단이나 대한민국청년외교단 등에도 깊게 관계하고 있었다. 당시 서울에 본부를 두던 이들 단체는 밀접한 교류를 가졌다. 조직 간의 결속은 연통본부의 설치를 추진할 수 있는 배경이 됐다.[54] 복수의 단체에서 활동하던 인사로는 대한민국청년외교단에서 활약한 나창헌·송세호, 대한독립애국단에서 활약한 김영철·안교일, 혈성단애국부인회에서 활약한 이신애[55] 등이 있었다. 그러나 비밀단체들이 대부분 1919년 말 일제에 발각되면서 연통본부의 설치로 이어나가지 못했다.

김가진과 의친왕의 상해 망명을 추진하다

독립대동단으로 명칭을 변경한 뒤 주요 활동은 제2회 만세운동의 추진과 함께 총재 김가진과 의친왕義親王을 상해로 망명하는 계획이었다.[1] 비록 망국의 왕자로 전락한 의친왕이었으나 그의 상해망명이 이루어진다면 당시 민족사회에 파급될 영향은 커다란 것이었다.[2] 이를 기대하고 대동단은 총재 김가진의 상해 망명에 이어 제2단계로 의친왕을 대동단의 수령으로 추대하여 상해 망명을 성사시킨 다음 '제2회 독립만세시위'를 계획한 것이다.[3]

먼저 김가진의 망명 과정을 보기로 한다. 김가진의 망명은 일찍부터 추진되었다. 1919년 4월 18일 신규식의 밀명을 받고 국내로 들어온 정원택이 김의한의 안내로 정두화를 만나 편지를 전했다. 이때 김가진의 상해 망명을 권고했다.[4] 1919년 6월 경 전협과 정남용이 김가진을 직접 만나 상해 망명의 의중을 타진했다. 김가진은 가겠다는 의사를 밝히면서, "중국 남북정부의 요로 인사 중 아는 사람이 많으므로 외교 방면에서 좋은 입장"이라는 말도 했다.[5]

김가진

김가진의 망명은 개인 차원에서 계획된 것이 아니라 대동단 본부의 이전과 함께 이루어진 것이다. 이와 함께 제2회 독립만세시위를 대대적으로 전개할 계획도 세웠다.[6] 김가진의 상해 망명에는 임시정부의 내무총장 겸 국무총리 대리 안창호와 사전 소통된 것이었다. 나창헌이 임시정부 외교특파원 이종욱을 전협에게 소개했고, 송세호와 정남용이 두 사람의 만남을 거들었다.[7] 이종욱이 전협에게 "조선의 독립이라는 것은 상하의 구별이 없이 모두가 희망하고 있으나 왕족·귀족 및 유산계급은 독립운동을 피하여 매우 냉정하게 처신하고 있는데 그들을 그대로 놓아두면 조선의 독립을 위해 좋지 않으므로 그들을 상해로 데려

간다면 조선인은 상하의 구별 없이 조선의 독립을 바라고 있다는 것이 나타나기 때문에 왕족·귀족을 상해로 데려가는 것이다"라는 의사를 전달했다.[8] 그렇게 해서 김가진을 먼저 탈출시키고, 다시 의친왕을 탈출시키도록 뜻을 모았다.[9]

김가진은 아들 김의한과 이종욱의 안내를 받으며 10월 10일 망명길에 올랐다. 그런데 10월 7일 대동단의 여섯 사람이 체포되는 2차 발각이 일어나고 말았다. 시급히 움직일 수밖에 없었다. 이때 김가진 일행의 여비로는 전협이 100원, 이종욱이 700원, 민영휘의 아들 민대식이 300원을 마련했다.[10] 길을 안내하는 이재호는 일산역에서 출발해 신의주를 거쳐 단동역으로 탈출했고, 이종욱은 남대문역에서 승차했다. 단동에서는 이륭양행의 계림호를 타고 상해로 갔다. 나머지 인사들은 중간에서 빠지고, 김가진과 동행한 이는 아들 김의한과 이종욱이었다. 이들이 상해에 도착한 때는 10월 30일이었다. 상해에서의 환영은 대성황을 이뤘다.[11] 김가진의 개인적 명망뿐 아니라 대동단의 활동상이 상해의 『독립신문』을 통해 소상히 알려져 있었기 때문이다.[12] 상해 도착 후 김가진은 먼저 병원에 입원했다. 노구를 이끌고 기나긴 여행을 한 때문이었다. 김가진은 병원에서 각국의 기자들과 기자회견을 자청했다. 기자회견 전까지 일제는 김가진의 망명을 감쪽같이 몰랐다. 기자회견 후 일제는 극도의 긴장감을 감추지 못했다. 1910년의 소위 '합방'은 조선 황실과 귀족들의 환영하는 바라는 국제 사회에 대한 거짓 선전이 탄로 나고 만 때문이었다. 『독립신문』은 1919년 11월 4일 자로 「김가진옹 래호」라는[13] 제목 아래 김가진의 상해 망명을 크게 보도했다.

김가진의 기자회견 내용은 세계 각국에 크게 보도됐다. 중국에서는 전 총리 당소의唐紹儀가 면회를 오기도 했다.[14] 당소의는 1912년 중화민국 최초의 국무총리를 역임했으며, 손문을 원조해 광동정부의 수립에 참가한 정치인이었다. 당소의는 1913년 3월 무렵 한중 인사들의 연대를 목적으로 결성한 신아동제사新亞同濟社의 회원이기도했다. 신규식과도 교제를 나누고 있었다.

김가진은 상해 프랑스조계 하비로 지나우편지부 2층을 거주지로 삼았다.[15] 일제는 김가진의 귀국을 종용하기 위해 정필화를 밀정으로 상해에 파견했다. 정필화는 며느리 정정화의 3종 오빠인 자로 조선총독부의 지령을 받고 상해에 온 것이다. 그러나 내막을 파헤친 김구에 의해 정필화는 처단됐다.[16]

대한민국 임시정부는 김가진을 고문으로 추대하여 예우를 갖췄다.[17] 1920년 3월 1일 대한민국 임시정부는 3·1운동 1주년 기념식을 거행했다. 김가진은 임시정부 국노國老의 자격으로 참가하면서, 자신의 과오를 씻고 인생의 마지막 불씨를 피우겠다는 각오를 밝혔다.

다음은 의친왕의 망명 추진 과정을 살피기로 한다. 총재 김가진의 망명을 성사시킨 대동단은 의친왕의 망명을 추진했다. 의친왕義親王(1877~1955)은 고종의 다섯째 아들로 귀인 장씨 사이에서 태어났다. 1894년과 1895년 일본과 유럽을 여행하며 서구

지식에 대한 견문을 넓혔다. 1900년 미국 웨슬리언대학과 르녹 대학에 유학해 1905년 귀국 후[18] 망해가는 조선의 비운을 몸소 겪어야 했다. 1907년 아버지 광무황제의 강제 퇴위, 1910년의 망국, 급기야 1919년 초 아버지의 상을 당하고 말았다. 이런 의친왕을 1919년 11월 9일 공평동 중국집 신세계에서 전협이 만나기로 했다. 이날 자리에는 윤용주, 이재호가 의친왕을 접대하고, 나창헌은 정남용, 한기동과 함께 하인으로 위장하고 시중을 들었다.[19] 의친왕의 망명을 놓고 서로 간에 문제도 있었으나, 드디어 의친왕은 망명을 위한 발걸음을 내디뎠다. 의친왕의 상해 망명에는 아래와 같은 깊은 뜻이 담겨 있었다.

1. 일제는 나의 모후와 부황父皇을 시弑했으니 이 사정을 열국에 호소할 것.
2. 3·1운동 이래 독립을 요구하는 정의와 인도를 내세우니 우리 국민의 정신은 결코 일제에 동화되지 아니 할 것을 선포할 것.
3. 일본이 국토를 병합한 것은 간적奸賊을 이용한 것이지 부황의 뜻이 아닌 일을 세계에 알릴 것.
4. 한국민의 하나로서 독립된 우리나라의 평민이 될지언정 합병한 일제의 귀족되기를 원치 않는다. 나의 이런 결심은 하나는 복수를 위한 것이요. 다른 하나는 조국의 독립과 세계의 평화를 위한 것이다.[20]

의친왕

의친왕의 가슴 속에는 부모의 원수를 갚기 위한 것, 한국은 결코 일제에 동화되지 않을 것이라는 굳은 믿음, 조국의 독립과 세계평화를 위한 목적에서 이루어진 망명길이었다. 그리고 한국의 평민이 될지언정 일제의 귀족 되는 것은 원하지 않는다는 비장한 각오를 보이기까지 했다.

처음엔 인천에서 기선을 타고 갈 예정이었지만, 일경의 감시가 심해 기차로 안동을 거쳐 상해로 갈 것으로 변경됐다. 11월 10일 수색역에서 의친왕, 한기동, 송세호, 정남용, 이을규 등 다섯 명이 탔다. 한기동은 개성까지, 송세호는 남대문역에서 승차해 평양까지, 정남용은 단동에서 서울로 돌아오게 돼 있었다.[21]

그러나 국경을 넘었으나 단동역에서 미리 정보를 입수한 일경에 의해 잡히고 말았다. 이로써 의친왕을 수행한 대동단원은 물론 대동단의 조직까지 파괴당하고 말았다. 나창헌은 상복을 입고 있었기 때문에 경찰의 수사망을 피할 수 있었다.[22]

의친왕의 망명이 실패하자 상해에서도 안타까움과 아쉬움을 드러냈다. 『독립신문』은 1919년 11월 20일자에서 「의친왕의 상보詳報」, 「의친왕의 친서, 목적은 독립과 복수」, 「최후의 일인까지」 등 기사를 실었다. 「최후의 일인까지」에는 김가진이 중국 신문 『대륙보大陸報』 기자와 가진 인터뷰 내용을 소개했다. 그 내용을 보면 다음과 같다.

> 일본이 한국 내에서 하는 행동은 차마 발표치 못할 것이 많으니 일부 인사가 일본의 만행에 관한 보도에 대하여 의심이 생기는 것도 무리는 아니라. 일본이 한국 여자에게 행한 만행으로 보아도 사람으로는 신용할 수 없으리만큼 흉악하니 귀보에 게재된 바는 아직 진상이 반도 못되는 것이라 … 한족 중에는 어떤 계급이나 어떤 부분도 독립을 요구치 않는 자 없나니, 독립의 요구는 실로 폭행과 압제 하에 한족(한국인) 전체의 절규라. 노동자나 귀인이나 일심으로 한국의 독립을 광복하기로 결심하였나니, 이 결심은 최후의 일인 생존할 때까지 변치 아니하리라. 일본이 만일 독립의 절규를 없이하려 할진대 한족의 전멸을 도모하는 외에 다른 길이 없으리라.[23]

12월 3일 독립신문 기자가 김가진의 처소를 방문해 의친왕 상해망명에 대한 일본신문의 보도 및 항간의 소문에 관해 물었다. 김가진은 인터뷰에서 일본인들의 보도는 일체가 거짓이라 말했다. 또 의친왕은 부모와 조국의 원수를 갚기를 간절히 바랐으며, 이것이 상해로의 망명을 결심한 동기일 것이라 설명했다. 이 과정에서 의친왕의 상해 망명은 자신과 여러 차례 상의한 일이 있었으며, 대동단의 위협에 따라 억지로 오려는 것이 아니라는 점을 분명히 했다.[24]

대동단에 관한 『독립신문』의 보도는 1920년 1월 1일자 신년호에서 최고조에 달했다. 대동단이 국내에서 주도했던 제2회 독립만세시위 때 사용한 대동단의 선언서 전문과 33인의 민족대표를 실었던 것이다.

제2회 독립만세시위를 추진하다

나창헌이 3·1운동 때와 같은 방법으로 거행한 '제2회 독립만세시위'는 대동단에서 가장 역점을 두었던 활동이다. 결성 초기 대동단의 활동은 선전활동이 주된 것이었다. 선전활동은 선전물을 작성, 인쇄 배포함으로써 독립사상을 고취하고 또 이를 통한 대단의 존재를 알려 조직을 확대하는 데 목적을 두었다.

대동단에서 발행한 선전물로는 파리강화회의와 미국의 윌슨 대통령 앞으로 각기 우리의 독립을 주장한 「진정서」 및 동단의 성립을 대외에 천명한 「선언서」와 전 국민에게 민족 각성을 촉구하는 「경고문」·「등교학생 제군에게」 등 외에도 다수가 있다.[1] 선전물들은 단원 및 일반 국민에게 배포되었다.

1919년 8월 10일에는 기관지 『대동신보』를 1만 부 발행하여 전국 각처에 살포하면서 대동단의 존재감을 확실히 알렸다.[2] 주된 내용은 대동단의 입장을 밝힌 앞선 「선언서」 및 「기관」, 「방략」과 그간의 활동 등을 한데 묶어 편집한 것이다.[3]

대동단은 두 번의 만세시위를 추진했다. 1919년 8월 29일의 국치일을 기념한 만세시위와 일제의 소위 천장절인 10월 31일에 거행하려다 연기된 11월 28일의 만세시위가 그것이다. 이들 만세시위는 대동단만의 것이 아니라 연합시위였다는 점에서 주목된다. 그 중 천장절을 기해 일으키려 했던 만세시위는 대동단의 힘이 집약된 것이었다.

먼저 국치기념일의 시위를 보면, 이때의 시위는 청년외교단과 함께 추진한 것으로 표면 활동에는 청년외교단이 나섰던 시위였다. 이날의 시위에는 청년외교단과 대동단에 함께 관여한 나창헌의 활약이 컸다. 시위는 크게 번지지 못했으나 종로 등지에서의 산발적 시위와 함께 북악산을 비롯한 서울의 각처에서 태극기가 게양되는 등 독립만세운동의 분위기가 고조되었다.[4] 청년외교단에서는 조용주가 기초한 「국치기념경고문」을 상해로부터 들여와 1919년 8월 29일 국치일을 기해 배포했다. 그 배포의 책임은 나창헌이 맡았다.

1919년 10월 31일 소위 일제의 천장절을 기해 3·1운동과 같은 방식으로 거행하려 한 제2회 독립만세시위는 대동단에서 총력을 기울여 추진한 것이었다. 그리고 이때의 만세시위는 대동단 본부의 상해 이전과 함께 병행 추진되었다는 점에서 주목된다.

1차 발각에 의해 조직의 일부가 노출된 대동단은 이후 『대동신보』 등의 발행을 통해 더욱 세상에 알려지게 되었다. 이어 10월 7일 2차 발각으로 대동단에 대한 일경의 포위망도 압축되고 있었다.[5] 대동단의 활동 역시 어려운 상황에 처하게 되고, 전협 등은 대동단의 본부를 상해로 이전할 것을 결심했다. 제1단계로 총재 김가진이 10월 10일에 먼저 상해 망명을 단행했다.[6] 김가진은 대한민국 임시정부 특파원 이종욱의 안내로 장남 김의한을 대동하고 일산역을 출발하여 경의선을 타고 신의주와 안동을 거쳐 상해로 갔다.

그리고 대대적인 만세시위를 추진해 갔다. 여기에는 대한민국임시정부도 거들었다. 이름도 '제2회 독립만세시위'로 정하고 10월 초부터 상해 임시정부에서 파견된 이종욱과 나창헌이 힘을 모아 거사를 추진했다. 처음엔 임시정부에서 전달된 박은식 외 29인의 명의로 된 「대한독립선언서」를[7] 사용하여 서울의 각 독립운동단체들이 연합만세시위를 일으킬 계획이었다. 그런데 전협이 「대한독립선언서」에 서명한 민족대표가 국외 인사인 점에 반대하며 국내인사로 바꿀 것을 강력 주장하면서 새롭게 선언서와 민족대표를 구성했다.[8] 이때 민족대표의 인선은 나창헌이 맡았다.[9]

일제는 3·1운동을 일부 '불령선인不逞鮮人들의 망동'에 불과한 것으로 국제적인 선전을 감행했다. 그러나 일제의 선전은 사실이 아니었다. 그것을 알리기 위해 제2회 독립만세시위를 전개한 것이다. 그런 의미를 담은 독립선언서는 다음과 같다.

5천 년 역사의 권위와 2천 만 민중의 충성에 의거하여 우리 국가가 독립국이고 우리 민족이 자유민임을 세상에 선언하며 증언한다. 우리나라는 타인의 식민지가 아니고 단군의 자손은 타인의 노예종奴隸種이 아니다. 나라는 동방군자이고 민족은 선진적인 선인善人이다. 운영하다 보면 순조롭지 못하고 오래 다스리다 보면 혼란이 생기는 법이며 바깥으로는 경탄鯨呑의 강대한 이웃 나라가 있고 안으로는 나라를 해치는 간적奸賊이 있다. 5천 년 신성한 역사와 2천만 예의민족과 5백 년의 위대한 종묘사직이 일조에 인멸하니 조정에 순국殉國하는 의사가 있고 민간에 절개를 지키는 백성이 있었으나 황천이 불우不佑하고 국민이 복이 없어 황제가 폐위되는 치욕을 당했다. 의사와 백성들이 거사하여 일어나면 멸족의 재난을 당하였고 지나친 세금과 가혹한 형벌은 백성들을 도탄 속에 빠지게 했다. 불평하여 일어나면 강도로 몰아 살육하고 충의의 정신은 가혹한 정치에 의해 말살되고 있다. 몇 천만이나 되는 사람들이 한과 아픔을 머금고 와신상담하고 10년을 지내 보내면서 날이 밝기를 기다리고 태평을 바라는 것은 천리에 대한 바람이고 죽음에 처하여 살길을 찾고 오래 있으면 다른 생각이 생기는 것은 인도적인 두터운 정분이다. 무릇 세계를 개조하고 민족자결의 소리가 세상에서 높이 부를 때 우리 나라의 독립과 우리 한국의 자유의 외침이 전국에 퍼졌다. 그리하여 3월 1일에 독립을 선언하고 4월 10일에 정부를 세웠다. 그러나 일본은 우매하고 완고하여 시세의 흐름에 따르지 않고 이리의 흉악상을 드러내어 맨주먹의 민중들을 대대적으로 억압하고 총살하고 성읍城邑과 촌락을 태워버렸다. 이에 모든 인간의 양심을 가진 자는 모두 놀랐다. 우리 민족의 충성심과 붉은 피는 도의에 어긋나는 압박에 무서워하지 않고 정의적이고 인간적인 도리로 용감히 전진한다. 만일 일본이 끝까지 잘못을 뉘우치지 않으면 우리 민족은 부득불 3월 1일의 공약에 의하여 최후의 한 사람이 남을 때까지 최대의 노력과 최대의 힘으로 혈전도 마다하지 않는다. 이에 글을 써서 성명한다.

1919년 10월 31일을 기해 대대적인 만세시위를 계획했던 대동단은 독립선언서의 형식으로 선언서를 작성하고 33인의 민족대표를 선정했다.[10] 민족대표의 선정에는 본인의 동의를 얻었음을 볼 수 있다.[11] 이들 전부가 대동단원은 아니겠지만 이를 통해서 대동단의 인적 기반을 가늠해 볼 수 있다. 그런 점에서 대동단이 선정한 민족대표 33인의 명단은 다음과 같다.

의친왕, 김가진, 전 협, 양 정, 이 정, 김상설, 전상무, 백초월, 최전구, 조병구, 김익하, 정설교, 이종춘, 김세응, 정의남, 나창헌, 한기동, 신도안, 이신애, 한일호, 박정선, 노홍제, 이직현, 이내수, 김병기, 이겸용, 이 후, 신태련, 신형철, 오세덕, 정규식, 김홍진, 염광록[12]

먼저 김가진을 비롯해 전협·양정·이정·정의남·나창헌·한기동·이신애 등은 대동단 인사들이었다. 정의남은 정남용의 별명이다.[13] 상해 망명을 시도했던 의친왕은 대동단의 수령 자격으로 첫머리에 올라 있음을 볼 수 있다.

이내수李來修와 최전구崔銓九는 국민대회의 인사들이다. 척사유림의 의병 출신으로, 대동단과 연결된 면을 확인하기 어렵다. 그러나 이내수가 대동단의 유림단 대표로 선정되고 있는 점과[14] 선언서에 민족대표로 올라가 있는 점으로 미루어 대동단과 일정한 관계를 맺던 인사가 아닌가 추측된다.

오세덕·신형철은 대한독립애국단 인사이다. 오세덕은 대한독립애국단 강원도단의 외교원으로 1919년 10월 10일에 철원의 만세시위를 주도하고 상해로 망명했다.[15] 신형철은 대한독립애국단 단장 신현구申鉉九의 조카이다. 임시정부의 논산군 조사원으로 활동하던 인사였다.[16] 공주 영명학교 졸업 후 1918년 4월 일본 동경의 청산학원에서 수업했다. 1919년 9월 중국 상해로 넘어왔다.[17] 불확실하지만 신도안은 신현구가 아닌가 싶다.[18] 신현구는 대동단 주도의 연합시위에 깊게 관여했을 뿐 아니라[19] 1919년 11월 10일 의친왕의 상해 망명이 발각되어 대동단의 인사들이 거의 피체될 때에도 남아 만세시위를 추진해 갔다.[20]

타 단체의 인사를 민족대표에 안배한 것은 연합만세시위의 명분을 강화하기 위한 의도로 보인다. 노인단과 부인단의 대표를 포함시키는 것에서도 잘 나타난다. 민족대표 중 김상설(73세)·김익하(71세)·이종춘(63세)·이겸용(69세) 등은 이신애가 포섭한 노인대표이다. 이외 조형구·정설교·김홍진 등도 노인대표로 파악된다.[21] 이신애를 비롯하여 박정선·한일호는 부인대표의 자격으로 민족대표에 서명했다. 나창헌·정규식은 청년대표의 자격으로 서명한 것 같다. 나창헌은 이 무렵 대한민국청년외교단에도 관계하고 있었다.[22] 나창헌의 권유로 민족대표에 서명한 정규식은 경신학교를 졸업한 서강여학교 교사 출신으로 나창헌·이신애 등과 함께 대동단의 만세시위를 주도했다.[23]

그 외 백초월은 불교 승려로서 3·1운동 때 불교계의 소극적 태도에 분발하여 불교 중앙학림을 중심으로 한국민단본부韓國民團本部를 결성하고 임시정부에 대한 지원활동을 폈다. 당시 불교계 인사 중 대표적 독립운동가의 한 사람이었다.[24] 백초월은 민단본부의 부장으로 『혁신공보革新公報』 등의 선전물을 인쇄 배포하면서 독립의식을 고양했다. 정남용에 의해 불교계의 대표로 민족대표에 추대되었던 것 같다.

신태련의 본명은 신숙申肅(1885~1967)으로 경기도 가평 출신의 천도교인이다.[25] 3·1운동에 참가해 선언서를 각 지방에 배포하는 역할을 맡은 뒤 1920년 중국으로 망명해 북경에서 신채호, 박용만 등과 같이 군사통일회를 소집해 의장을 맡았다. 후일 나창헌이 상해 망명 후 철혈단을 조직할 때 박용만과 함께 지원을 아끼지 않았다.

나머지 전상무·김세웅·노홍제·이직현·김병기·이후·염광록 등의 신원은 분명치 않다.

「선언서」에 서명된 33인은 대동단 인사가 주축이 됐다. 그 외에는 대동단이 줄곧 표방한 '사회 각층의 단결'에 따라 유림·노인·부인·청년·종교의 대표 및 타 단체의 인사들이 포함됐다. 대동단은 청년외교단이나 애국부인회, 대한독립애국단의 본부의 경우 기독교 계통의 조직을 중심으로, 또 철원애국단이라 불리는 대한독립애국단 강원도단은 철원을 비롯해 각 지역의 유지를 중심으로 조직이 발달했던[26] 것에 비하면, 인적 구성이 다양했다. 민족대표의 구성에서 주목할 것은 임시정부의 지도로 추진되던 만세시위가[27] 전협의 주장에 의해 대동단 주도의 만세시위로 바뀌었던 점이다. 전협의 주장에 따라 재차 구성된 민족대표에는 대동단 인사가 주를 이뤘다. 상해 이전과 함께 대동단은 국내에서 획기적인 독립운동을 계획했고, 그것이 바로 '제2회 독립만세시위'였다. 상해 망명 후 대동단의 입장과 명분을 살리기 위한 의도도 강하게 담겨 있었다.

10월 31일의 거사계획이 연기되면서 학생 청년들의 동원책임을 맡았던 민강과 강매의 행적이 일경에 탐지되면서 11월 1일에 일경에 붙잡혔다. 당시 민강의 동화약방同和藥房은 만세시위를 추진하는 주요 거점이었다. 임시정부와 서울의 각 독립운동단체를 연결시키는 연락 거점으로 활용되던 곳이었다. 강매는 배재학교의 교사로서 대동단의 논객으로 활약하는 한편 학생조직을 동원하는데 큰 힘을 미치고 있었다. 이들의 피체는 거사를 성공적으로 수행하는데 커다란 손실이었다.

더욱이 11월 10일에 결행한 의친왕의 상해 망명이 일경에 도중 탐지되면서 단동까지 탈출했던 의친왕과 정남용·이을규가 단동역에서 평안북도 미산米山 경부에 의해 체포되었다.[28] 이 일로 대동단의 인사들이 차례로 체포되었다. 11월 19일 전협의 체포로[29] 대동단의 조직은 거의 파괴당하고 말았다.

일경의 체포망을 피한 나창헌과 이신애·정규식·안교일 등은 당초의 계획대로 만세시위를 추진해 갔다. 이들은 거사일을 일단 11월 25일로 정했다. 이날은 음력 10월 3일로 단군기념일이기도 했다.[30] 시위 방법은 3·1운동의 방식을 모방했다. 민족대표로 서명한 김상설·김익하·이종춘 등 8인의 노인대표를 중국요리점 장춘관長春館에 모이게 하여 제2회 독립선언서를 낭독게 한 다음 조선총독부로 연락하도록 했다. 동시에 시위대는 3대로 나누어 각기 자동차를 이용해 선언서를 살포하고 독립만세를 외치기로 했다. 제1대는 정규식의 책임 아래 남대문 조선은행 앞에서, 제2대는 이신애와 박정선의 책임 아래 동대문 한일은행 앞에서, 제3대는 이정의 책임 아래 정동 배재학교 앞에서 각기 출발하여 종로경찰서 앞으로 집결하도록 했다.[31] 이때 나창헌은 학교를 담당했는데 학교의 수가 27개에 달했다.[32]

이들은 제2회 독립선언서의 인쇄 및 거사에 필요한 준비를 진행했다. 선언서의 인쇄책임은 안교일이 맡았다. 안교일은 이화학당 부속 용두리여학교 교사로서, 같은 계열의 공덕리 여학교 교사를 지낸 바 있는 대한독립애국단 단장 신현구와는 오래전부터 친교를 맺고 있었다. 안교일은 신현구와 함께 만세시위에 가담했다.[33] 그러나 다소 계획이 지연되면서 거사일을 이틀 뒤인

11월 27일로 미루었다. 거사 당일에 예정된 시각과 장소에 자동차가 제때 오지 않았고, 인원 동원에도 차질이 생기면서 만세시위를 실행에 옮기지 못했다.[34]

나창헌은 이신애·정규식·안교일 등과 함께 악조건을 무릅쓰고 만세시위를 강행하기로 결정했다. 정규식은 나창헌의 권유로 대동단원이 되었다. 정규식은 고양 출신으로 경신학교를 졸업한 뒤 서강여학교의 교사를 하다가 곡물상을 경영하고 있었다. 안교일은 광무일어학교와 배재학당을 졸업한 뒤 이화학당 용두리여학교 교사로 봉직하고 있었다. 이들은 정희종이 근무하던 흥인학교의 등사기를 빌려 창신동의 그의 방에서 안교일의 주도 아래 선언서와 독립신문 호외를 인쇄했다.

다음 날인 11월 28일 종로·안국동 광장 앞에서 준비해 온 선언서를 살포하며 200여 군중과 함께 독립만세를 외쳤다.[35] 대동단 본부의 상해 이전에 맞추어 의친왕의 상해 망명계획과 함께 대대적으로 전개하려던 제2회 독립만세시위는 의친왕 상해 망명의 사전 발각으로 대동단조직이 파괴당하면서 계획대로 실행하지 못했다. 다만 일경의 추격을 피했던 나머지 열혈인사에 의해 강행되었을 뿐 당초의 목표와 기대에는 크게 미치지 못한 만세시위로 그치고 말았다.[36]

상해로 망명하다

11월 28일 제2회 독립만세시위를 벌인 직후 나창헌은 서울을 떠났다. 목표는 임시정부가 있는 상해였다. 그곳에는 한 달 전에 망명한 대동단 총재 김가진이 있었다. 그러나 나창헌은 곧바로 상해로 직행하지 않았다. 그는 만세시위 후 일단 중국 땅 안동으로 피신했다. 당시 경의선 철도를 이용하면 됐지만, 걸어서 중국 땅 안동까지 갔다. 일제의 추격을 피할 수 있는 길은 도보뿐이라 판단한 때문이었다. 엄동설한에도 불구하고 한 달여에 걸친 도보 끝에 안동에 도착했을 때는 양 발의 발톱이 다 빠졌던 것으로 전해진다.[1] 상해로 가는 도중인 1920년 1월 중국 안동(단동) 일대에 대동단의 지부인 의안교통소를 설치한 것이다. 압록강을 맞두고 신의주와 접한 단동은 국내와 연락을 취하기 위해서는 중요한 위치였다. 당시 독립운동의 거처인 만주 및 중국 관내 일대와 국내를 연결하는 게 필요했다. 국내는 독립운동에 필요한 인적·물적 기반을 제공하는 역할을 담당했다.

의안교통소는 단동현 대화교통 9가에 위치한 김영률의 집에 거점을 마련했다. 구성원으로는 신의주에 거주하는 장찬식張贊植·이경도李敬道 부부와 압록강 건너 단동현에 살고 있는 김영률金永律·김응초金應楚 등으로 이루어졌다. 나창헌은 의안교통소장에 장찬식, 부인대동단 신의주 지단장에는 부인 이경도, 의안교통소 이사에 김응초를 각기 임명했다.[2] 의안교통소의 역할은 상해와 국내로 통하는 문서 전송 및 대동단 관계자의 교통 편의를 제공하는 것이었다.[3] 상해와 국내의 연락통신 업무를 수행하면서 대동단 단원들의 왕래와 숙박 등의 편의를 마련해 주었다.

김응초(1902~1920)는 평북 구성 출신으로 의안교통소뿐 아니라 무장단체인 대조선독립보합단大朝鮮獨立普合團에서도 활동했다. 보합단은 국내 비밀단체인 대조선청년결사대가 확대 발전한 단체였다.[4] 주로 평북 의주·선천 출신으로 구성되었으며, 그는 1920년 9월 근거지를 선천군 산면 내산동 산중으로 옮기는 과정에서 의주와 철산 등지의 일제 관공서 습격, 군자금 모집, 일본 순사의 사살, 친일파 처단 등의 활동을 펼치다가 일경과 전투를 벌이던 중 1920년 11월 피살됐다.[5]

나창헌이 상해에서 대동단을 재건한 뒤 통고문 1,600매를 의안교통소에 보내 200매는 신의주 일대에 배포하고 1,400매는 서울의 대동단원 이호李豪에게 발송해 국내에서 배포됐다. 후일 나창헌·김홍식 등이 상해와 한국 내지 사이로 교통할 때 그들의 자택에서 숙박하는 연락거점이 되기도 했다.[6]

나창헌이 단동 일대에서 머물다가 상해에 도착한 것은 1920년

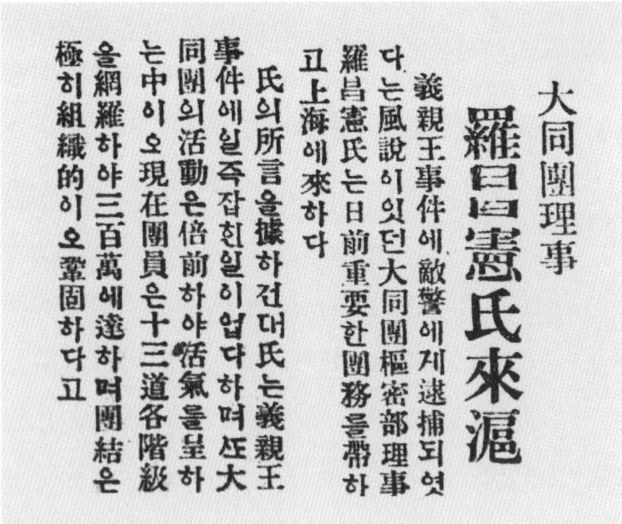

大同團理事

羅昌憲氏來滬

義親王事件에敵警에게逮捕되엿다는風說이잇던大同團樞密部理事羅昌憲氏는日前重要한團務를帶하고上海에來하다

氏의所言을據하건대氏는義親王事件에일즉잡힌일이업다하며또大同團의活動은倍前하야活氣를呈하는中이오現在團員은十三道各階級을網羅하야三百萬에達하며團結은極히組織的이오鞏固하다고

독립신문 「나창헌씨내호」(1920년 2월 3일)

1월이었다. 그가 상해에 도착하자 임시정부의 환영이 대단했다.[7] 『독립신문』에서는 「나창헌씨내호來滬」라는 제목으로 나창헌이 '중요한 단무를 띠고 상해에 왔다'라고 보도했다.[8] 그는 대동단 총재 김가진·안창호 등을 비롯한 여러 인사들과 만났다.

그러나 나창헌은 임시정부에 직접 참가하기보다는 독자적 활동을 모색했다. 이 무렵 임시정부를 둘러싼 상해의 정세는 복잡했다. 임시정부는 1919년 9월 대한국민의회와 통합으로 독립운동의 구심체로 역할을 수행하는 것으로 믿고 있었다. 때문에 국내에서 나창헌은 임시정부를 향한 지원적 태도를 보였다. 1919년 가을 통합정부가 수립되었음에도 임시정부 대통령 이승만은 상해에 오지 않았다. 임시정부 내부에서는 이승만이 대통령 명함을 앞세워 미주에서 외교활동 및 정부공채 발행에만 몰두한다는 불만이 쏟아져 나왔다. 급기야 국무총리 이동휘가 대통령 불신임운동을 벌이면서 대한민국임시정부는 혼란에 휩싸이게 되었다. 반이승만 계열의 박용만 역시 외무총장에 취임하지 않고 임시정부를 비판하고 나섰다. 12월 12일 임시정부 국무회의는 대통령이 조속히 상해에 취임할 것을 공식적으로 요구했다. 그러나 이승만은 여전히 미주에서의 활동을 고집했다. 임시정부의 젊은 인사들은 임시의정원의 승인 없이 대통령령을 남발한다면서 이승만의 처사를 강력히 항의했고, 차장회의에서 대통령불신임안을 제출하기에 이르렀다.[9] 대통령의 현지 부임 문제를 놓고 상해의 임시정부는 지역적 분파 및 갈등으로 혼란이 드러나 있을 뿐이었다.

나창헌은 상해에서 첫 번째로 대동단의 조직을 재건하는데 힘을 쏟았다. 그러면서도 나창헌은 안창호와 긴밀한 관계를 가지며 활동을 펼쳤다. 나창헌은 국내에서 활동할 때부터 안창호와 기맥을 통하고 있었다. 임시정부 내무총장 안창호는 연통제, 교통제 등 국내 조직 기반을 마련하는 데 관심이 많았다.[10] 안창호 일기를 보면, 1920년 2월 1일부터 2월 10일까지 나창헌은 도산과 세 차례나 만났다. 2월 1일 나창헌·임창준이 안창호 집에 와서 국내의 정황을 보고했다.[11] 2월 6일에는 나창헌이 다시 안창호를 찾아가 자신이 직접 관여했던 국내의 독립운동 사정들을

안창호

전달했다. 2월 10일에는 안창호가 나창헌을 동아여사東亞旅社로 초청해 만찬을 열었다. 이때에는 여운형呂運亨, 경성의학전문 출신인 유상규劉相奎 등이 배석했다.[12]

여운형(1885~1947)은[13] 1914년 중국에 망명한 이래 1918년 신한청년당을 세우고 3·1운동의 산파 역할을 담당한 인사였다.[14] 상해 대한민국임시정부 탄생에도 크게 기여하는 등[15] 독립운동의 주요 마디마다 괄목할 족적을 남긴 인물이었다. 이 무렵에는 사회주의 사상까지 접근하면서[16] 국제관계에 탁월한 식견을 지니고 있었다. 여운형은 독립운동의 통일적 조직형태를 강조했지만, 임시정부와 같은 거대의 조직 형태보다는 당적 결합을 주장했다고 한다. 그런 점에서 안창호와 비슷한 의견을 지니고 있었다.

유상규(1897~1936)는 평북 강계 사람으로, 1917년 경신중학교와 1919년 경성의학전문학교를 다녔다.[17] 나창헌과는 경성의학전문학교 시절 안면이 있던 사이였다. 서울에서 중앙기독교청년회에 관계했으며, 상해로 건너와 안창호의 비서로 활약하고 있었다.[18] 이날의 만남에서는 여러 가지 이야기가 오고 갔을 것이다. 나창헌이 국내 독립운동의 사정을 전하면서, 도산을 비롯한 일행들은 임시정부와 국내 독립운동의 연결 방략을 모색했을 것이다.

그 후 1920년 3월 1일 자 안창호 일기에 의하면 나창헌은 안창호를 찾아가 '모든 불통일과 불평에 관함'을[19] 말했다고 한다. 상해에 모인 독립운동가들은 출신 지역, 종교, 단체 등의 차이로 분열되었고, 임시정부 내에서도 분열과 대립이 격화되고 있었다. 임시정부 내에서의 분열은 임시대통령 이승만을 주축으로 하는 이동녕·이시영 등의 기호파 총장들과 이동휘·안창호 등이 구미위원부에서 보내는 재미한인들의 독립자금 문제로 대립한 것이다. 나창헌은 안창호가 구상한 '이당치국以黨治國'의 혁명당 조직방안에 적극 찬동하면서, 안창호의 대동단결에도 찬동을 표했다. 독립운동 혁명당이란 완전 독립을 위한 사람들의 조직이므로 참가 인물의 이념과 같은 다양성을 존중해야 한다는 것이었다.[20]

상해에서 대동단을 재건하다

임시정부는 1920년을 독립전쟁의 해로 선포했다. 안창호는 1920년 1월 3일과 5일 상해 교민단에서 개최한 신년 축하식에서 유명한 '우리 민족이 단정코 실행할 6대사'를 발표했다. 그 가운데 첫 번째가 독립전쟁을 선포한 것이다. 도산은 신년축하회 연설에서 '혈전독립전쟁 단행의 결심'을 강조하고, "의를 위해 죽기로 결심한 용기 있는 대한 남자는 규율있게 질서있게 대대적으로 일어나 분투"[1] 할 것을 촉구했다. 또 국민개병주의에 의한 군사훈련을 주창했으며, 국민개납주의와 국민개업주의를 역설했다.[2] 전 민족이 일어나 독립전쟁을 전개하자는 것이었다.

나창헌은 1920년을 '독립전쟁의 해'로 선포한 것은 인정하지만, 임시정부의 내분과 갈등에는 실망감을 지울 수 없었다. 두 달여 동안을 상해 정국을 관찰하다가, 나창헌은 김가진과 만나 대동단 재건에 힘을 기울였다. 대동단의 재건은 국내 대동단에서도 예상하며 준비하던 일이었다. 나창헌이 중국 땅 안동에서 의안교통소를 설치한 것도 그런 배경에서였다.

나창헌은 김가진 총재와 함께 대동단 본부의 상해 이전을 세상에 알렸다. 본부 이전을 알리는 「통고문」, 무장투쟁으로의 전환을 선포한 「포고문」, 자금모집을 위한 「각금권고문」 등이 그것들이다. 3월 6일 대동단 총재부는 국외 연락과 기타 필요에 의해 대동단 총부를 당분간 상해로 옮겨둔다는 대동단 총부 명의의 통고문을 발표했다.[3] 그리고 같은 날 김가진의 명의로 무장투쟁을 방략으로 삼는 포고문을 발표했다.

> 단원 제군이여, 분기하라! 일거를 기하여 분기하라!
>
> 자유독립과 정의인 도의 소리가 그 파동을 넓히니 적의 횡포는 일층 심하도다. 야수의 유전을 아직도 탈피하지 못하고 약육강식을 지존으로 여기는 섬나라 민족의 완고하고 어두움은 글로나 말만으로는 이를 깨닫게 하기 어렵도다. 몇 년 동안 우리 민족이 취하였던 평화적 수단은 오히려 저들에게 문약하고 무혈無血하다는 환각을 주었을 뿐이다.
>
> 적의 횡포에 고읍苦泣하는 단원 제군이여!
>
> 재차의 기대를 싫어하는 노부모와 어린 형제의 골육으로 오랑캐의 칼이 기탄없이 들어오는 것을 보면서 우리 단원 제군은 어찌 참고만 있겠는가?
>
> 분기하라!
>
> 수화水火 가운데에 있는 우리 민족을 구하고 우리 민족의 공존의 필요를 각오하였으면 분기하여 하나의 목숨을 나라에 바치라.

단원 제군이여, 혈전의 시기가 눈앞에 박두하였음을 각오하라. 야만족 자신이 이를 요구하고 세계 조류가 이에 향응할 것이다. 수화 가운데에 있는 2천 만 우리 민족을 구함은 우리 3백 만 단우團友의 결사 일전에 있다고 결심 맹약한 단원 제군이 최후의 일법一法을 취할 수 있는 기회가 여기에 있을 것이다.

제군이여 분기하라!

다만 궐기할 때 부분적인 것은 피하라. 그윽이 전해들은 바로는 근자에 본단 의병 부원 가운데 한 무리가 모종의 활동을 개시했다고 한다. 이 또한 애국 정성의 소사所使이니 찬미하지 않을 수 없도다. 그러나 제군이여, 일에 임하여 다시 하나의 계획을 덧붙이노라. 유사 이래 우리 민족에게 수치를 준 자나 고통을 준 자는 모두 부분적 행동이며, 폭도·불령不逞 등의 언사를 적으로 하여금 감히 토하게 하였을 뿐이며, 신성한 우리 민족에게서 약간의 부패한 돈을 추렴한 것도 부분적 행동의 원인이다.

본 단의 출현은 실로 이를 막으려는 데에 있도다. 제군도 또한 이를 목적으로 하지 않는가. 가일층 단결을 굳혀 준비를 완성하고 애국의 열성을 부분적으로 사용치 말라. 우리의 임시정부에서는 혈전의 준비를 이제 급속히 진행 중에 있으며, 본 총부에서는 최후의 행동에 대한 획책을 머지않아 발현할 것이니 한 번 태어나 한 번 죽는 일을 우리 민족의 사명에 맡긴 제군은 더욱 일도一度·일진一進·일퇴一退를 모두 총부의 명령에 따르도록 이에 포고하는 바다.

대한민국 2년 3월 6일

이 포고문은 평화적 수단에 의한 지금까지의 행동이 문약무혈이라는 환각을 주었다는 점을 지적했다. 조직의 명칭도 독립대동단에서 다시 대동단으로 환원했다. 그리고 3백 만 대동 단원의 결사일전을 준비할 것을 선포했다. 부분적인 행동에는 자제할 것도 당부했다. 주목할 것은 대동단의 입장이 임시정부의 권위를 인정하고 있는 점이다. 1920년을 독립전쟁의 해로 선포한 임시정부의 노선에 따르는 대동단의 태도를 보여주고 있다. 연호의 사용에서도 임시정부의 연호를 사용하고 있다. 그렇지만 국내의 민족적 기반을 획득하는 데는 대동단의 역할이 있어야 한다는 것이었다. 포고문의 선포 이면에는 안창호의 의지도 배여 있음을 알 수 있다.[5] 이 무렵 안창호는 서간도 일대의 독립군 단체를 통합해 임시정부의 군대로 재편하려는 의지를 강하게 드러내고 있었다.[6]

재건을 선포한 며칠 뒤 3월 10일 나창헌은 군자금 모집의 격문을 선포했다.

갹금권고문

왜적의 속박을 탈피하고 반도 강산에 태극기를 휘날리는 날이 목전에 이르렀도다. 방금 왜적은 안으로 국난의 궁곤을 당하고 밖으로 열강의 핍박을 받아 그 위험함이 알을 쌓아놓은 세勢에 있도다.

이는 실로 전 세계의 기운이 왜적을 징벌함이로다. 천백세 조령祖靈은 우리 민족을 음우陰佑하는도다.

이제 본 단은 제반의 활동을 전개하여 북으로는 모지某地에 연락을 취하고 남으로는 모방某方의 후원을 얻어 방금 혈전을 개시할 것을 결정했다. 과거의 국치를 씻으려 함도 이 일거에 있으며 장래의 자유를 얻음도 이 일거에 있도다. 제위여, 민족을 생각하고 강토를 사랑하면 각기의 성력誠力을 다 할지어다. 1원의 보조력을 가진 동포는 1원의 군자금을, 1만원의 보조력을 가진 동포는 1만원의 군자금을 의무적으로 책임적으로 갹출해 줄 것을 간절히 바라는 바이다.

대한민국 2년 3월 10일

대동단 총부 총재 김가진

무정부장 박용만

상무부장 나창헌

외교부장 손영직

재무부장 고광원[7]

대동단은 "대동단의 활동은 두 배 활기를 띠는 중이고 현재 단원은 13도 각 계급을 망라하여 3백 만 명에 달하며 단결은 극히 조직적이고 공고하다"[8]라고 표명했다. 그러기 위해서는 자금이 필요했다. 그러니 1원을 가진 사람이나 1만 원을 가진 사람 모두가 성심성의껏 독립운동 혈전을 위해 갹금하라는 것이다.

대동단을 이끌 조직도 새롭게 꾸몄다. 대동단의 조직은 총재·무정부장·상무부장·외교부장·재무부장 서리 등으로 되어 있다. 국내의 독립대동단 시절 부서 구성에 비하면 간소화된 것을 볼 수 있다. 국내에서 독립대동단 임시규칙 제정 당시에는 통재부, 추밀부, 상무부, 외무부, 상공부, 재정부, 무정부 등 7개 부서였다. 그 가운데 통재부, 추밀부, 상공부 등이 제외된 4개 부서로 구성한 것이다.

부서는 간단하지만 무장투쟁과 외교투쟁에 역점을 둔 조직 성격을 가졌다. 1920년은 무장투쟁에 대한 열기가 뜨거운 때였다. 그것을 반영하듯이 무력부장을 두었고, 박용만을 선임했다. 미주에서 활동하던 박용만은 무장투쟁을 상징하던 인물이었다. 박용만이 상해에 온 것은 1920년 3월 경이었다.[9] 대한민국임시정부 외무총장의 취임문제로 온 것이다. 외교부장 손영직은 임시의정원 의원으로 활동하고 있었다.[10] 이후 손영직은 신숙 등과 함께 반임시정부적 태도를 보였다.

박용만朴容萬(1881~1928)은 강원도 철원 출생으로 1897년 독립협회에서 활동했고, 1904년 보안회 간부로 일제의 황무지 개척권 요구에 항거하다 옥고를 치렀다. 미국으로 건너가 1908년 7월 미국 덴버시에서 애국동지대표회를 열었으며, 1910년 6월 네브라스카 헤이스팅스에 한인소년병학교를 열어 군사교육을 실시했다. 1911년 『신한민보』와 1912년 『신한국보』 주필로 활동했다.[11] 1914년 6월 하와이 오아후에서 대조선국민군단을 결성, 단장으로 사관학교를 운영했다. 1917년 뉴욕에서 개최된 소약국동맹회에 한국대표로 참가하고, 1919년 3월 하와이에서 대조선독립단을 조직하고 『태평양시사』를 간행하여 민족의식을 고취했다. 1920년 3월 중국 상해의 대한민국 임시정부 외무총장에 선임됐으나, 거절했다.[12] 이런 박용만의 경력은 무정부장에 적합했다. 마침 상해에 있던 김가진과의 친분도 있고 나창헌과의 관계도 있고 해서[13] 동의를 받았던 것으로 보인다. 1920년 5월 말 북경으로 넘어간 박용만은 문창범의 제의에 따라 나창헌과 함께 노령으로 갈 것을 권했다고 한다.[14] 그러나 국내와 연결 문제 등에서 상해가 노령보다는 유리하다고 판단한 나창헌은 박용만의 제의를 거절했다.

대동단 재건 이후 나창헌은 중국 안동과 평북 일대를 무대로 독립운동 자금을 모집했다. 대동단원 김중옥金中玉은 의친왕 망명에 참가했던 인사였다.[15] 1920년 3월 27일 신의주를 거쳐 안동으로 와 나창헌을 만난 것으로 보인다.[16] 김중옥은 1921년 임시의정원 충청도 대의원으로 피선됐다가, 병환으로 귀국했다가 1924년 일경에 붙잡혔다.[17] 대동단의 지부로는 안동현을 비롯해 평안·경기·충청 각처에 지부를 설치해 나갔다고 전해진다.[18] 그러나 대동단 지부들이 상해 본부와 연결된 구체적인 자료는 밝혀지지 않고 있다.

1920년 4월 19일 김가진이 도산과 만나는 자리에서, 대동단 간부 인물이 수십만 원을 변통해 가지고 오다가 대전에서 일경에게 체포됐다고 말했다.[19] 이런 사실로 미루어 1920년 3, 4월경 대동단 총부는 군자금 모집을 위해 전력을 기울였음을 짐작게 해준다.

안창호는 대동단의 이런 움직임에 내심 걱정했는지 모른다. 임시정부가 분명히 있음에도 독자적 행동을 취하는 것에 대해 우려했을 것으로 보인다. 그래서인지 도산은 김가진과 나창헌을 만나며 대동단결의 중요성을 강조했다. 나창헌에게도 대동단결을 강조했고,[20] 4월 27일 도산이 김가진을 찾아가 대동단결의 문제를 말해 김가진의 공감을 얻어낼 수 있었다. 같은 날 신규식을 방문해 단결에 비상히 노력해야만 목적을 달성할 수 있다고 요청했다.[21]

상해의 교포사회에서 초청 강연을 가진 김가진은 독립을 위한 당대 과업을 다음과 같이 제시했다.

첫째, 정부가 지금 해외에 망명중인지라 내외의 영향이 늘 장애를 받고 있으니, 정부는 성심으로 노력하여 인민을 지도 융화하고 인민은 성심으로 정부에 복종하고 받들어 상하와 원근이 지성으로 일체가 되어야 한다.

둘째, 인민이 상해상친하고 무편무당하여 남과 내가 없이 전국 동포가 한 몸 한 마음으로 국가에 진충해야 한다.

셋째, 큰 집을 지으려면 동량미재를 많이 양성해야 할 것이요, 국가를 세우려면 학술 인재를 많이 양성해야 할지니 지금으로서의 급무는 총준 자제를 많이 외국에 유학시키고 국내에서 수학하게 하여 국가의 수용을 영원히 계속하게 할 것이니 가까이는 일본의 개명속성開明速成한 것과 멀리는 구미 열강의 부강천양富强闡揚한 원인을 배워야 할 것이다.[22]

김가진은 70세가 넘은 노구에도 불구하고 대외적으로 정력적인 활동상을 보여줬다. 김가진은 프랑스 조계 구근로 영경방 10호의 월세 집에서 살았다. 임시정부의 지원과 안창호, 신규식의 도움이 컸다.[23] 김가진의 며느리 정정화가 독립운동 자금모집을 위해 국내로 들어올 때 김가진과 신규식의 조언과 지시를 받았다. 국내에 들어오면 신규식의 조카인 의사 신필호의 집에 머물렀다.[24]

김가진은 1922년 7월 4일 오후 10시 영면에 들었다.[25] 향년 76세였다. 그의 장례는 임시정부장으로 치러졌다. 홍진의 개식사, 조완구가 그의 생애를 소개하고, 이발李發과 안창호가 추도사를 올렸다. 7월 8일 유해는 상해 홍교로 만국공묘에 묻혔다. 김가진의 서거 후 재건 대동단의 조직과 활동도 끝나는 것으로 보인다. 대동단은 성격상 국내의 조직과 연결되어야 했는데, 1919년 말 이후 일제의 탄압으로 국내비밀단체들이 대부분 와해된 것도 큰 영향을 미쳤다. 대동단의 핵심 주체인 나창헌은 이후 철혈단에 열중했다.

철혈단을 결성하다

통합 임시정부 수립에 대한 기대가 컸지만 현실은 달랐다. 독립운동계의 이념적 노선을 임시정부가 수용하지 못했던 것과 세대별 통합을 이루지 못한 것 등이 그것이었다, 그뿐이 아니었다. 임시정부를 둘러싼 내분과 갈등도 컸다. 이런 상해의 독립운동계에는 새로운 돌파구가 필요했다. 거기에 일제의 임시정부 탄압도 거셌다.

나창헌이 1920년 3월 6일 도산을 찾아와 자신의 동지가 서울로부터 의주에 와서 통신한바, 총독부가 암살요원 10여 인을 상해에 밀파하여 임시정부의 중요 인사들을 해치려 한다는 정보를 알렸다.[1] 이 무렵 나창헌은 상해의 젊은 청년들과 어울렸다. 구국모험단 인사들과 교류를 가졌다. 구국모험단은 상해에서 20여 명의 청년들이 1919년 6월 작탄으로 구국의 책임을 부담함을 목적으로 결성했다. 구국모험단의 단원들은 폭탄 제작에 대한 과정을 익혀야 했다. 나창헌도 이때 폭탄을 직접 제작하기도 했다. 그 폭탄의 성능은 위력적인 것이었다.[2] 구국모험단은 초기

임득산

에는 여운형이 단장을 맡다가 후임으로 김성근이 맡았다. 구국 모험단은 상해 장빈로長濱路 애인리愛仁里 24호에 있었다. 김태연이 부단장을 맡았으며, 단원으로는 이춘숙李春塾 · 김정근金政根, 이영렬李英烈, 김봉기金鳳基, 유영국柳榮國, 황일청黃一淸, 나기환嚴基桓, 노태연盧泰然 등이 있었다.[3]

그런데 1920년 4월 하순 나창헌이 임득산·김흥식金興植 등과 함께 김성근의 집에서 폭탄을 실험 제조하던 중 폭발사고가 일어났다. 폭발사고로 임득산이 크게 다쳤고, 프랑스 경찰이 폭탄의 파편을 맞아 다리를 절단하는 중상을 입었다. 이 일이 사회문제화 되면서 어려울 때 안창호는 프랑스 경찰에 대한 부상 비용으로 1만 달러를 지급하면서 이 사건을 피해나갈 수 있었다. 당시 미주 한인들은 안창호에게 독립운동 자금 2만 달러를 제공했는데 그 가운데 1만 달러로 이 사건을 마무리하기 위해 지급한 것이었다.

김성근金聲根(1901~1950)은 강원도 횡성사람으로, 일찍이 중국 남경에 유학한 바 있다. 3·1운동이 일어나자 상해로 와서 임시정부에 참가했다. 1919년 9월에는 이종암李鍾巖·곽재기郭在驥와 함께 만주 길림으로 가서 폭탄제조법을 배웠으며, 1920년 1월 김원봉의 의열단 조직을 적극 지원했다. 김태연·이춘숙·김정근·이영열 등 단원들과 함께 상해 공동조계 안에서 비밀리에 폭탄을 제조했다. 1921년에는 외교연구회원으로 활약했다.[4]

임득산林得山, 林亨一(1896~1943)은 평북 철산 사람이다. 신의주 신명학교에서 수업한 뒤 중국 만주, 상해, 남경, 홍콩 등지를 기행하는 한편 매곡상, 농구상, 기계상 등에 종사했다. 중국어에 능통했다. 1919년 임시정부에 참가한 뒤 1922년 흥사단 회원으로 가입했다.[5] 구국모험단에서 제조한 폭탄을 가지고 국내로 들어가 1920년 8월에는 선천 경찰서에 폭탄을 투척했다. 1922년 6월에는 단동의 이륭양행에 체재하면서 국내를 연결하는 임무를 수행하기도 했다.[6]

이 무렵 일제가 사주한 암살단이 임시정부 인사들을 암살할 것이라든지, 임시정부에서 나창헌 등의 청년들을 처단할 것이라는 등의 풍문이 난무했다. 이런 상황에서 젊은 청년들이 그냥 있을 수는 없었다. 그렇게 해서 조직한 것이 철혈단이었다. 1920년

5월 나창헌은 김기만 등 청년들과 함께 철혈단鐵血團을 결성했다.[7] 철혈단은 임시정부 간부에 대한 성토문을 발표했다.[8] 철혈단은 대동단의 박용만이 응원한 관계로 대동단의 별동대로 잘 알려져 있다. 북경의 군사통일촉성회도 철혈단에 대한 지원을 아끼지 않았다.[9] 나창헌이 작성한 선언서의 내용을 보기로 한다.

> 선언서
>
> 우리의 독립이 우리의 사활이 걸린 문제라는 점에 대하여는 두말할 나위도 없다. 우리의 독립은 총과 칼과 피가 아니면 성공할 수 없다. 그러므로 우리는 앞으로 단 한사람이 남을 때까지 최후의 일각까지 철鐵과 피血로써 저 간악하고 악독한 왜의 원수를 무찔러야 한다. 그러나 우리 독립운동가 가운데에는 부패한 무리가 적지 않고 독립운동이라는 미명 아래 자신의 명예를 얻으려는 야심을 품은 자가 있으며, 독립운동을 수단으로 공적인 것을 빙자하여 자기의 이익을 채우라는 야비한 무리도 있다. 독립운동을 수단으로 지방의 힘과 사당私黨을 심어 세력을 다투고 서로 암투를 하여 왜적을 무찌르는 것보다 동족을 적으로 또는 일에 열중하는 무리도 있다.
>
> 슬프다.
>
> 이와 같은 무리들은 우리의 독립을 방해하는 악마들이다. 저들이 어쩔 수 없이 악마의 짓을 하는 이상 우리는 이들을 박멸하고 신성한 독립운동가는 여기에 보조를 맞춰나가야 한다. 이에 우리는

앞서 말한 악마를 제거하여 우리 영역의 신선하지 못한 공기를 소독하고 이로써 우리 전 민족의 정신을 건전하게 하며 밖으로는 총과 피로써 왜적을 무찔러 우리의 독립을 달성하고자 하노라.

기원 4253년 6월 일

철혈단[10]

「선언서」에 보듯이 독립을 위해서는 왜적을 물리쳐야 하지만, 안으로 민족 내부의 해악적 존재를 먼저 무찔러야 한다는 것이 철혈단의 주된 행동이었다. 부패한 무리, 독립운동의 미명아래 사익私益을 채우는 자, 지방 세력에 의한 사당私黨들의 암투 등을 제거해야 한다는 것이다. 당시 임시정부를 둘러싼 내분과 갈등이 어떠했던가를 잘 말해주고 있다. 그런 내용은 또 다른「선언서」를 통해 보다 구체적으로 드러내고 있다. 여기에서 인용하기에는 너무 장황하므로, 주요 내용만 발췌해 보기로 한다.

구식인물 아무개某某와 어느 단체의 암투가 원인이 되어 독립운동을 진척시킬 수가 없었다. … 처음에는 이가李哥라 하더니 이제는 김가金哥라 하더니 또 자기의 당黨이라 했다가 다른 당을 지칭하는 이런 자들 모두가 우리의 독립과 우리 민족의 행복을 도모하면서 그 궤軌를 함께 하지 않는 것이다. … 마침 정부 내무국은 증거가 충분한 왜적의 밀정을 발견하였으나 그에 상응하는 처분을 내리지 않았다. … 독립운동 자금에 도움을 주려는 목적으로 공금을 낭비한 자의 소지금을 징발한 청년을 강도로 몰아 곤봉으로 난타하고 단청으로 위협했는데 이를 어찌 임시정부라 믿을 수 있으리오? … 여러 차례 내무총장에게 대국을 위해 제대로 된 선후책을 실시하라고 권고했음에도 전혀 응답이 없어 다시 내무부에 질문한 바 있으나, 그 태도에는 여전히 구한국 시대의 대신이 가지고 있던 습관이 남아 있다. 혈기왕성한 청년들은 분개함에도 불구하고 임시정부는 이에 대하여 겉만 보기 좋게 꾸미는 것을 일삼고 있다. … 그들은 우리를 정부를 전복하려는 어느 당파라고 하는 구실을 허위로 만들어 경무국 국원과 군무부 사관학교 생도 및 그 밖의 많은 인원을 모아 죄를 묻게 하여 어느 인사의 자택을 습격하고 포승으로 손발을 묶어 3일 동안 밤낮에 걸쳐 난타한 결과 십여 명 가운데 두 명은 근육이 찢어지고 뼈가 부러졌으며, 가슴에 부상을 입기에 이르러 입원가료 중이기는 하나 생명이 위독함 상태이다.

기원 4253년 6월 일

철혈단[11]

이 선언서도 나창헌이 작성한 것으로 알려져 있다. 임시정부의 내부에 왜적의 밀정을 발견했으나 내무부 경무국은 아무런 조치를 취하지 않았던 점, 독립운동 자금을 모집하는 청년에게 구타한 일, 내무부 경무국 주도로 철혈단원 인사들의 집을 습격해 난타했다는 사실 등을 확인할 수 있다. 이는 철혈단이 임시정부에 대해 공감할 수 없던 이유를 말해주고 있다.

1920년 6월 상순 상해 정국의 분열과 분파 투쟁을 목격하고, 나창헌 자신을 둘러싼 풍문이 난무했다. 김기만이 손정도孫貞道의 군자금 유용 문제를 제기하면서 임시정부와도 불편한 관계에 놓였다. 1920년 1월 상해에서 조직된 의용단義勇團은 일본 고위 관리와 친일 조선인을 처단하기 위해 일본에 대해 선전포고를 한 단체였다.[12] 그런데 군자금 사용에 문제가 생겼다. 단장인 손정도와 김정목金鼎穆, 김예진金禮鎭 등 단원 7명이 1919년 8, 9월에 한국 국내에서 모집한 군자금 약 8천여 원을 개인적으로 사용하고자 한 것이다. 이런 사실이 다른 단원들에게 알려지면서 손정도의 군자금 유용사건이 발생한 것이다. 그것을 성토하는 선언서였다.

철혈단에는 청년 40명이 단원을 이루었다. 그 중 단장 노무용盧武用, 나창헌, 김기만, 김기제, 황학선黃鶴善, 김기원金基源, 김재희金載熙, 김재은金在殷, 이옥李鈺, 김상덕金相德, 김의한金義漢, 정환범, 강상선 등이 확인된다.[13]

김기만金基萬(1892~?)은 평남 용강 사람이다. 어려서 한학을 수학하다가 1907년 서울로 올라와 경성협화학교를 다녔으며, 상해로 넘어와 1920년 상해 육군무관학교를 졸업했다. 1920년 흥사단 단원이었다.[14]

이옥李鈺(1895~1928)은 경북 안동 출신이다. 1913년 안동 보문의숙宝文義塾을 졸업했으며, 1919년 7월 임시정부에 참가하면서 11월 조사원으로 활동했다. 1920년 철혈단 참가 후 동지 규합을

위해 북경·봉천 방면에서 활동했다.[15]

김의한(1900~?)은 서울 사람이다. 1919년 10월 국내에서 비밀단체 대동단의 조직에 가담하여 활동하다가 부친 김가진과 함께 중국 상해로 망명했다.[16] 나창헌과는 동지적 관계를 계속 이어갔다.

김기제는 평북 정주 사람으로 3·1운동에 참가했다가 징역 8개월을 받고 옥고를 치렀다. 1920년 9월에는 상해 대한인거류민단 단원으로 활동했다.[17]

김상덕金相德(김재근)은 강원도 철원 출신으로 금화金化에서 신창학교를 세우며 교육활동을 펴다가 연희전문학교에 진학했다. 1919년 4월 대한독립애국단의 강원도단 설립에 전파적 역할을 담당했다.[18] 이후 국내를 떠나 상해로 온 것으로 보인다.

단원들의 면모는 30대 미만의 청년들이며 출신도 서울, 평북, 경북 등 다양했음을 알 수 있다. 그런데 단장 노무용의 이력이 찾아지지 않는 것도 그렇지만, 단원들 가운데 이력이 조사되지 않는 인물이 많은 게 이상하다.[19] 대표적 인물이 황학선이다. 후술하듯이 황학선은 일본총영사관의 밀정이었다. 이렇듯 철혈단의 구성원들이 성격이 분명치 않았다. 독립운동가들과 밀정이 뒤섞이며 조직 성격이 혼탁한 게 있었다. 단원들에 대한 검증이 미비했던 철혈단의 과오였던 것으로 보인다.

1920년 6월 5일 주색을 탐하고 거금을 낭비하던 동포를 철혈단원 정환범鄭桓範과 강상선 등이 권총으로 위협해 1,600원의 돈을 빼앗은 사건이 발생했다. 임시정부 내무부는 권총으로 동포를 위협하여 돈을 빼앗은 것은 불법적 강도짓이라며 강상선을 체포, 감금했다. 나창헌·김의한·김기제 등 철혈단원 40여 명은 6월 9일 강상선을 구출하기 위해 임시정부 내무부로 쳐들어가 내무차장 이규홍과 직원들을 난타하고 강상선을 구출했다.[20] 그러나 임시정부 경무국은 이를 철혈단의 '내무부 습격사건'으로 규정하고 조사했다. 그 결과 오히려 철혈단 인사들이 상해 일본영사관의 조종과 후원을 받는 밀정 황학선의 계략에 빠졌다는 사실을 알아냈다.

황학선은 해주 출신으로 일찍이 상해에 들어와 있던 자였다. 일본 영사관은 자금을 지원하며 황학선을 밀정으로 삼았다. 황학선은 자신의 집에 청년 지사들에게 숙식을 제공하며 임시정부에 대한 악평과 음모를 늘어놓았다. 임시정부가 자신들을 공격할 것이라는 황학선의 계략에 빠진 나창헌·김기제·김의한 등 10여 명이 임시정부 내무부를 습격한 사건이 일어났다.[21] 육박전이 일어났고, 나창헌과 김기제 두 명이 중상을 입었다. 임시정부는 국무회의를 열어 내무총장 이동녕의 명령으로 체포된 10여 명을 석방하고, 철혈단원을 강제로 체포한 경무원들 전원을 문책하기로 결정했다. 부상을 당한 나창헌과 김기제는 신강병원申江病院에 입원시켰다.

황학선을 탐문해 보니, 임시정부의 각 총장과 경무국장 김구 등을 암살시키려는 모의를 꾸몄다는 것이다. 3층 양옥을 빌려 민생의원이란 간판을 붙이고 정부 요인들을 유치해 암살하려는 것이 황학선의 계략이었다. 병원에 입원 중이던 나창헌은 이런 사실을 알면서 크게 놀랐다. 황학선에 속아 무의식적으로 큰 죄를 저지를 뻔했다면서 황학선의 극형을 주장했다.[22]

6월 13일 안창호가 신강병원에 입원 중인 나창헌·김기제를 방문했다. 나창헌 등은 안창호에게 양심적으로 회개한다고 말했으며, 안창호는 이들에게 식품을 보내주며 위로를 아끼지 않았다. 나창헌·김기제 등은 여전히 임시정부가 중국인을 시켜 철혈단의 잔여 단원들을 암살하려는 의도가 있지 않나하는 의구심을 가지고 있었다. 안창호는 임시정부에서는 그런 일이 없다고 했으며, 나창헌 등이 회오하면 양해를 받을 수 있다고 했다. 그리고 두 사람을 수치료水治療 전문 병원인 홍십자병원紅十字病院으로 옮겼다.[23] 홍십자병원은 안창호가 자주 찾는 믿을 만한 곳이었다.

이 사건 후에도 철혈단과 임시정부 사이의 적대적 관계는 지속됐다. 임시정부의 강경한 젊은이들은 철혈단의 잔당들을 체포할 것을 주장했다. 이 일이 있고 나서 철혈단은 조직 이름을 정구단正救團으로 개칭하고 1921년 3월 1일 자로 임시정부를 공격하는 인쇄물들을 배포했다. 그러나 나창헌은 반임시정부 태도와 활동에는 문제가 있다고 판단했다. 일제가 사주한 밀정에 놀아난 것을 후회하면서, 정구단과는 관계를 청산했다. 이후 나창헌의 임시정부 참가에는 안창호의 역할이 컸던 것으로 보인다. 이후 나창헌은 안창호의 측근으로 분류될 만큼 가깝게 지냈다.

유호청년대회를 발기하다

1922년 6월 8일 밤 청년들이 상해 모이당慕爾堂에서 연설회를 개최했다. 상해의 독립운동계는 국민대표회의 문제로 혼란이 가중되던 상황이었다. 유호留滬청년대회는 그런 분위기를 타개하고자 35세 이하 남자로 자격을 정하고, 난국을 어떻게 해결해 갈 것인지를 기탄없이 의견을 개진했다.[1]

유호청년대회 측은 임시정부의 노백린, 임시의정원의 신익희, 국민대표회주비회의 남형우 등을 초청해 정견 연설을 들었다. 그 후 6월 12일 밤 다시 유호청년대회 임시대회를 인성학교에서 열고 시국에 대한 10여 청년들의 의사 발표를 들었다. 이때 나창헌을 비롯해 정광호·김정목·윤자영·장덕진·연병호·김보연·이규정·정태희 등 9인을 위원으로 선정하였다. 연병호와 정태희 등은 국내의 청년외교단에 서 활동하던 이들로[2] 나창헌과 안면이 있던 인사였다. 이들 위원은 각 방면 의사의 조사를 정리한 뒤 19일 밤 인성학교에서 다시 임시대회를 열고 다음과 같은 결의문을 통과시켰다. 1) 공정한 입지에서 행동할 것. 2) 어떤 일

이 있든지 간에 독립운동자 상호 간에 폭력을 사용하는 일을 금지할 것 등을 결의했다.[3]

유호청년대회는 임시정부 존폐론을 둘러싼 시국 문제를 논의하기 위해 만들어진 것이다. 발회식에서는 국민대표회의 개최 문제에 대한 확실한 내용을 조사한 후 총회를 개최하기로 결의했다. 나창헌은 자유토론에서 "나는 철혈단을 다시 조직해 내가 생존해 있는 한 죽을 때까지 결행할 것이다"라는 의지를 표명했다.[4] 철혈단이 정구단으로 변경한 뒤에도 철혈단의 정신을 이어가겠다는 의지를 밝힌 것이다. 그것은 정구단으로의 변질을 반대하는 자신의 뜻을 강조하는 것이었다. 이날에 나창헌은 윤자영尹滋英과 정광호鄭光好 등 9명과 함께 조사위원으로 선정됐다.

유호청년대회는 2회 대회를 6월 19일 130여 명의 청년이 모인 가운데 열었다. 이날의 모임에서는 지난 1회 대회 때는 임시의정원을 맹렬히 공격했으므로 공명정대하게 시국을 정돈할 것을 주문했다. 나창헌 등 조사위원들의 보고가 있었으며, 국민대표회의의 방향, 레닌 자금의 용도, 대통령의 사직 문제 등이 주요 안건으로 삼았다. 이때 「건의서」를 올렸는데 그 내용은 다음과 같다.

건의서

시국 분류로 대한민국 임시정부가 공허해지는 지금 위급 존망의 상황에서 우리 제2차 망국민이 될까 두렵다. 이에 대한민국의 원기 근기인 청년혁명동지 제군은 다음과 같이 건의한다.

1. 대한청년대회는 금일 부득이 잠시 혁명단체가 되어 위기를 구조할 것을 건의한다.

2. 의정원, 국민대표회의, 제도, 법리, 대통령 제 문제를 근본적으로 해결하기 위해 다음과 같이 건의한다.

1) 의정원 구성원은 전부 총사직할 것.

2) 각지에 통고해 의원 및 명사를 선출해 의정원을 완전 충실히 할 것.

3) 헌법제도를 수정해 시의에 맞도록 구성할 것.

4) 대통령 임시를 작정해 개선할 것.

3. 의정원이 완전 충실하여 원만 해결할 수 있도록 청년대회에서 선출한 위원이 잠시 국무원의 본무를 직권하게 할 것.

4. 20만원 자금을 청년대회에서 압수하여 정부에 완납할 것.

「건의서」의 요지는 청년대회의 혁명적 개혁이 필요하고, 임시의정원의 총사직과 새로운 구성, 대통령 문제의 개선, 임시의정원의 임무와 정부의 재정적 요구를 청년대회가 맡겠다는 의지를 보였다. 당시 임시정부를 둘러싼 문제들을 이제는 청년이 나서 해결해야 한다는 것이다.

제3회 시국해결 및 비판연설회가 6월 24일 의정원 회의장에서 개회됐다. 참석한 사람이 70~80명에 달했다. 여기에서 채택한 선언과 결의는 다음과 같다.[5]

선언

우리 난 오직 대한의 청년이오. 우리 난 오직 대한의 독립운동자이라. 시국의 분요와 현상의 침체를 좌시키 어려움으로 이에 우리난 정당한 입장에서 차에 광정을 가하여서 1일이라도 속히 아(我) 전민족의 진향(進向)하는 목적에 도달코자 하노니 우리의 충직으로써 정론을 입(立)하며 우리의 역량으로 사투(私鬪)를 방(防)하며 우리의 성의로서 확실한 전로(前路)를 개척하려 하노라.

결의

1. 우리난 공정한 입장에서 행동할 일
1. 우리난 여하한 각자 하에서든지 독립운동자 호상투(互相鬪)에 폭력을 사용하여 투쟁하는 행위의 일체를 방지할 일

앞으로는 독립운동의 전면에 청년이 나서야 할 것과 독립운동의 최선에 나설 것을 선언했다. 공정한 입장에서 행동하고, 독립운동자 간에 폭력을 사용하는 행위를 일체 금한다는 결의를 발표했다.

7월 1일에는 의정원 회의장에서 80명이 다시 모여 시국 해결을 위한 회의를 열었다. 지도층의 파벌 내지 공명심에 대한 각성을 촉구했다. 이들 청년의 요구와 선언은 독립운동계에 참신한 바람을 불러일으켰다.[6] 나창헌은 청년들의 요구에 앞장섰다. 그리고 국민대표회의에 참가했다.

국민대표회의에 참가하다

1923년 1월 24일 나창헌은 대한광복군단 대표의 자격으로 국민대표회의에 참가했다.[1] 대한광복군단(또는 대한광복단)은 안창호의 지시로 만들어진 대한독립청년단 부설 의용대를 1920년 3월 개편한 것이다. 대한독립청년단은 서북 출신의 청년들이 조직한 단체로 국내외 독립운동을 연결해 안동의 임시교통사무국 역할을 대신했다. 그리고 이것을 군사적으로 강화한 것이 대한광복단이었다. 이 과정을 주도한 이는 도산 계열의 이탁李鐸(1889~1930)이었다. 나창헌이 대한광복군단의 대표를 획득한 것에는 안창호의 역할에 힘입은 바 컸다고 할 수 있다.[2]

임시정부는 대통령 이승만의 거취를 놓고 논란을 거듭하고 있었다. 1919년 9월 통합 임시정부에서 대통령에 당선된 이승만은 워싱턴에서 오지 않았다. 상해에서는 워싱턴에 머물고 있는 이승만에 대한 비판이 거세게 일어났다.

대통령 이승만과 국무총리 이동휘의 노선 차이로 인한 갈등도 만만치 않았다. 각부 차장들의 정부 개혁 요구와 대통령 이승만 불신임안 제출로 내부 분열이 심화되었다. 1920년 3월 22일 신익희·윤현진·계봉우 등 16명의 의원들이 '대통령 내도 촉구안'을 제안 통과시키면서, 이승만이 상해에 올 것을 강력히 주장했다.[3]

임시정부 각료들이 사표를 내면 대통령 이승만은 미주에 앉아서 사표 처리도 하지 않고 오지도 않았다. 혼란은 수습되지 않은 채 임시정부는 더욱 함몰상태로 빠져들었다.

상해 정국은 임시대통령 이승만이 1920년 12월 상해에 도착하여 임정 내분을 수습하기 위한 논의가 진행됐다. 1921년 1월 5일부터 세 차례의 국무회의가 열려 임시정부의 국무위원제도로 변경할 것에 대해 논의했다. 그러나 이승만은 임시정부의 현상 유지책만을 내세우며 그 어떤 개혁과 변경안도 거부했다. 결국 1921년 2월 국무총리 이동휘와 5월에 안창호 등이 임시정부를 탈퇴하면서 임시정부는 통일적 독립노선과 지도력에 대한 기능과 역할을 상실하고 말았다.

임시정부의 혼란은 1921년에 들어와 더 커져갔다. 문제의 핵심은 민족적 기반을 수용할 수 없는 임시정부의 방침에 있었다. 다양한 세력에 의한 독립운동계의 통일적 요구를 받아들일 수 없다는 게 임시정부의 태도이자 한계였다. 현 임시정부의 고수를 주장한 것이다. 1921년 2월 이러한 문제를 해결하기 위해 국민대표회의 소집 요구가 나왔다. 상해 지역 독립운동가 고일표高一彪와 김창숙金昌淑 등 15명이 「우리 동포에게 고함」이라는 선언서를 발표했다. 선언서는 전 국민의 의사에 의하여 통일적 강고한 정국을 기도하고 군책과 군력을 종합하여 독립운동의 최량 방침을 수립하는 것이 국민대표회 개최의 목적이라 밝혔다. 그리고 이런 움직임은 국외 각처로 번져 나갔다.

1921년 4월 북경의 군사통일회의에서도 선언서를 통해, 5월에는 만주 액목현에서 김동삼金東三과 이진산李震山 등이 국민대표회의 소집을 요구했다. 임시정부를 새롭게 조직하기 위한 국내외 독립 운동단체 대표들이 모여 국민대표회의 개최를 요구했다. 그래서 통일적 지도기관과 운동노선을 세우자는 요구가 제기된 것이다.[4] 이어 상해·북경·천진 등지에서 국민대표회의 기성회가 조직되고, 그 통합조직으로 1921년 5월에 국민대표회의주비회가 상해에 설치됐다. 그러나 국민대표회의는 개최 자금 문제, 워싱턴회의에 대한 기대 등의 문제로 1921년을 넘겨 1922년 초반 국민대표회의주비회가 재조직되면서 본격적으로 개최 준비가 이루어졌다.[5]

1922년 3월 20일에는 의정원의 결의로 의원이 행정부나 사법부의 관직을 겸임할 수 없게 되면서 의정원에서 3월 11일 국민대표회의 소집 건의안을 제출하였지만,[6] 받아들여지지 않자 이승만 대통령에 대한 불신임운동을 일으켰다. 1922년 6월 17일에 불신임안을 통과시켰다.[7] 그런 가운데 이승만은 헌법상의 근거가 없다고 사퇴를 거부하여 상해 정국은 대통령 불신임으로 혼란 상태에 빠져 국민대표회의를 소집하기에 이르렀다.

국민대표회의에 대한 논의는 3·1운동 이후 민족운동의 최고 기관 조직으로 거슬러 올라간다. 1919년 대한민국임시정부와 대한국민의회의 통합 논의는 한성정부의 승인 및 개조 분쟁과 독립노선 등의 차이로 대한국민의회가 참가하지 않으면서 완전한 통합을 이루지 못했다. 그러나 한인사회당의 이동휘가 국무총리로 취임하면서 임시정부는 부분적 좌우연합정부의 성격을 갖게 됐다. 그러나 1921년 1월 이동휘는 이념과 노선 등의 차이로 임시정부 국무총리를 사임했다. 5월에는 안창호가 국민대표회의 개최에 집중하기 위해 임시정부 노동부총판 자리를 내어놓고 임시정부를 나왔다. 임시정부 문제를 둘러싸고 임시정부를 개조하자는 개조론, 새로운 최고기관을 조직하자는 창조론, 현 임시정부를 유지해야 한다는 임정고수론 등이 등장하여 대립했다. 이런 분열적 흐름에 독립운동 세력들은 국내외 독립운동 단체 대표들을 소집, 국민대표회를 개최하여 통일적 지도기관과 운동노선을 세우자는 요구를 제기했다.

국민대표회의는 상해에서 1923년 1월 3일부터 6월 7일까지 국내외 지역과 독립운동단체 대표 125명이 참석하여 진행됐다. 국민대표회의는 국내외 전체 독립운동 세력들이 참가하여 운동 조직과 노선을 마련하고자 한 회의였다.

1923년 3월 5일부터 국민대표회의는 대표 자격심사 및 회의규정 등을 심의·의결하고 시국 문제 토론에 들어갔다. 그러나 임시정부 존폐 문제로 의견대립이 격화되기 시작했다. 74회에 걸친 국민대표회의는 시국 문제로 인해 회의 도중인 1923년 5월 15일 개조파가 탈퇴하기 시작했다. 6월 2일 열린 회의에서 국호를 한韓으로 정하고 6월 7일 열린 마지막 회의에서는 국민위원회의 국민위원 33인과 국무위원 5인(4인만 선출), 고문을 선출하고 폐회했다.

국민대표회의에서 1923년 6월 7일 조직된 국민위원회는 개조파가 회의에서 탈퇴한 뒤 창조파 인사들만으로 회의를 진행한 결과였다. 개조파 인사들은 국민위원회의 불법성을 지적하면서 임시정부를 개조하여 각료의 개선과 법제를 개정할 것을 주장했다.

국민대표회의에서 개조파의 입장에 섰던 나창헌에 대한 오해도 따랐다. 블라디보스토크에서 1924년 2월 23일에 개최된 국민위원회 제1회 회의에서 방원성方遠成·김우희金宇希·황학수黃學秀·강백규姜伯奎·조권식曺權植·백낙현白洛鉉·박경철朴景喆·정인교鄭寅敎 등을 후보국민위원에 선임된 것이다. 이날 회의에서는 국민위원회를 한국국민위원회로 명명하기로 결의하고, 후보국민위원을 둔 것은 국민위원회 집무규정 제2호에 따라 "국민위원 보결의 편의를 도모하며 국민위원회가 정원 3분의 1에 상당하는 후보자를 예선하여 순차로 보충한다"는 규정에 의해 새롭게 선출된 것이다.[8]

나창헌이 국민위원회 후보국민위원으로 선임된 것은 본인의 동의를 얻은 것이 아니었다. 대동단 관련 인물인 박용만, 신숙 등의 추천으로 선임됐을 가능성이 높다. 박용만은 대동단 무정부장 출신이며, 신숙은 대동단이 추진한 제2회 독립만세시위의 선언서에 민족대표로 선정된 인물이었다. 이런 이유로 나창헌의 의사와는 관계없이 국민위원회 후보국민위원에 선출된 것이 아닌가 한다. 국민위원회에서 국민위원과 고문으로 각각 선임된 김혁金赫과 김홍일金弘壹 등 역시 선임을 거절했음에도 통과된 예도 있었다.[9]

개조파와 임시정부 인사들은 임시정부 중심의 통일책을 모색하면서 그 방침을 협의하고 실행할 기관을 조직하고자 했다. 청년들이 중심이 된 유호청년대회의 흐름을 이어받아 1924년 3월 21일에 상해한인청년동맹회를 발기한 데 이어 4월 5일 상해청년동맹회가 정식 출범했다.

원동흥사단위원부에 가입하다

이 무렵 나창헌은 안창호의 권유로 1924년 6월 17일에 원동흥사단에 입단했다.[1] 나창헌은 민영인閔泳仁, 조상섭趙尙燮 등과 함께 상해 혜포당蕙浦堂의 흥사단에 가입식을 거행했다. 이때 주례는 주요한이 맡았고, 나창헌은 조상섭과 함께 제18반에 편입됐다.[2] 당시 나창헌의 주소는 하비로 애인리였으며 직업은 의료업이었다.[3] 앞서 보듯이 나창헌과 안창호의 관계는 각별했다. 안창호는 나창헌의 순수한 열정과 충정을 높이 샀다. 안창호는 1921년 6월 13일 나창헌과 김기제가 임시정부 내무부 경무국원과 무력충돌로 병원에 입원했을 때 위문하며 서로의 오해를 풀기도 했다. 이후 안창호는 나창헌의 스승이자 후견인으로 다가왔다.

여기서 잠깐 나창헌의 의학 연수 과정을 보기로 한다. 나창헌은 본래 정신요법의 방면에 취미가 있었다. 1914년~1916년간 일본 수영대학에 유학한 바 있으며 1918년 일본에 다시 가 『태영도太靈道』라는 잡지에서 진행하는 강습을 받은 일도 있었다. 또 정신연구회도 다녔다.[4] 1917년 경성의학전문학교에 진학했으

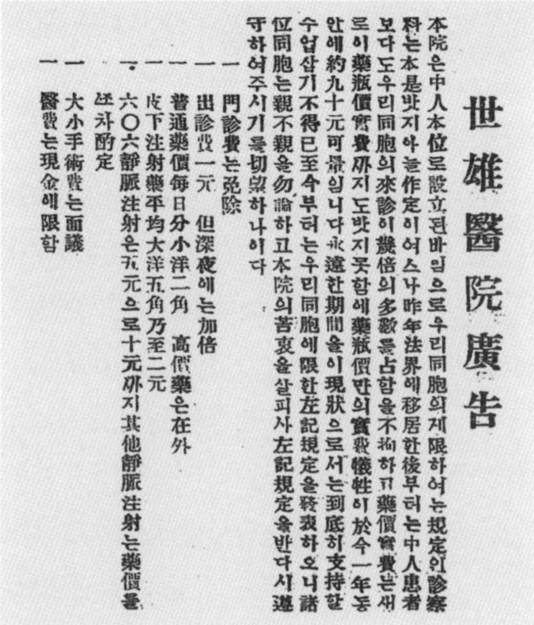

『독립신문』 세웅의원 광고(1925년 11월1일)

나 3·1운동으로 그만두었다. 그러다가 상해로 넘어오면서 독일인 병원에서 약간의 인턴을 거쳐 1921년 이래 최면술치료소를 열고, 1924년에는 세웅의원을 개업했다. 나창헌은 특히 정신학 방면에 조예를 이뤘다.[5] 세웅의원은 중국인을 상대로 하는 병원이었지만,[6] 한인 교포들 간에도 인기가 많았다고 한다. 한인들에게는 무료에 가까운 진료를 해줬으며, 박은식, 김구 등의 주치의 역할을 맡기도 했다.[7] 그러나 한인 교포가 너무 많이 찾아와 병원의 운영이 어려울 정도였음을 세웅의원 광고가 말해주고 있다. 그래서 1925년부터는 진료비와 약값을 인상한다고 했다. 나창헌은 상해에서 중국인에게 영자술靈子術을 가르치는 한편 사천성 중국군 여단장의 난치병을 치료하여 신의神醫라는 명성을 얻기도 했다.

안창호는 1920년 1월 흥사단 원동위원부 조직 구성에 착수해 같은 해 9월 20일에 공식적으로 결성했다. 흥사단은 도산의 독특한 정치 철학에 바탕을 둔 운동이었다. 독립운동을 위해 먼저 참사람이 되어야 한다는 그의 가치관에서 비롯한 것이 흥사단운동이었다. 도산이 흥사단운동을 중시한 것은 사실이지만, 도산의 말처럼 흥사단 자체는 독립운동단체가 아니었다.[8]

도산은 원대한 구도 아래 독립운동계를 경영해 갔던 인사였다. 도산이 대한인국민회와는 별도로 새로운 조직을 구상하니, 1913년 5월 샌프란시스코에서 건립한 흥사단이 그것이다.[9] 도산은 흥사단의 사士는 문사文士와 무사武士를 아우르며, 진정한 애국자를 일으킨다는 뜻으로 해석했다고 한다. 흥사단은 당장에 독립운동을 표방하지 않았지만, 건전한 인격수련을 바탕으로 독립운동의 기초를 마련하기 위해 조직한 것이다. '무실역행'을 통해 민족의 실력을 키우고 '충의·용감'의 정신을 독립운동으로 실천한다는 원대한 포부를 지녔다.

흥사단에 입단하기 위해서는 매우 엄격한 절차가 필요했다. 흥사단 단우에는 예비단우와 통상단우가 있었다. 문답을 거치지 않는 특별단우와 명예단우도 있었다. 예비단우는 6개월 동안 단의 집회와 훈련에 참여하여 실제 경험을 쌓은 뒤 통상단우가 되는 절차를 거쳐야 했다. 예비단우나 통상단우는 엄격한 문답을 통과해야 했다. 나창헌은 6개월의 과정을 거친 후 통상단우로 입단한 것이었다.

홍사단은 처음 출범할 때 약법에서 "본 단의 목적은 무실역행으로 생명을 삼는 충의남녀를 단합하여 정의를 돈수하며 덕·체·지 삼육을 동맹 수련하여 건전한 인격을 지으며 신성한 단체를 이루어 우리 민족 전도대업의 기초를 준비함"을 기본 목적으로 설정했다.[10]

도산의 신념에 따라 개인별, 단체별로 청년층에게 정치, 의식교육을 행했다. 홍사단운동은 1920년대 상해 임시정부 활동 중에도 계속됐다. 홍사단에서 '수양'이란 민족과 국가를 외면한 개인차원의 수양이 아니라 궁극적으로 민족독립과 국가발전의 토대가 될 수 있는 자격을 갖춰 나가는 것을 의미했다. 홍사단의 인격수양은 단원들이 기본적으로 갖추어야 할 덕목이었고 이를 바탕으로 단결하여 혁명과 사회봉사를 수행한다는 것이다.

안창호는 1920년 1월 홍사단의 원동지부인 홍사단원동임시위원부 성립을 추진해 갔다. 원동遠東이란 중국, 연해주, 일본, 국내 등지를 포괄하는 지역이었다. 미국에 있는 홍사단원 박선제와 김항작이 상해에 와서 원동홍사단 조직을 준비해 갔다. 상해 영국조계 모이명로 빈흥리 301호에 단소를 마련했다.[11] 원동홍사단은 독립운동 세력을 통합하기 위해 상해뿐 아니라 남경, 북경, 천진 등지에서도 단원을 포섭해 갔다.

홍사단의 정신과 주의를 반영하는 의무사항도 매우 많았다. 단원들은 모든 의무사항을 철저히 이행해야 했다. 위원부 아래 회계부, 검사(찰)부, 도서부, 강론부, 운동부, 음악부, 접제부 등의 부서를 구성했다. 최하위 조직으로 원동반이 구성되었으니 조직의 가장 기초는 반원들이었다. 통상단원들은 상해, 남경, 북경 등 주거 및 활동 영역에 따라 원동반(1반~14반)에 소속됐다. 단원들은 의무 활동을 통해 홍사단 주의를 실천하고 단원 간의 결속을 다져 나갔다. 단원들은 단우회, 월례회, 원동대회 등에 참가했다. 각자의 활동 사항에 대해 보고하는 통상보고와 각종 단우회 및 대회 출석 의무, 의무금 출연, 동맹저축, 동맹운동, 동맹독서 및 육체운동 등이 있었다.

원동위원부는 1921년 9월 20일 '홍사단원동임시위원부'라는 명칭으로 정식 출범했다.

원동 홍사단의 가장 핵심 사업은 지속적인 독립운동 전개와 생활 안정을 위한 근거지 개척운동이었다. 도산은 국민대표회의 결렬 후 독립운동의 근거지가 되고 토지경영을 할 수 있는 적임지를 물색하기 위하여 각처를 다녔다.

1923년 원동에서 처음으로 개최된 홍사단 제7회 원동대회를 전후하여 구체적인 기지건설의 착수가 시작됐다. 기지건설운동은 '이상촌' 혹은 '모범촌' 건설운동으로 불리우며, 해외 독립운동의 근거지를 마련한다는 것이었다.[12] 한인들을 집단 이주시켜 농업을 경영하여 한인들의 생활 안정을 도모함은 물론 독립운동의 재정적 기반을 마련한다는 방책이었다.

1923년 도산은 임시정부와의 관계를 일단 멀리하고 남경에 동명학원을 설립하는 등 이상촌 건설을 모색했다. 동명학원은 1924년 3월 2일에 우선 어학강습을 교과 과정으로, 기지에 교사를 짓기 전에 임시로 중국인들이 교당으로 사용하던 건물 상층을 빌려 동명학원이라는 이름으로 개교했다. 동명학원은 3개년 과정의 영어과, 중어과와 1개년 과정의 대학 예비과, 그리고 방학 중에 하기강습회를 개설했다. 정기수업 외에 1개월간 방학 중에 열린 하기강습회에서는 영어, 중국어, 국어, 역사 등을 강습했으며 하기강습회에서는 40명 내지 80여 명의 청년들이 청강했다.[13]

동명학원은 영어와 중국어를 보습 교수할 필요에 의해 만들어졌다. 군사학, 병식체조도 교련했다. '중등교육과 구미와 중국 각 대학 입학지원자의 어학전수를 위함'이라는 취지를 내걸고 출범했다.[14] 우선 공과대학을 설치해 교육시켜 학교가 발전하면 대학으로 발전시킬 계획을 세웠다. 공과를 우선 두고자 한 것은 취업이나 생활 방도를 통해 자립의 기반을 마련코자 한 뜻에서였다. 나창헌이 중국공업협회에 적을 두거나 출입한 사실을[15] 감안할 때 동명학원이 공과를 우선했던 취지와 맥을 같이하는 것을 알 수 있다.

「제178단우 나세웅 이력서」는 나창헌의 이력에 특이한 사항이 발견된다. 그가 관계한 단체들을 보면 청년외교단, 일심단, 대동단, 중국공업협회, 중국수양회, 한국노병회 등에 관여한 것으로 적혀 있다. 청년외교단과 대동단, 한국노병회 등의 이력은 익히 알겠지만, 일심단, 중국공업협회, 중국수양회 등은 잘 모르겠다. 일심단이란 국내에서 조직한 단체 같아 보이는데 실체가 파악되지 않는다. 중국공업협회, 중국수양회 등은 중국에 망명한 이래 관여했던 중국인들의 단체로 보인다.

그의 흥사단 활동은 항주, 구강, 중경, 사천 등지로 거처를 옮긴 뒤에도 계속됐다. 1928년 8월 21일에 열린 흥사단 제15회 원동대회에서 운동위원으로 활동하였고, 1930년에 열린 제17회 원동대회에서 통상회원으로 원동 제2반 소속이었다. 그리고 1931년에는 원동위원부 제4반 소속이었으며 1932년에는 원동 제5반 소속으로 활동했다.[16] 그리고 흥사단의 많은 단우들이 나창헌의 독립운동에 참가하는 것을 볼 수 있다. 때문에 흥사단은 나창헌의 내실을 기하는 기반이 됐다고 할 수 있다.

한국노병회에 참가하다

나창헌은 정위단과 결별 후 임시정부 계열에서 활동했다. 그 중 주목할 것이 한국노병회韓國勞兵會이다. 나창헌은 노병회 창립 초부터 참가했다.

한국노병회는 임시정부를 둘러싼 독립운동계의 상황을 배경으로 성립됐다. 1920년 독립전쟁의 해를 선포했지만, 1921년을 넘어서 위축되고 말았다. 만주 일대의 독립군 부대들이 독립전쟁론을 적극적으로 수용하지 못한 반성에서 출발했다. 또 임시정부의 재정적 어려움도 가속화됐다. 미주 동포들의 독립자금이 구미위원부로 보내졌으나 임시정부로 송금되지 않았으며 국내로부터의 자금 유입도 격감됐다. 특히 임시정부 연통제 조직망을 통한 자금모집이 일제에 의해 붕괴되면서 재정난은 더욱 심화됐다. 다음에 국제정세의 변화와 독립운동의 장기화 전망에 따른 새로운 독립운동 방법의 필요성이 대두됐다. 그런 문제를 극복하기 위해서는 먼저 임시정부를 정상화시키고 장기적 독립전쟁에 대한 준비가 필요했다.

1922년 10월 1일에 독립전쟁의 필요한 군인 양성과 전비 조성을 목적으로 한 노병회의 조직을 논의했다. 10월 21일에는 노병회 발기총회 주비회가 열렸으며, 10월 28일에 노병회 총회가 개최되어 정식으로 창립됐다. 통상회원 17명과 특별회원 4명이 참석한 노병회 총회에서는 김구를 이사장으로 선출하고, 나창헌을 비롯해 이유필·여운형 등 6명을 이사로 선출했다. 회계검사원은 최석순과 조동호를 선출했다. 그리고 발기인 일동의 명의로 1922년 10월 28일에 회헌과 회칙·취지서를 통과시켰다.[1]

노병회 취지서는 정신만으로는 독립사업을 성취하기 어려우며, 사업의 실제 성취에는 공구工具가 필요한데 대한독립의 공구는 무력이오, 무력의 공구는 군인과 군비라고 전제했다. 노병의 양성과 군자금 조성을 목적으로 노병회를 창립함을 다음과 같이 밝혔다.[2]

> 십 수 년이래 이어져 온 대한국민의 대한국가 독립상 정신은 이제 이미 그들로 하여금 실제적 사업에 나아가게 되었도다. 맨손으로 서슬이 번쩍이는 칼을 맞으며 낙토로써 사지를 시視하고 전자가 쓰러짐에 후자가 이어 최후의 승첩을 기하고서 오직 앞 일방에 전진하여 멈추지 않는 국내 동포들의 거룩한 행적은 특히 3·1운동 이래 천하와 같이하는 사실로 그들의 생활적 욕구, 정의적 관념, 자유, 자존, 자신, 자강 등의 모든 경애할 만한 정신은 세계열강으로서 대한독립에 정신적 승인을 주었다 함이 또한 우연한 일이 아

니로다. 우리들 해외에 거주하는 자들도 혹 외국인에게 향하야 우리 민족의 요구하는 바를 선전하며 혹 국내에 대하여 세계의 추향하는 바를 통달하야 풍찬노숙하며 십사구생한지 또한 자에 수년 혹 십여 년이라 비록 공公에 보함은 무하였으나 이미 사私를 망한지 오래되었나니 신세의 한탄이 하일에 멈추며 가국家國의 눈물이 어느 세월에 마를 것인가. 정신일도에 쇠와 돌을 뚫을 수 있으니 이만한 정신으로 무슨 일을 주어도 하지 못하며 무슨 업무를 받아도 할 수 없겠는가. 애석한 것은 정신은 정신이오, 사업은 사업이라. 정신만으로는 도저히 사업을 성취키 어려우므 로 사업의 성취에는 반드시 그에 상당한 일정한 물적 공구를 요함이 천연의 공례라 우리들은 이에서 더 1차 유물의 교훈을 음미하리로다. 대한독립에 대하여 그의 공구가 오직 말하길 무력이오, 무력의 사업에 대하여 그의 공구가 군인 및 군비라 이에 우리들이 이들의 군인 및 군비를 조성하고자 양병 및 저금을 목적으로 하고 본회를 발기하나니 대개 노공勞工하여 성병成兵하고 모든 재물을 모집하고자 함이라. 심지어 그 진행의 내용에 대하여는 회규會規에 게재하나니 만인의 뜻에 비록 적으나 사람이 없음에 중衆하며 백만의 금金이 비록 소하나 공수에 참하며 10년의 기한이 비록 오래나 또한 무기에 달한지라. 요컨대 차로써 진행상 하나의 양식을 삼음이라. 우리들의 기치는 삼엄하나 고명하고 우리들의 정호庭戶는 청정하나 광대하며 우리들의 목적은 고원하나 근역하고 우리의 사업은 거대하나 단순 하나니 구히 기인으로서 회규만을 지킨다 할진대 그 소유관계의 일절을 불문하고 오즉 쌍수로 봉영할지라. 무릇 우리 동포는 내할지니라.

한국노병회에서 '노병勞兵'은 생계를 유지하면서 독립운동을 할 수 있는 노공적勞工的 기술을 겸비한 군인자격자를 말한다. 임시정부가 자체 군대를 유지할 정도의 재정을 갖추지 못한 상황에서 병농일치의 둔병제를 염두에 둔 것이다.[3] 그러므로 스스로 기술을 갖고 취업하여 생계를 유지하면서 유사시에 군대조직의 자원이 되도록 하였던 것이 발기인들의 의도였다. 제1장 총칙부터 보칙까지 9개장 42개조로 구성된 노병회 회헌會憲 가운데 제1장 총칙의 내용은 다음과 같다.

제1장 총칙

제1조 본회는 한국노병회라 칭함.

제2조 본회의 총부總部를 상해에 둠.

제3조 본회는 조국광부에 공헌키 위하야 향후 10개년 이내에 일만 명 이상의 노병을 양성하고 백만 원 이상의 전비를 조성하기로 목적함.

제4조 전조의 군인과 전비가 목적한 수에 달한 시는 이사회의 제의와 총회의 결의로 독립전쟁을 개시함. 단, 그 전이라도 국가에서 독립전쟁을 개시할 시는 전항의 규정에 불구하고 이사회의 결의로 참가 출전함을 득함.

총부는 상해에 두고 회의, 1만 명의 병력과 1백만 원 이상의 전비, 독립전쟁의 결의 구조로 이루어졌다. 회의는 이사회와 총회를 두었으며, 이사회 아래에는 경리·교육·노공·군사 4부의 부서를 두어 업무를 분장했다. 경리부는 회계와 예결산 관련 업무를 관장하고 교육부는 군사학교 관리와 군사서적 간행 및 외국 군사학교에 유학 알선을 담당했다. 노공부는 공장 관리와 외국의 공창工廠과 공업학교에 유학 알선을 맡게 하였고, 군사부는 군대 편성과 배치 등을 맡도록 했다. 노병회는 독립전쟁을 목표로 10년 동안 만 명 이상의 노병을 양성하고 백만 원 이상의 전쟁 비용을 조성하며 전쟁을 준비한다는 것이었다.

임원으로는 총재 1명, 이사장 1명, 이사 30명 이내, 회계검사원 3명 이내로 정하고 임기는 모두 3년으로 정해졌다. 회원은 군사교육을 받을 수 있는 15세에서 40세 미만의 특별회원과 40세 이상의 통상회원으로 구분됐다. 특별회원은 군사교육과 노공기술을 이수하고 평상시에는 군인이 되어 병역에 복무할 의무가 있었다. 통상회원은 회의 운영에 대한 실제적인 권한을 갖고 특별회원의 모집, 교육 주선, 조직, 전비 확보 등을 담당했다. 회원은 신체가 건강하며 학령學齡의 청년인 자, 노동의 신성과 복종의 미덕을 이해하는 자, 군인 될 지망과 노공에 종사할 수 있는 의지가 견고한 자 등을 자격으로 했다.

한국노병회는 1922년 12월 초에 열린 제3회 정기 이사회에서 특별회원의 한단군사강습소邯鄲軍事講習所·북경학병단北京學兵團·개

봉병공국開封兵工局 등의 중국 군사기관으로 특별회원 파견을 실행에 옮겼다. 1923년에 채원개·최천호·박희곤 등 11명이 낙양강무학교洛陽講武學校 등에 파견되었다.

특별회원은 6개월 이상의 군사교육을 받을 의무, 하나 이상의 노공기술을 수득할 의무, 본 회에서 군대를 편성할 때는 그 병역에 복무할 의무, 자기의 경과 상황을 총부에 통보할 의무 등을 가졌다. 그 총칙은 다음과 같다.

제1장 총칙

제1조 총회와 이사회는 특별규정이 유한 경우를 제한 외에 표결권리자 반수 이상의 출석으로 개의함을 득함

제2조 모든 의안은 특별규정이 유한 자를 제한 외 출석원 반수 이상의 동의로 기 가부를 결함

제3조 의사방법에 관하여 본 회칙에 미비한 자는 보통회의 예에 의하야 처리함

제4조 직원은 총히 기명투표로 선거하되 투표총수의 과반수를 득한 자로 당선케 함

제5조 보선된 직원의 임기는 전임자의 잔임기까지로 하고 만기된 직원도 재선함을 득함

제6조 모든 보고와 제의안은 사건의 경미한 자를 제한 외에 총히 서면으로써 함이 가함

제7조 정기회일이 국경일이나 일요일에 상치할 시는 순연함

1923년 4월 나창헌 등은 상해 교외 우원로愚園路 봉왕도鳳王渡 화원花園의 모다방에서 한국노병회 총회를 개최했다. 이때 회헌을 제정하고 경리부·교육부·노공부·군무부를 두고, 전시 병원兵員의 양성, 전비의 조달 등을 결정했다.[4] 나창헌은 한국노병회의 이사로 선출됐다.

1923년 10월 28일은 한국노병회 창립 1주년 기념일이었다. 오후 7시부터 노병회 이사장 김구 이하 약 70명이 프랑스조계 날비덕로辣斐德路 우기리友記里 1호 교민단에서 창립1주년기념축하회를 거행했다. 이날의 행사는 이사장 김구의 개회사가 있었다.

> 우리들은 우리가 희망하는 한국의 독립을 달성시키기 위하여 1922년 10월 28일 동지 십수 명과 함께 도모하여 한국노병회를 조직하고 10년 이내에 1만의 병원兵員과 100만 원의 전비戰費를 만들어서 각 독립군과 협력하여 왜적과 교전하고 우리 대업의 목적을 달성하고자 조직하였다. 창립 후 여러분의 열성적인 독립정신의 노력 결과 각지 지부를 통해 병원兵員 수천인과 전비 수천 원에 달한 것은 정말로 기쁜 인상이다. 우리는 하루라도 빨리 본회의 목적인 병원兵員과 전비를 만들어 적을 구축할 것을 기하여 오늘의 기념을 축하한다.

뒤이어 "노병회 1주년 창립기념 축일에 즈음하여 동포 교민을 대표하여 노병회를 축복하고 장래 의의 있는 본회의 발전을 기원한다."는 이유필의 축사가 있었다. 이어 김현구·곽연성郭然盛 외 6명에 대해 회원모집 및 회비 10개년 분 30원을 일시에 선납한 공을 포상하기 위해 노병회記章을 수여하고 노병가 일동 합창 후 오후 10시 폐회했다.[5]

나창헌은 당시 26세의 나이로 한국노병회 이사 겸 교육부원에 임명되었으며 통상회원이었다. 1923년 11월 2일 교육부원, 1924년 6월 5일 한국노병회 노공부장으로 선임됐다.[6] 나창헌의 연령으로는 특별회원에 속했지만, 그의 독립운동 경력이 반영되면서 통상회원으로 한국노병회의 지도적 위치에 있었다.

이후 나창헌의 활동은 상해 교민단으로 확대되었다. 나창헌은 상해교민단 의사회에서 1924년 1월 12일에 새로 설치된 교육위원회 위원을 맡았다.[7] 민단은 1919년 9월 고려교민친목회를 상해대한인민단으로 고치고, 1920년 1월 상해거류민단으로 다시 바뀌었다가 2020년 1월 상해거류민단으로 개편한 것이다.[8] 민단의 역할은 임시정부 직속으로 임시의정원 의원을 뽑고, 행정기관의 기능, 세금 납부의 역할, 치안기구의 역할까지 맡았다. 1923년 경찰기구로서 의경대義警隊를 만들어 동포사회의 안녕과 질서를 맡는 역할도 수행하던 기관이 민단이었다.

1925년 12월 6일 제6회 민단의사원을 선거한바 나창헌을 비롯해 안공근·김두봉·최석순·박창세·송병조·조상섭·이강·김예진·김봉준·황훈·김현구·최승봉·이근영·고준택 등이 선출됐다.[9] 철혈단 시절의 동지 박창세, 김예진, 김현구, 고준택 등이 참가하고 있음을 볼 수 있다.

인성학교에서 1924년 김두봉과 함께 시간강사로도 활약했다. 이때 교장은 조상섭에 이어 여운형, 학감은 윤기섭, 교사는 최중호 등이 있었다.[10] 인성학교는 상해의 한인사회를 중심으로 조직된 교포학교였다. 인성학교의 경영은 상해대한교민단에서 맡았다. 인성학교는 1917년 2월 공동조계 곤명로昆明路 재복리載福里 75호에 여운형이 창설했다. 설립 후 학교의 경영권은 1919년 대한교민단으로 넘겼지만 재정상의 문제로 학교운영이 어려웠다. 1928년 1월 학부형 및 유지 170여 명으로 인성학교유지회를 조직했다.

상해교민단 의사회는 인성학교 운영 경비를 충당코자 나창헌을 비롯해 문백우·민필호·오영선·민강·정광호·김두봉·여운형·조덕률·김갑 등을 학무위원으로 선임했다. 『동아일보』에서도 지원금을 모금해 보낼 정도였다. 안창호, 유상규 등의 흥사단 출신의 교사들이 많았다. 박시창 장군의 부인인 최윤신崔允信(1915~2014)도 나창헌에게 배웠다고 전하고 있다.[11]

나창헌은 한국노병회와 상해교민단, 인성학교 등에서 활동하며 임시정부 중심으로 활동을 전개했다.

이승만 탄핵심판위원장으로 활약하다

임시의정원은 1924년 6월 대통령을 '유고有故' 처리한 데 이어 1925년 3월에는 결국 이승만을 탄핵하고 구미위원부를 폐지하게 된다. 이승만은 임시의정원에 대한 탄핵에 정면으로 반발했다. 구미위원부의 존속을 주장하고 하와이교민단에서 임시정부에 보내는 의무금을 차단해 구미위원부의 자금으로 사용했다. 구미위원부는 이승만이 앞장서며 반임시정부 조직으로 성격이 변화되어 갔다.[1] 그는 자신의 사조직인 하와이동지회를 동원하여 임시정부에 대한 성토문을 배포하면서 반임시정부적 태도를 강화해 갔다. 미주 한인사회의 기본 노선은 교육 진흥에 바탕한 실력양성론에 크게 기울어갔다.[2] 미주 한인사회의 중추적 기관이었던 대한인국민회와 교민단의 구심력도 약화되어 갔다. 1925~1926년경 박용만과 안창호가 자금모집을 위해 미주를 방문했지만,[3] 미주 지역의 한인사회는 독립운동 세력권의 일선에서 점차 멀어져 갔다.

1920년대 중반 미국 본토와 하와이에 거주하는 한인 동포의 수는 대략 1만 5천여 명에 달하고 있었다.[4] 한인 동포사회는 1902년에서 1905년 사이 하와이 사탕수수 농장에 이주한 7,200명의 노동이민자들이 근간을 이루었다.[5] 이러한 사회적 기반 위에서 전개된 미주 한인들의 독립운동은 1910년대에 박용만이 중심된 Nebraska Hestings의 한인소년병학교, 대조선국민군단, 그리고 멕시코 Merida의 숭무학교崇武學校 등이 세워지면서 독립전쟁론에 입각한 노선이 강조되고 있었다.[6] 그런데 박용만·이승만·안창호 등 한인 지도자 간의 노선 차이에 의한 갈등과 대립으로 삼분됐다.[7] 3·1운동 때 미주 한인사회는 일시 재결합되는 양상을 보이며 임시정부의 재정적 후원 역할을 크게 담당하기도 했다.[8] 임시정부에 이승만이 집정관 총재로, 안창호가 내무총장, 박용만이 외무총장으로 선출되면서 미주 한인사회의 독립운동에 대한 열기는 한때 고조되어 갔다. 그러나 박용만이 반反 임시정부적 태도를 보이며 북경으로 돌아서고, 파리강화회의와 워싱턴회의에서 좌절을 맛보며 독립실현의 어려움을 절감하면서 독립운동에 대한 지원활동과 열기가 전에 비해 현저히 식어갔다. 더욱이 이승만과 임시정부의 대립 상태는 미주한인사회의 결집력을 크게 약화시키는 결과를 가져왔다.

국민대표회의 이후 개조파가 임시의정원에 대거 참여했다. 임시의정원은 1924년 8월 21일에 "본 임시대통령이 직소職所에 귀환하기까지는 '유고'라 결정하고, 임시헌법 제17조에 의해 그 기간은 현 국무총리인 이동녕으로 그 직권을 대리"할 것을 결의했다. 이승만은 대통령 직권을 국무총리 이동녕에게 위임한다는 통지를 보냈다. 국무총리 이동녕이 대통령 직무대리를 맡자 이승만은 미주 지역의 의무금을 임시정부로 직접 납부하는 것을 금지하고 구미위원부로 납부할 것과 동시에 임시정부와 임시의정원에 대해 헌법개정·대통령대행권의 행사·독립당회의에 대해 반대한다는 내용을 발송했다.

이승만은 1924년 6월에 발표한 '재외동포에게'라는 글에서 대동통일을 역설하며 임시정부에 반대한 단체와 지도자는 임시정부에 복종할 것과, 복종하지 않을 때는 부자지간이나 형제지간이어도 단연코 의를 끊을 것이라고 주장했다. 임시정부에 복종하지 않는 것은 독립을 방해하는 공적共敵이라고 극언했다. 나아가 "과거 5, 6년간 지켜온 바 현 정부의 제도를 유지하여 이 단체의 명의로서 대한의 통일을 성취하고 광복의 대사에 최고의 기관이 되게 하려고 하는 데 있다"며 현상 유지책이 현 임시정부의 대정책임을 강조했다.[9]

임시정부 개조파와 북만주 및 서북간도 일대의 독립단 대표들의 협의가 진행됐다. 1924년 7월 12일 임시의정원 의원 윤기섭·윤자영·조상섭 등 20명은 독립운동의 민족적 기초 조직을 견고히 하고 독립운동의 방침을 쇄신 여행하여 독립대업을 촉성할 목적으로 독립단 대표자 회의 소집 건의안을 제출했다. 이 건의안은 1924년 7월 18일 임시의정원 전체 회의에서 통과됐다.

임시정부는 1924년 9월 3일 국무원령 제1호로 독립당대표자회의소집간장을 발표했다. 이 간장에는 독립운동의 민족적 기초 조직을 확고히 하고 독립운동의 방침을 쇄신 여행하여 독립대업을 촉성할 목적으로 본 정부는 독립당 대표회의를 소집함, 국무원 중에서 위원회를 조직하여 대표회의를 소집게 함이라 명시해 임시정부가 소집의 주체임을 밝혔다. 대표는 100인 이상의 독립운동 단체에서 직접 1인씩 선출하고 국치 이후 독립운동에 계속 노력하여 성망과 공적이 현저한 자에 한해 임시정부가 지정하는 정부 지정 대표를 두었다. 상해 임시정부가 주체가 되어 모든 소집 사항을 관장할 수 있을 뿐만 아니라 정부 지정 대표를 두어 독립당대표자회의는 국민대표회의와는 성격을 달리했다.[10]

1924년 12월 일명 '민정식閔庭植 사건'[11]의 책임을 지고 국무총리 이동녕 이하 임시정부 각원이 총사직을 했다. 그 후 국무총리 박은식, 내무총장 이유필, 외교·재무총장 이규홍, 군무·교통총장 노백린, 법무총장 오영선, 학무총장 조상섭, 노동총판 김갑으로 임시정부 각료를 교체했다. 이에 박은식을 국무총리로 하는 개조파 중심의 내각이 들어섰다. 임시대통령 이승만의 유고에 대해, 이승만은 국무총리 이동녕을 대통령 직무대리로 하여 임시정부를 현상 유지하고자 했으나, '민정식 사건'으로 이동녕 내각이 총사퇴하면서 현상 유지책은 좌절됐다.

나창헌은 1925년 2월 20일에 열린 임시의정원 개원식에서 평안도 의원으로 선출됐다.[12] 3월 13일에는 임시의정원 의원 곽헌郭憲·최석순崔錫淳·문일민文逸民·고준택高俊澤·강창제姜昌濟·강경선康景善 · 김현구金玄九 · 임득산 · 채원개蔡元凱 등과 연서로 임시헌법 제14조에 부기한 서약과 동 제39조를 위반으로 임시대통령 이승만을 탄핵하고 심판한다는 결의안을 제출했다. 나창헌은 1925년 대통령 이승만의 탄핵심판위원장으로 활약했다. 탄핵의 주요 근거는 다음과 같이 들었다.

1. 1924년 겨울 정변 후 이승만으로부터 임시대통령 대리 박은식에 대해 "현 정부 및 의정원의 제반 행사를 부인한다. 아울러 현 정부 및 의정원의 행위는 비법非法이므로 재미한인은 모두 이에 반대 한다"는 통지가 있었다.

2. 이승만은 전前재무총장 이시영에 대해 '각원 전부가 협의 조인한 송금청구가 있으면 송금할 것이나, 인두세는 정부에서 직접 수수할 이유가 없다'고 통지했다.

3. 대통령이 임지를 떠나 항상 미국에 체재하여 그 직책을 돌보지 않았다.[13]

탄핵안의 증거로 상해에 보내야 할 하와이 교민의 인구세를 중지시킨 것, 정무를 분파하여 개인 의견에 복종케 한 것, 헌법과 임시의정원을 부인한 것 등을 제시했다. 이때 나창헌과 함께 탄핵심판위원으로 활동한 사람들의 이력을 보면 다음과 같다.

곽중규郭重奎(1891~1950)는 충북 옥천 사람으로 곽헌郭憲, 곽송원郭松園 등의 이명을 사용했다. 1921년 9월 미국인 선교사의 주선으로 미국으로 가던 중 중국 상해에서 머물며 대한민국임시정부에 참가했다. 1922년 3월 대한민국 임시의정원 비서로 취임했다가, 비서장秘書長으로 활동했다. 상해교민회에서 설립한 인성학교 교사로 재직한 바 있다. 1925년 3월 18일 대한민국 임시의정원 의원에 선임됐다.[14]

최석순崔錫淳은 1922년 한국노병회 발기인, 임시의정원 의원, 청년동맹회 등에서 활동했다. 1925년 제6회 민단의사원으로 나창헌·김현구 등과 함께 활동했다.[15] 동생인 최성오는 의사 출신으로 나창헌의 여동생과 결혼해 최석순과는 사돈지간을 이루었다.

문일민文逸民(1894~1968)은 평남 강서 사람이다. 1919년 7월 남만주로 건너가 신흥무관학교를 졸업하고 한족회韓族會에서 활동했다. 1920년 8월 미국 국회의원단이 내한할 때 광복군총영에서는 일제기관 폭파, 일제요인 처단 등을 위한 특공대를 국내에 파견했다. 대한청년단연합회 회원인 문일민은 장덕진·박태열·우덕선·김예진·안경신 등과 함께 제2대에 편성되어 평양에 특파됐다. 평남 안주에서 일경 1명을 사살하고 평남경찰부에 폭탄을 던진 후 상해로 망명했다. 그는 1921년 9월 삼육대학三育大學에 입학해 학업을 계속했다. 1924년에는 운남雲南 육군군관학교에서 군사학을 전공하고, 정의부 부원으로 참가했다. 1925년에 임시의정원 의원에 선출됐다.[16] 1930년에는 흥사단 단원으로 가입했다.[17]

강창제姜昌濟(1898~1965)는 평북 창성 사람으로 호는 창산蒼山, 이명으로 정명희鄭明熙, 강동욱姜東旭, 여순지呂順之, 강화조姜華祖, 강홍주姜弘周 등을 사용했다. 1919년 상해로 망명한 뒤 1922년 독립신문사에서 기자로 활약했다. 1923년 한국노병회의 특별회원으로, 1924년 임시정부 회계검사원 검사관에 임명되고, 11월에는 의열단원으로 활약했다.[18] 이명을 많이 사용하고 있는 것은 의열단 관계의 투쟁을 벌였던 것과 관계 깊었다. 병인의용대원으로 일본영사관 내산판사처內山辦事處를 공격해 내산 및 주구인 최동윤崔東允을 처단했다. 이 무렵 강창제는 나창헌의 집 세웅의원에서 살고 있었다. 1927년에는 김창근·이성구 등과 함께 일본영사관 창고를 파괴했으며, 2명의 밀정을 총살했다. 1933년 재건 병인의용대 대장으로 활약했다.[19]

강경선康景善(1891~1930)은 평북 정주 사람이다. 1920년 7월 중국으로 망명하여 12월 상해대한인거류민단 간사로 활약했다. 국내의 화요파와 연락하는 등 사회주의 운동을 통한 독립운동 방략을 모색했다. 1923년 2월 태극단太極團 대표로 국민대표회의에 참가했으며, 개조파의 성명을 지지했다. 같은 해 10월 인성학교와 교민단의사회 등에서 교민들의 생활 향상에 힘을 기울였다. 1924년 6월 임시정부 임시의정원 의원, 1925년에는 임시의정원 평안도 대의사로 활동했다.[20]

김기형金基瀅(1887~1943)은 황해도 안악 사람으로 김현구金鉉九, 金玄九, 金璂瀅 등의 이명을 사용했다. 3·1운동에 참가한 후 임시정부의 연통제인 황해도 경무사로 임명되어 군자금 모집 등의 활동을 펼쳤다. 군사주비단의 산하단체인 한용단韓勇團을 조직해 군자금 모금 활동을 펼치다가 1921년 1월 29일 일본 경찰에 붙잡혀 옥고를 치렀다. 1922년 7월 상해로 망명해 시사책진회時事策進會 회원으로 활동했다. 임시의정원 황해도 의원으로 선출됐다. 10월에는 김구·여운형·박은식 등 16명의 인사들과 한국노병회를 조직하고 회계검사원으로 활동했다. 1924년 상해대한교민단 총무부장을 역임하는 한편 인성학교의 이사를 맡았다. 남경에서 활동하다가 1930년 9월 피살됐다.[21]

채원개蔡元凱(1895~1974)는 평남 영원 사람으로 이명으로 채군선蔡君仙, 거평居平, 채군선蔡君善, 채형석蔡瀅錫 등이 있다. 일찍이 만주로 건너가 독립군에 참가했으며, 중국 황포군관학교에 파견된 뒤 중국군에 입대하여 1939년까지 고급장교로 복무했다.[22]

이상의 탄핵위원들은 연령별로 30대의 평안도 인사들이 주류를 이루었다. 그런데 20대의 나창헌이 어떻게 해서 위원장을 맡았는지 알 수 없다. 흥사단원이 많이 있는 가운데 강경선, 강창제 등과 같이 후일까지 나창헌과 동지적 관계를 맺은 인물들이 있었다. 나창헌이 평소 강경노선과 정의를 지키는 성향으로 위원장의 임무를 맡은 것이 아닌가 여겨진다.

임시의정원은 1925년 3월 18일에 임시대통령 이승만을 임시헌법 제21조 제14항에 의하여 탄핵하기로 결정하고 심판부에 회부했다. 임시대통령 이승만에 대한 심판위원장 나창헌은 3월 23일 이승만을 대통령직에서 면직한다는 심판을 내렸다.

그 심판서는 다음과 같다.

임시대통령 이승만 심판서 주문 :

1) 임시대통령 이승만을 면직함.

사실 및 이유 : 1925년 3월 18일 임시의정원에서 통과한 임시대통령 이승만 탄핵안에 의거하여 그 위법사실을 조사한 증거를 열거하면, 1924년 12월 22일자로 전 재무총장 이시영 앞으로 보낸 공문, 동년 12월 22일자로 국무원 각 위 회람으로 송부된 임시대통령 공문, 동년 7월 3일에 발신한 구미위원부 통신부 특별통신, 1925년 1월 28일에 발신한 구미위원부 통신 특별호, 동년 2월 13일부로 박은식에게 송부한 서신 등이다. 이승만은 구실을 외교에 가탁하여 직무지를 떠나서 5년간 원양遠洋의 한 구석에 떨어져 있으면서 난국 수습과 대업 진행에 아무런 성의도 다하지 않을 뿐만 아니라 허무한 사실을 제조 간포刊布하여 정부의 위신을 손상하고 민심을 분산케 하였음은 물론, 정부의 행정을 저해하고 국고 수입을 방해하며 의정원의 신성을 모독하여 공결을 부인하고, 심지어 정부의 행정과 재무를 방해하며 임시헌법에 의거 의정원의 선거로써 취임한 임시 대통령으로서의 자기 지위에 불리한 결의인 의정원의 결의를 부인하여 한성漢城 조직 계통 운운함과 같음은 대한민국의 임시헌법을 근본적으로 부인하는 행위다. 이와 같이 국정을 방해하고 국헌을 부인하는 자를 하루라도 국가 원수의 직에 둠은 대업 진행을 기약할 수 없고 국법의 신성을 보장할 수 없다. 뿐만 아니라 순국 제현이 눈을 감을 수 없는 바이며 또한 충용忠勇의 소망이 아니기로 주문

과 같이 심판함.

임시의정원은 심판위원회의 판결에 따라 임시대통령 이승만의 면직 처분을 선포하고 구미위원부도 폐지했다. 1925년 3월 23일에는 만장일치로 국무총리 박은식을 제2대 임시대통령으로 선출했다.[23] 임시의정원은 1925년 3월 30일에 임시헌법 개정안을 통과시켰다. 박은식을 임시대통령으로 선출하고 임시헌법 개정안을 통과시킨 것이다. 같은 해 4월 7일에는 임시대통령 박은식, 국무총리 겸 군무총장 노백린 등 임시정부 각료 명의로 대한민국임시헌법을 공포했다.

개정 임시헌법은 제1장(제1~3조) 대한민국, 제2장(제4~17조) 임시정부, 제3장(제18~26조) 임시의정원, 제4장(제27~28조) 광복운동자, 제5장(제29~31조) 회계, 제6장(제32~35조) 보칙 등으로 구성됐다. 국무령제를 채택한 제2차 개정 대한민국임시헌법은 헌법의 적용 범위가 광복운동자로 축소하여 실질적 독립운동을 전개할 목적을 명백히 했다. 임시의정원은 1925년 4월 24일에 7장 32조로 구성된 임시의정원잠행조례를 통과시켰다. 1925년 4월 7일에 공포된 대한민국임시헌법은 7월 7일에 시행한다는 조항에 따라 동일 임시대통령 박은식은 사퇴했다. 그리고 임시의정원은 이상룡李相龍을 국무령으로 선출했다.

나창헌은 이승만 탄핵 심판위원장으로서, 이승만이 갖는 명망성과 그를 지지하는 기호파 세력의 반대와 위협에 심적 부담을 가졌을 것이다. 그러나 청년들의 의지를 대표하는 나창헌은 이승만을 내분과 분열의 중심인물로 여겼기에 기꺼이 심판위원장 자리를 맡았다. 이승만 탄핵안이 통과된 뒤 상해 정국은 이승만을 두고 찬반세력의 대립이 격화됐다. 일제는 상해 정국을 부채질하기 위해 상해 주재 영사관 직원 및 밀정을 동원해 독립운동가들의 분열을 획책하고 있었다.

경무국의 응원단체로 정위단을 조직하다

어지럽던 상해 정국을 진정시키기 위해서는 임시정부의 새로운 조처가 필요했다. 1924년 국무회의에서 국무위원회 비서장 차리석車利錫이 겸하던 국무위원회 서무국장을 해임한 뒤 임의택林義鐸을 서무국장으로 선임하고, 12월 18일 자로 나창헌을 서무국 국원으로 선임했다.[1] 1925년 4월 14일 나창헌이 임시정부 내무차장 겸 경무국장에 임명됐다. 나창헌의 동지 고준택과 강창제 등이 내무부 경무국 참사로 임명됐다.[2]

임시정부의 경무국장을 맡은 다음 나창헌은 6월 13일 프랑스 조계 포석로 신민리 10호 임시정부 청사에서 정위단正衛團을 조직했다.[3] 정위단은 경무국을 지원하는 응원 단체였다. 20명 정도의 경무국 인원만으로는 경무국의 본래 임무를 감당할 수 없었다. 경무국의 임무는 임시정부의 보전과 동포들의 안전을 보장하는 것이었다.

선언에는 광복운동자의 명의를 빌려 우리 동포의 생명과 재산을 빼앗는 불량분자를 처단하는 것에 있음을 분명히 밝혔다. 다음은 정위단의 선언 내용이다.

강도 왜적의 침략으로 국가는 멸망하고 머나먼 타국으로 떠돌아다니는 망명지사와 고국에서 울부짖는 백의동포가 부평과 같은 생활을 이역異域에서 영위하고 있다. 상해 거주하는 자 많음은 상해가 광복운동자의 최고 기관인 우리 임시정부의 소재지로서 학문수련에 적합하고 상업계의 중요 항구이기 때문이다. 이같이 상해가 우리 정치상 수학상 상업상 밀접한 관계를 갖고 있기 때문에 독립운동자가 모여들고 유학생이 날로 증가하며 상공가로 점점 번성하여 전도에 낙관할 것이 있다. 그러나 그 반면에 일부 불량배는 민족의 체면을 훼손하고 독립운동자의 위신을 더럽히고 손상시켜 자못 신성한 광복운동자 단체의 명의를 사칭하여 학자금을 강탈하고 상인의 자금을 빼앗으려 하며 한 익명의 투서로서 동지의 명예를 실추시키는 등의 불상사가 적지 않다. 이것을 방임할 때는 다만 교포의 생명과 재산이 위험할 뿐 아니라 대한의 앞길에 악영향을 미친다. 이에 우리는 상해 한인 각계 가운데 유지의 청년 남아를 규합 분기하여 본 정위단을 조직하여 교포의 생명 재산을 보호하고 불의의 위해를 정당히 방책할 것을 이에 선언한다.

선언에서 보듯이 정위단은 상해 교포의 안전과 재산을 보호하는 임무를 맡았다. 정위단의 특징은 직접적 독립운동 보다는 임시정부의 옹위와 교포를 보호하기 위한 단체로 표방한 점이다.

정위단은 반관반민적 성격을 띠는 단체였다. 사무소를 상해 프랑스 조계 포석로蒲石路 창여리昌餘里 72에 두고 다음과 같은 단칙을 정했다.

1조 본 단의 명칭은 정위단이라 칭한다.

제2조 본 단의 취지는 재상해 동포의 생명 재산을 침해하고 사회질서를 문란케 하는 불량분자의 활약을 근본적으로 제거하는 것을 목적으로 한다.

제3조 단원의 자격은 지혜와 용기를 겸비한 18세 이상의 자로 한다.

제4조 단원의 권리는 제의 표결선거 피선거권을 가지며 의무는 단무에 절대 복종함과 의무금을 납입하는 의무를 가진다.

제5조 직원 및 직권은 다음과 같다.

1. 단장 1인

2. 비서 1인 내지 3인

3. 조사부원 약간 명

4. 단장은 단을 대표하여 단무를 통할 지휘한다.

5. 비서는 단장의 지휘아래 단내 서무·재무 및 각종 문서를 맡아서 처리한다

6. 조사부원은 일반사회의 사정과 비밀을 조사하여 매월 말에 단장에게 보고하고, 특별한 사항은 이 한정에 두지 않으며 각 직원의 임기는 1개년으로 한다.

제6조 본 단의 경비는 단우의 의무금 의연금 대외보조로서 충용한다.

제7조 입단자는 단우 2인 이상의 소개가 있는 자로서 직원의 결의로서 허락한다.

제8조 총회는 년 1회 1월에 단장이 소집하며 일시는 단장이 정해 일주 전에 각 단우에게 통지한다. 총회에서 직원개선 및 각종의사를 결정하고 단내 경과상황 및 경비결산을 보고한다. 단 필요로 인정할 때에는 단우 총수 3분의 1의 청구가 있을 때는 임시총회를 개최할 수 있다.

제9조 단내의 비밀을 누설하거나 또는 단의 명예를 훼손 또는 단칙을 위반한 자는 퇴회를 명하고 또는 정기 자유를 구속하는 죄에 처한다. 단 징벌은 단원에 대해서는 직원회에서, 직원에 대해서는 단우 3분 1이상의 결의로서 직원회를 거쳐 단행한다.

제10조 단칙의 수정 또는 증감은 총회에서 출석원 과반수의 결정에 의한다.

정위단의 목적은 경무국의 기능을 보조하는 것이었다. 정위단 단장에는 경무국장을 맡고 있는 나창헌, 심판원은 강창제·고준택, 조사원은 박창세·유창준劉昌俊·김정근金貞根·박규명朴奎明·김예진金禮鎭·최병선 등이 선임됐다.

경무국장은 임시정부를 지키는 경찰의 실무책임자였다. 그러나 경무국 소속 요원이 워낙 적었으므로, 경무국을 지원할 조직으로 정위단을 조직한 것이다. 단원의 성격을 보면 다음과 같다.

박창세朴昌世(1884~?, 昌淳)는 평안도 영변 사람이다. 어려서 고향의 사숙에서 전통학문을 익힌 뒤 3·1운동이 일어나자 상해로 망명했다. 상해에서 전차회사 사원, 병원 조수 등으로 근무했다. 1924년 흥사단 단원으로 가입했다.[4]

김정근金貞根(업삼 1896~?)은 평남 대동군 사람이다. 어려서 한문 수학을 받은 뒤 기독교로 개종했다. 미곡상을 하다가 1919년 상해로 망명해 1920년까지 상해에서 군사학을 수업했다. 1921년 흥사단에 가입했다.[5]

박규명朴奎明(1899~1937)은 평북 선천 사람이다. 1920년 2월 독립운동을 전개하기 위하여 대한청년단을 조직했다. 2월 14일에는 친일파를 사살하고 모금한 군자금 2천여 원을 받아 대한독립단에 전달했다. 1920년 무관학교에서 수학하고, 1921년 4월 상해로 망명해 전차감독회사에 근무했다. 1931년 1월에 흥사단 원동위원부 지도위원으로 활동했다.[6] 상해 일본영사관 경찰에 체포되어 신의주로 압송되어 1932년 1월 19일 징역 6년형을 받고 옥고를 치렀다. 출옥 후 다시 상해로 망명했다가 1937년 자결 순국한 것으로 알려졌다.[7]

최병선崔秉善, 崔炳善, 崔平生(1887~1942)은 평북 정주 사람으로 1906년 기독청년회의 공업과를 졸업했다. 1919년 3·1운동 당시 고향에서 만세시위에 가담했다가 옥고를 치른 후 1920년 1월 중국 상해로 망명했다.[8] 상해에서 영국인이 경영하는 전차공사

기관사로 근무했다.

이들 구성원을 보면 강창제, 고준택, 최병선 등과 같이 나창헌과 동지적 기반이 두터운 인사들이 많았다. 서북인 출신의 20대가 주류를 이루고, 철혈단 출신의 인사들도 있었다. 그리고 흥사단 인사들도 적지 않았다. 반관반민적 성격의 정위단의 조직은 임시정부의 경무 능력이 더욱 강고해졌음을 의미한다.[9] 나창헌과 뜻을 같이하는 동지들이 결합한 정위단을 통해 상해 교포사회와 임시정부에서 나창헌의 위상은 한층 공고해져 갔다.

'여운형구타사건'을 처리하다

1925년 3월 이승만의 탄핵과 함께 내각제 개헌으로 정의부 이상룡이 9월 23일 국무령에 취임했다. 정의부는 7월 15일 제1회 중앙의회를 개최하여 조건부로 임시정부 지지와 이상룡 취임을 결의했다. 이때 조건부는, 첫째 각지의 독립운동단체와의 타협과 통일연락을 취할 것, 둘째 정부의 각료를 위원제도로 하고 의정원의원은 1만 명에 1인을 선출할 것, 셋째 임시정부의 실무지대를 만주로 옮길 것 등이었다.[1] 그러나 1925년 12월 '여운형구타사건'이[2] 일어나며 이상룡이 1926년 초 임시정부를 떠나는 등 지도체제의 불안은 계속됐다. 심지어 임시정부 해산 설까지 나돌 정도로[3] '여운형구타사건'은 큰 파문을 불러일으켰다. 경무국장 나창헌은 이 문제를 해결하는 데 앞장섰다.

'여운형구타사건'이란 1925년 12월 3일 여운형이 정위단의 장정들에게 구타당한 것을 말한다. 1925년 7월 아주민족협회亞州民族協會(일본, 중국, 인도, 필리핀, 한국, 대만인) 집행위원 중국인 오산吳山이 영국 조계지에 위치한 영안공사永安公司에 동회 간부를 초대해 다화회茶話會를 개최했다. 여운형이 각 단체의 양해도 없이 독단으로 이 모임에 참석해 일본인과 접촉한 것이 구타사건의 이유가 됐다. 정위단의 박희곤·박영호·김필렬 외 4명이 여운형 집에 쳐들어가 구타한 일이었다. 이 무렵 여운형이 소련의 노농정부에서 다액의 선전비를 제공받고 있다는 풍문도 구타사건이 일어난 배경 중의 하나였다. 상해에서는 여운형이 선전비의 용도를 밝히지 않는다 하여 한인독립운동자 간에 불평이 있었다.

여운형은 광제병원에 입원하다가 퇴원한 뒤 자취를 감췄다.[4] 임시정부 경무국에서는 가해자인 정위단의 박희곤 등에게 소환장을 발부했으나, 도리어 그들은 용무가 있으면 정위단의 집합소로 오라고 했다. 경무국장 나창헌은 정위단원 등 8명을 인솔하고 가해자의 집으로 가 체포하려 하니 박희곤 외 수 명이 권총을 발사하며 경무국 측의 박창세, 김창건金昌健 등이 부상당하는 일이 벌어졌다. 경무국과 정위단의 관계가 원만했던 점으로 미루어, 세간에서는 정위단 자체의 내분인지 아니면 정치적 연극인지 알 수 없다고 술렁거렸다.[5]

나창헌은 법적으로 강력한 대응을 주장했으나, 국무령 이상룡은 정치적 해결을 주장하며 의견대립이 생겨 상해 정국은 분국을 맞이했다. 나창헌은 많은 고민과 번뇌를 했다. 더욱이 경무국장직을 위탁받고 그 직임을 수행해야 할 위치에서 자신이 취해야 할 조치가 사소한 감정이나 당파 관념이 아닌 오로지 독립운동의 장래와 대계를 전망하면서 이성적 판단이 있어야 한다는 결론에 도달했다.

조상섭 등 상해 인사 99명은 국무령 이상룡에게 '여운형구타사건'의 진의를 해명하고 정부의 권위를 보전해 줄 것을 요구하는 청원서를 제출했다.[6] 결국 국무령 이상룡이 여운형구타사건에 대한 조사를 재지시가 있을 때까지 중지시키고 상해를 떠났다. 주목할 것은 박희곤의 원소속이 참의부였던 점이다. 그런데 참의부와 정의부는 대립적 관계를 보이고 있었다. 서간도 독립군 단체의 내부적 갈등과 임시정부 개조를 둘러싼 상해 정국의 관계가 얽혀 있었다.[7] 임시정부는 또 다른 위기를 맞이하게 됐다. 이에 대해 나창헌은 장문의 성명서를 발표했다. 성명서는 임시정부가 겪은 혼란에 대한 나창헌의 심경을 잘 보여주고 있다. 나창헌이 직접 작성한 성명서를 보면 다음과 같다.

1925년 12월 여운형 구타 사건과 관련한 성명서

1925년 12월 3일 박희곤 등 7인이 여운형의 전 가족을 난타 부상시키고 정부의 호출에 반항하여 정부원 박창세·김창건 2인을 총격 중상시킨 것이 동기가 되어 뜬소문의 등사물이 속출하고 구타의 참극이 여러 번 일어났다. 이것은 필경 시비 혼동하고 질서를 극도로 문란시킴은 우리가 독립운동사회에서 일찍이 없던 큰 불상사이다. 나창헌은 이를 해결하는 데 직접적인 책임을 가진 경무국장 사무 위탁의 직에 있으면서 성심성위를 다하여 사건의 법적 해결을 기도하여 왔다. 그러나 밖으로는 일부 인사의 당파적 못된 장난이 심하고 안으로는 상부의 간섭에 무리한 것이 있어 본래의 기도를 실현할 수 없었다. 피해자인 박창세를 중심으로 한 정위단 김창건이 참가한 병인의용대의 원한과 분노는 날로 더욱 격심하다. 다시 대참극을 연출하려고 함은 피할 수 없는 현재의 사실인 것 같다. 그러나 국무령으로부터 이미 본건에 관하여 사무를 정지당하여 유명무실한 경무국장으로서는 속수무책의 자리에 앉아있을 수밖에 없게 됐다. 실지를 힘쓰는 나창헌으로서는 유명무실한 직임을 가지고 재삼 참극을 방관 묵과한다는 것은 매우 불쾌한 바이다. 단연 경무국장 사무위탁의 직을 사임하는 동시에 일개 인민의 자격으로 이 사건의 시비 여하와 책임 소재를 명백히 하여 장래의 선후책을 공론에 부치려고 이를 성명하는 것이다. 바라건대 동포제위는 구구한 감정이나 당파관념을 버리고 독립운동의 장래를 위해 냉정한 두뇌로 이성적 판단을 내려주기를 바란다.

1. 사건의 법적 근거

질서가 문란한 사회를 법치적 사회가 되게 하려면 우선 법률의 신성을 확립하지 않으면 안 된다. 문명의 국가가 인권의 불가침을 법률에 의해 보장하고 법적 판결이 없이는 인민을 벌할 수 없음은 법률의 신성을 확립한 때문이다. 개인 또는 군중이 법률 신성을 무시해 사행私刑을 집행하려고 한다면 법의 권위는 하루아침에 땅에 떨어져 사회는 살인의 구렁으로 변할 것이다. 상해에서 우리 사회의 법적 처결의 공공기관이 임시정부임은 자타가 모두 인정하는 바이다. 독립운동자 간의 범죄 사실은 우선 정부에 고발하여 법적 판결을 기다림은 독립운동자가 해야 할 것이다. 박희곤 등이 여운형의 가택에 무리지어 침입하여 그 가족 전체를 난타 치상케 하고 담을 넘어 도주하였음은 여운형의 유죄 무죄를 불구하고 정부를 무시하는 비법적 행동이다. 피해자의 고발에 의해 경무국에서 소환함에도 응하지 않고 오히려 정부 파원에게 총을 발사하여 치상케 했다. 이 같은 행위는 정부 및 독립운동 기관 전체를 무시하는 것이다. 이에 대해 사형私刑을 가하고 더욱이 정부 파원을 치상케 함은 모두 범죄를 구성하는 것이다. 따라서 병인의용대에서 김규면金奎冕·윤자영尹滋瑛 등을 구타 치상케 하였어도[8] 그 이유가 보복적이던 정부에서 처치하지 않음을 불문하고 법률상의 범죄를 구성하는 것은 전자의 사형私刑 행위와 동일하다.

2. 국무령 이상룡과 그 조카의 실조失措

박희곤 등의 범죄 사실은 명백하므로 경무국으로서는 단호한 조치를 취하지 않으면 안 된다. 여운형의 피의 사실을 정밀히 조사하고 한편으로 박희곤 등을 체포하려 할 때 의외에도 1925년

12월 14일 국무령 이상룡의 "다시 지시가 있을 때까지는 사건의 진행을 전부 정지하라"는 훈령을 접했다. 상부의 명령이므로 오직 복종할 수밖에 없게 되었다. 그 후 한 달 남짓 이 국무령은 어디론가 도피하고 어떤 지시도 없을 뿐만 아니라 사건 발생 당시 상해 교민 100여 명의 연서로 국무령에게 사건의 법적 처결을 청원하였다. 이 국무령은 3일간을 기다리면 법적 해결을 하겠다고 언명하였음에도 불구하고 12월 12일 비밀리에 도피하였다. 전기 사무정지를 명하는 훈령을 발하여 2일 후인 동 14일 경무국에 전달케 하고 도망하여 물러난 후 금일에 이르기까지 아무런 새로운 지시가 없었다. 인민과 부하에 대해서는 신의가 없고, 의정원에 대해서는 입법기관의 독립을 무시하고 의원으로부터 제명하라는 위헌적 공함을 발하는 등 실태가 속출하며, 정부의 위신을 실추시키고 사건의 악화를 조장했다. 그의 조카 이광민李光民은 현 정부 회계의 자격으로 참변 전 어느 주연 석상에서 선동적 언론을 토한 일이 있었다. 참변 이후에는 항상 수차례 은어로 박범朴犯(박희곤) 등을 엄호할 뿐 아니라 최근까지도 박희곤 등과 비밀히 회합하여 기맥을 상통했다. 기타 무근한 요설, 예를 들면 모모는 여운형을 외교총장으로 하는 당 내각을 조직하려고 한다. 그리고 모 단체는 적탐敵探을 처벌하지 말라고 그 단우에 명령하므로 자기 숙질叔姪을 제외한 외의 정부원은 전부 여운형 옹호파 등의 말을 유포하여 이간 중상을 일삼고 있다. 한편 박범 등의 기세를 장앙張昻시키고, 피해자 측의 분노를 자아

내어 드디어 1월 10일 참극을 도발하는 데 이르렀다. 이광민은 병인의용대가 비독립운동자의 집합이라는 말을 유포하여 이대의 분노를 격발시키는 등 무책임 무성의한 행위는 장래 위험천만한 것이다. 특히 나창헌은 이광민에 대해 금회 국무령이 의정원 또는 정부원에 조금도 알리지 않고 봉인 도피하였음은 심한 실책이다. 속히 돌아오게 하라고 성의를 다하여 충하였으나 이광민은 당당히 대답하기를 이 난국에 즈음하여 국무령을 무리하게 돌아오게 할 필요가 없다면서 국무령의 주소도 교시하지 않았다. 그러면 이 국무령은 시국이 곤란한 때는 자유로이 이것을 피하여 평안히 나날을 보내고 그 부하가 각기 고초를 맛보며 시국이 안온하게 한 후 나와서 국무령의 권리만을 행사하려고 하는 국무령인가, 정부의 총책임자인 국무령으로서 자기의 안전만을 위해 사사로이 피한다고 하면 뒤에 남아 있는 일개 경무국장에게 정부의 중대한 총책임을 부담케 하려는 것인가? 수령의 자격으로 이러한 신의 없는 일이 있으리라고도 생각되지 않는다. 어리석은 나창헌이 아니라면 총책임자인 국무령이 책임을 버리고 도피하여 국무원이 사임하는 이러한 경우에 소직小職의 1인인 경무국장으로서 일시각도 이 자리에 있을 필요가 없고 그때 바로 사임하였을 것이다. 그러나 어디까지라도 우리 수령을 믿고 내 책임을 다하려고 한 나창헌은 나 개인의 안일만을 위해 사임하는 것은 온당하지 않다고 생각하였기 때문에 그 사이 한편에서 황제시대 이상의 강권을 행 한다던가 한편으로는 범죄자는 처벌하지 못하고 보복자를 구속한다는 등의 비난이 좌우로 핍박하였음을 돌아보지 않고 지금까지 여러 가지의 성의와 고충을 다하여 계속한 것이다. 이광민은 이 국무령을 청해 오는 데 대해 이상과 같이 반대의 주장을 한다. 국무령은 독립운동자의 국무령이며 우리 정부의 국무령이다. 결코 이광민 개인의 국무령이 아닌 것이다. 국무령의 거취에 대해 이광민 개인이 이를 좌우한다는 것은 적어도 법을 무시하는 것으로서 정부원으로서의 체면을 훼손시키는 것이다. 이상의 사실에 비추어 이상룡 조카는 본건에 대해 모든 책임은 면하기 어려운 것이다.

3. 정신 불철저 문제에 대해

근래 사회주의를 표방하는 독립운동자 중에 주의에는 국경이 없다는 관념으로, 우리 민족의 불구대천不俱戴天의 원수인 왜노를 상종하고 친교하는 자가 없지 않다. 예를 들면 근일 소란한 일인日人 당원에 러시아인을 소개한 여운형과 일인 당원과 친교하여 숙식을 같이하는 김규면·윤자영 등이 이들이다. 국토를 광복하기까지는 독립운동을 유일한 최고운동으로 인정하는 나창헌으로는 그 정신의 불철저, 그 행위의 믿을 수 없음을 통감하는 것이다. 나창헌은 반드시 사회주의 그것에 반대하는 것은 아니나 현재 우리 입장을 보면 독립운동을 이탈한 사회주의자 즉 주의 관계라 말하며 적인敵人과 상통하는 따위는 결코 허용해서는 안 될 것이다. 여운형의 아주협회 사건에 대해 나창헌이 경무국에 있는 동안에 조사한 바에 의하면 아주협회의 회원이 아님을 인식했다. 그러나 오산吳山의 청을 받아 왜노 돈궁관頓宮寬이 열석한 모 연회석에 참가한 것은 사실이다. 연회석이라는 것은 적어도 친선의 의미를 표시하는 것이다. 철저한 독립운동자로서 왜노가 열석한 그 연회석에 동참하여 친선의 의미를 가진 반식飯食을 같이 먹을 수 있겠는가? 나창헌은 만일 그 친우인 오산吳山이 초대했다고 한다면 천리안이 아닌 이상 그 회석에 출두는 하였을 것이나 왜노의 참석을 지각한 동시에 오산吳山 아니 중국 대통령이라도 그가 한국 동지에 대한 대우를 엄하게 꾸짖고 곧바로 퇴석했어야 한다. 그런데 여운형은 그 석상에서 식사를 같이 하고 퇴석한 것이 사실이므로, 여呂가 오산을 대하고 바로 퇴석하기 어려웠다고 하면 중국 친구인 오산의 면목 때문에 우리 독립정신의 신성을 지키지 못함은 결코 우리 회에서 용인할 것이 못된다. 만일 사회주의자의 국경타파주의에 의해 이같은 행동을 감행했다고 하면 상기의 이유에 의해 나창헌은 이 또한 절대로 배척한다.

4. 의정원에 대해

신헌법을 실시하고 국무령을 선거하여 반년을 지나 새로운 내각을 조직한지 4개월이 되었다. 각의閣議는 이루어지지 않는 중에 있고 취임한 각원 가운데도 사퇴자가 있다. 이상룡은 행방을 알리지 않고 도피한지 수개월이 가까이 됐다. 그 도피상황을 논하면 인민을 속이고 부하를 속여 밤을 틈타 도피했다. 이것을 국가 영수의 행동이라고 말할 수 있는가? 그 무신무의無信無義가 이와 같고 거기다 그의 거소도 알리지 않으니 그 무책임 무성의가 이와 같다. 의정원에서는 어떤 정책관계인지 알지는 못하나, 어떠한 조치도 취하지 않음은 책임감이 없는 일이다. 하루라도 빨리 구제책을 강구 실행하여 현재의 분규를 해결해야 할 것이라 하나 우선 무정부 상태를 면하기를 희망한다.

5. 요언사설謠言邪說에 대해

본 사건 발생 이래 각종의 근거 없는 망설이 구설口說 혹은 문자로 전파되었다. 이러한 혼란한 시국에 당해서는 모름지기 법률적 두뇌와 이성적 판단에 의해 일언일사一言一事에 책임 있는 행동을 해야 한다. 이것은 이후 질서를 회복하는 유일한 길이다. 조금이라도 증거 없는 사실을 억지로 날조하여 모 출판물, 모 단체는 모모의 소위이다, 혹은 괴뢰라고 말하고 있다. 이간을 도모하는 자의 말이라며 일소에 부칠 것이나, 여기서 명언하는 바는 지금까지 경무 당국자로서 본인은 성의를 다하여 사건의 평화적 해결을 기하였다. 상부의 명령에 의해 속수 방관할 때는 자연 형세로 보아 반동의 행위로 봉기할 각종의 사물과 과격한 행동을 힘이 미치는 데까지 미연에 방지하려고 도모했다. 이상 사건의 시비와 책임의 소재를 나의 견해대로 대략 밝혔는데 우리가 특별히 주의해야 할 것은 이 시기에 적이 기회를 편승하는 것이다. 적탐敵貪이 이번 사건 발생 후 이 사건을 이용하여 우리 동지 간에 이간 중상책을 써서 프랑스 조계에 거류하는 우리가 동포에게 무수히 보내오는 서신중에서 경무국으로 전입한 것만도 이미 17매가 된다. 생각하건대 이에 이르러서는 손이 떨리고 가슴이 아파서 견딜 수 없다. 동포 제위는 일시의 흥분에 의해 시비를 혼동하지 말고 오래 묵은 원한이 있어도 이를 잊고 오직 동포동지의 의義로서 손을 마주잡고 결속하여 사업을 향해 맹진하고 동족 간으로 향한 총구를 저 불구대천의 원수인 왜노와 그 주구에게로 돌리고 이번 사건을 거울삼아 사형私刑의 악습을 일체 폐지하고, 법률과 정부의 신성을 옹호하여 장래 우리가 운동선상의 질서 확립을 도모하기를 바란다.[9]

나창헌은 사건의 책임자로서 국무령 이상룡을 성토하는 성명서를 발표했다. 성명서는 첫째 사건의 법적 근거, 둘째 이상룡과 그 조카 이광민의 실책, 셋째 정신불철저문제, 넷째 의정원, 다섯째 요언사설 등으로 구분했다. 임시정부 경무국장 나창헌은 여운형구타사건을 처리할 때 국무령 이상룡이 간섭하자 경무국장을 사임하고 개인 나창헌의 자격으로 이 사건을 조사해 밝히기로 했다. 독립운동 사회를 안정시켜 정위단 또는 병인의용대의 불만을 잠재우고 험악한 상해정국의 분위기를 바로잡겠다는 것이다. 구구한 감정이나 당파적 관념을 버린 채 이 문제를 냉정하고도 이성적인 판단 아래 성명을 발표한 것이다.

성명서에서 보듯이 나창헌은 여운형구타사건의 원인을 독립운동세력 간의 노선 차이와 정위단 내의 분열에 의한 것으로 인식했다.[10] 이 성명서는 당시 교민사회와 독립운동계의 정황과 현실 등을 적나라하게 들춰내고 있다. 나창헌은 과거에 자신도 당했듯이 일제가 밀정을 통해 이간책으로 동포사회를 분열시키고 있음을 경고했다. 그는 동포를 적으로 삼는 일 없이 결속하고, 법률과 정부의 신성을 옹호할 것을 호소했다.

나창헌은 독립운동가들의 법적 처결의 공적기관은 임시정부이기 때문에 독립운동가 사이의 범죄 사실은 임시정부에 고발하여 법적 판결을 받아야 마땅함을 밝혔다. 이 때문에 나창헌은 정위단 단장이었지만 정위단원들의 여운형구타사건은 개인적 형벌사형私刑인 비법적 행동으로 규정했다.

국무령 이상룡이 법적 처결을 주장하는 경무국장 나창헌의 조치를 중지시키고 상해를 떠나면서 여운형구타사건이 유야무야된 것을 비판했다. 더불어 임시정부 회계를 맡고 있던 이상룡의 조카 이광민이 여운형구타사건의 가해자를 옹호하는 태도를 취한 것을 비판했다. 나창헌은 사회주의 자체에 반대하지는 않지만 조국 광복을 위한 독립운동을 외면하고 소위 이념에 빠진 자들을 경멸했다. 이런 점으로 병인의용대가 반공주의로 몰린 것이 아닌가 한다. 그리고 일본인 사회주의자와 교류한 여운형·김규면·윤자영을 비독립운동가의 처신이라고 비판했다.

또한 나창헌은 일제의 이간책에서 벗어나 독립운동가 사이의 근거 없는 중상모략을 중지하고 임시정부를 중심으로 한 독립운동에 매진할 것을 강조했다.

국무령 이상룡을 심판하는 이유로는 첫째 취임 후 6개월이 되도록 국무회의도 성립시키지 못했으며, 둘째 칭병하여 이직하고 행방을 감추어서 2개월이 넘도록 상해에 돌아오지 않으므로 임시헌법에 의해 그 실직을 면직한다는 것이었다. 국무령 이상룡과 그의 동지들이 북경에 모여서 임시정부해산선언서, 여운형성토문 등의 문제를 고심하던 중 먼저 임시의정원에서 국무령 이상룡을 면직한 것이다. 독립운동에는 공과功過가 있기 마련이다.

이상룡李想龍(1858~1932)은 경북 안동 출신으로 의병으로 독립운동에 투신했던 독립운동 1세대의 인사였다. 의병에서 계몽운동으로 전환해 협동학교를 설립했고, 신민회의 노선에 따라 만주 유하현으로 이주해 서간도 독립군기지를 개척해 경학사와 신흥강습소를 세웠다. 3·1운동 후 한족회와 서로군정서와 대한통의부, 정의부를 이끄는 독립운동계의 지도자였다. 그러나 여운형의 구타사건과 관련해 국무령 이상룡의 실책이 있었던 것은 사실이다. 결국 이상룡은 이 책임을 통감하고, 임시정부 국무령에 취임한지 3개월 만에 임시정부를 스스로 떠났다.[11] 이상룡의 국무령 해임은 이승만의 탄핵 못지않게 독립운동계에 큰 파장을 불러일으켰다. 성명서에서 보듯이 나창헌의 지적에는 틀린 바가 없었다. 그것은 나창헌의 임시정부를 위한 정의와 양심에서 비롯된 것이다.

여운형구타사건은 임시정부 해산 설까지 나돌 정도로[12] 임시정부 내에서 큰 파문을 불러 일으켰다. 임시의정원은 1926년 2월 국무령으로 양기탁梁起鐸을 선출했으나 거절당했다. 1926년 5월에는 안창호를 국무령으로 추대했지만 역시 안창호의 사양으로[13] 임시정부는 의정원 의장 최창식崔昌植 대행 체제로 유지되어야 했다.[14] 1926년 상반기 내내 임시정부는 수반 부재 상태에 있었고 재정적으로도 매우 어려운 형편에 있었다.[15] 임시정부는 후임 국무령으로 내정된 양기탁이 상해에 부임할 때까지 의정원 의장 최창식에게 임시정부 집정의 권한을 위임했다.[16]

병인의용대를 결성하다

여운형구타사건 이후 나창헌은 정위단과의 관계를 끊고 보다 강력한 투쟁을 표방했다. 1926년 1월 상해에서 병인의용대를 결성한 것이다. 병인의용대는 먼저 대헌隊憲을 다음과 같이 규정했다.

병의의용대 대헌

제1조 본대는 병인의용대라 이름한다.

제2조 본대는 적의 모든 시설을 파괴하고 임시정부의 신성神聖을 보호하고 뒷받침하는 것을 목적으로 하는 비밀결사로 한다.

제3조 본대 대원은 연령 18세 이상의 독립운동자로서 신체가 튼튼하고 모험적 용기와 능력을 가진 자를 간부회의에서 입대를 허락한다.

제4조 본대 대원은 간부의 지도에 절대 복종하고 대의 비밀을 절대 엄수할 의무를 가진다. 단 간부의 지도에 복종하지 않거나 또는 대의 비밀을 누설할 때는 비밀리 극단의 조치를 취한다.

제5조 본대는 참모부, 사령부, 경리부를 두고 각 임무를 분장한다.

제6조 본대의 간부는 대장 1명, 대부隊副 3인으로 하고 대장은 대무隊務를 관장한다.

제7조 부무部務 분장, 대원복무에 관한 규정은 간부회의에서 정한다.

제8조 본 대헌은 대한민국 8년 1월 1일부터 시행하고 필요할 시는 간부회의의 제의에 의해 대원총회에서 개정한다.

병인의용대의 투쟁 방침에서 일제의 시설을 파괴한다는 것을 앞세웠다. 이 점이 정위단과 달랐다. 교포사회에서 경찰 역할을 맡았던 정위단과 달리 일제와의 정면 투쟁을 표방한 것이었다. 그리고 임시정부의 신성을 보위한다는 것이다. 지역 파벌이나 단체 간의 분파로 추락한 임시정부 위상을 바로 세우겠다는 의지를 표방했다. 1926년 2월 12일에 발표된 창립선언서를 보면 다음과 같다.

선언서

본대는 임시정부의 기치 아래 철혈주의로 독립운동에 스스로 투신하는 의용청년이 연합하여 적의 모든 시설을 파괴하고 적에 부수하는 일체의 이적 행위를 제거하기 위해 이를 선언한다. 오호라. 반만년 이래 조종의 위업은 만이蠻夷의 춘몽을 자성藉成하는 부용지가 되고 2천 만 신성민족은 견양의 식욕을 채울 수 없는 한 덩어리의 도마 위 어육이 되었다. 참담한 정상은 이보다 더 심한 것이 없다. 위급한 형세는 낭떠러지 돌과 같고 오랜 바람과 먼지에 허다한 희생을 내 7년의 운동은 오직 반성半城의 땅도 광복하지 못했다. 그리고 지금에는 선언 당시의 성대한 기염은 늦춤과 죔의 차이가 있다. 운동사회의 근본방침과 중심 여론은 아직 확립되지 못하였는데 이에 더하여 불령무뢰한 무리는 기회를 편승하여 간계를 획책하고 민족의 체면을 더럽히고 손상시켜 사회질서를 문란케 하는 폐단이 계속 일어나고 있다. 이는 실로 유지자의 발분 개탄하는 바이다. 본대는 3·1선언의 기본 약속을 받들어 1인 1각까지 최후의 노력으로서 민족의 전위를 자임하고 사회의 기율을 엄수하여 전선의 통일을 보유하는 신성으로서 전 운동의 대본영인 임시정부의 권위와 정신을 옹호·선양한다. 적의 정치상·경제상 모든 시설을 파괴하고 침략정책을 꾸미고 행사하는 일제 관리와 제국주의의 주구배인 한간韓奸을 습격·암살하는 적극행동을 취한다. 그 반면에 현저한 독립·자유·대광명 대변화를 환영하려고 한다. 혁명은 길이 있다. 말하자면 흑철黑鐵과 적혈赤血 뿐이고 다시 제2, 제3이 없다. 암살파괴는 혁명가의 더할 나위 없는 무기이며 유일한 수단이다. 차제에 적에게 사정을 설진하여 참정권을 구걸하고 자치권을 운동함은 민족정신을 말살하는 반역 행동이다. 민흉閔兇의 후주後誅를 다시 가함은 물론이거니와 적에는 24사단 병력이 있으므로 우리들도 각각 대항하기에 충족한 실력을 보유하지 않으면 안 된다고 말하는 숫자 비례를 장황이 설도하는 자가 어찌 혁명가이겠느냐. 생각건대 혁명가의 상대방은 하시라도 강대하다. 그 강대한 폭력을 타도 전복시키려면 오직 암살과 파괴뿐이다. 귀하가 과연 혁명가라면 폭탄을 안아라 칼과 친하라, 의혈이 가슴에 가득 찬 기력이 강장한 청년동지들이여 오라, 전진하라, 우리들은 호무선궁好武善弓하였던 강용한 민족이다. 검두에 선혈을 무치고 신비의 묘경을 개척한 역사적 유훈을 체험하여 오직 흑철黑鐵과 적혈赤血로써 성국盛國의 기업基業을 대정大定하라.[1]

병인의용대는 창립선언서에서 밝히듯이 임시정부의 옹위를 내세웠다. 일제의 기관파괴, 일제의 밀정, 주구배, 주요 요인 등에 대한 처단 등 의열투쟁의 방략을 기본 노선으로 채택했다. 그리고 혁명의 길로서 철혈을 주장했다. 나창헌의 생각은 철혈주의의 회복에 있었다. 1922년 유호청년대회에서 말했던 철혈주의를 되찾은 것이었다. 자치론, 참정권과 같은 친일적 논리는 단호히 배격했다. 일본군의 24개 사단 병력에 맞설 수 있는 강력한 의열투쟁의 길을 모색했다. 수의 열세를 극복하기 위한 최선의 방법이 의열투쟁이었다. 병인의용대는 단순히 정위단을 확대 개편한[2] 것이 아니었다. 정위단이 경찰 조직이라면 병인의용대는 군사조직인 셈이었다.

병인의용대는 일제의 모든 기구를 파괴하고 임시정부의 지지를 목적으로 삼았다. 대장 1인, 대부 3인으로 구성된 간부회의와 대원 전체가 참가하는 대원총회가 최종 의결기구 역할을 했다. 실행기구로는 참모부, 사령부, 경리부를 두었다. 총무 겸 전략참모에 강창제 등이 선임됐다. 의열투쟁을 실행하는 행동대는 3개 대가 조직되어 있었다. 제1대는 대장 최병선崔炳善, 부대장 고준택, 제2대 대장 김석룡金碩龍, 부대장 고준택, 제3대 대장 강창제, 부대장 강영근姜永槿 등이다.

결성 초 대원으로는 대장인 나창헌을 비롯해 이유필·최창식·강창제·고준택, 수사원 박창세·유창준·김정근·박규명·김예진 등이 있었다.[3] 그리고 곽병하(당28세)·김사화(당27세)·최병선(평남 평양)·장영환(평북 강계)·김광선(당24세)·박인(김창근, 당26세)·홍재익(당26세) 등이 확인된다.[4]

병인의용대의 규모는 60여 명 정도로 알려졌으나,[5] 일제 측 자료에는 1백여 명에 달한다는 기록도 있다.[6] 의열투쟁 단체로는 최대의 규모였다. 일일이 인적 사항을 살피는 것이 어렵지만, 확인 가능한 주요 대원을 보면 다음과 같다.

김예진金禮鎭은 평남 대동 출신으로 숭실학교를 졸업했다. 3·1운동으로 옥고를 치른 뒤 1919년 11월 상해로 망명했다. 의용단 단원으로 국내를 오가며 1920년 4월 평양도청에 폭탄을 투척하는 의거를 일으켰다. 상해로 넘어와 전차회사 감독을 지내며 병인의용대에 참가했다.[7]

이영선李永善, 李德三, 李英全, 李秀善(1904~1926)은 평북 철산 출신으

로 1919년 평북 선천의 신성중학교에 재학 중 대한민국임시정부 교통부의 전체사傳遞使로서 임시정부의 문서 및 『독립신문』을 배포했다. 1922년 군자금을 모집해 상해로 가다가 일경에 붙잡혀 18개월의 옥고를 치렀다. 그 후 상해로 넘어가 1926년 6월 1일 김석룡·김광손·고준택 등과 함께 국내의거를 위해 출발했으나, 황포탄 부근에서 붙잡혀 상해 일본총영사관으로 옮겨졌는데 6월 7일 자결 순국했다.[8]

고준택高俊澤은 평북 의주 출신으로 1919년 만주로 망명해 관전현에 있는 대한청년단연합회의 통신원으로 활동하다가 1920년 3월 국내로 들어와 친일배인 김명옥을 처단하고 상해로 망명했다. 임시정부 경무국 참사, 정위단 단원을 거쳤다.[9]

김창근(1902~1937)은 서울 사람으로 신명학교를 졸업하고, 1917년 악대원이 되었으며 1922년 조선예술단에 가입해 활동하다가 1925년 상해로 갔다. 인성학교 직원, 3·1공학교의 음악교사를 지내다가[10] 병인의용대에 가입했다. 1926년 9월에는 상해의 일본 영사관에 폭탄을 투척했다.[11]

이수봉(이성구, 1896~1934)은 평북 선천 사람이다. 3·1운동 때 향리에서 만세운동에 참가한 뒤 1920년 친일파인 선천군 태산면장 김병탁金炳鐸을 총살한 경력을 지니고 있었다. 이 일로 징역 10년형을 받고 신병으로 4년 만에 가출옥한 뒤 상해로 왔다. 병인의용대에 참가해 일제 밀정인 석현구石鉉九·유인발柳寅發 등의 처단의거에 참가했다.[12]

김동우金東宇, 盧鍾均, 白雲瑞(1894~1939)는 황해도 안악 사람이다. 1921년 동아일보 안악지국 판매부장으로 활동 중 1921년 11월 20일 상해로 망명했다. 1922년 1월 13일 임시정부 경무국장 김구의 명령으로 오면직 등과 함께 모스크바 지원 군자금 횡령 혐의로 지목받던 임시정부 비서장 김립金立을 처단했다. 1922년 10월 한국노병회를 조직하자 특별회원으로 가입했다. 1922년 12월 북경학병단北京學兵團으로 파견되어 1년 간 군사훈련교육을 이수했다. 1924년 1월 상해로 돌아오다가 일경에 붙잡혀 옥고를 치렀다. 대한교민단 의경대장 및 병인의용대 간부로 활동했다.[13]

이들 대원은 대부분이 평안도 출신의 20~30대 청년들이었다. 병인의용대 대원들의 면모는 임시정부 경무국 직원과 내무부 간부, 한국노병회 이사 및 회원, 정위단과 흥사단의 단원 등으로 이루어졌다.[14] 대원 가운데 다수는 일제 앞잡이 처단, 일제 기관 폭파, 군자금 모집, 폭탄 제조 등의 경험을 지녔다. 대원들의 경력에서 살필 수 있듯이 병인의용대는 강력한 의열투쟁을 예고하고 있었다. 대원들의 성격도 철혈단, 정위단과는 달리 대오가 정렬된 모습을 보였다.

병인의용대 대원들은 입단할 때 다음과 같은 서약서를 작성하고 가입했다.

> 본인이 지금 한국병인의용대에 대원으로 입단이 허락되어온 바 금후로는 본대 헌칙憲則과 제 규율을 절대 준수하여 단순한 정신

으로 왜적의 모든 시설을 파괴하는 폭력운동에 전심전력하여 전도에 어떠한 위험한 환경의 변동이 있더라도 이 뜻을 영영 불변한 것을 이에 서약함.

이상의 서약서를 보더라도 병인의용대는 정위단과는 성격을 달리했다. 정위단이 상해 교포의 안전 및 보호에 역점을 두었다면, 의열투쟁 단체로의 성격을 분명히 한 것이다.

이 무렵 나창헌은 김원봉과도 친교를 맺었다. 의열단장 김원봉金元鳳(1898~1958)은 1926년 1월 광동廣東에서 상해로 돌아온 후 나창헌 집에 동거했다. 병인의용대 조직의 상황을 파악한 김원봉은 병인의용대의 목적이 의열단과 같다면서 두 단체의 합동을 제의할 정도였다.[15] 이 무렵 의열단원의 대부분이 황포군관학교에 입교하면서 새로운 방향 전환을 모색하고 있었다. 김원봉은 광동에서 사온 권총 10정, 폭탄 3개를 병인의용대에 넘겨주었다. 그런데 나창헌은 김원봉의 합동 제의에 수락하지 않았던 것으로 보인다. 투쟁 방략은 같다 하더라도 임시정부를 두고 두 사람의 견해가 엇갈린 것이 아닌가 여겨진다. 나창헌은 의열투쟁을 지향하더라도 임시정부의 옹위를 단체의 목적으로 삼았다는 점에서 생각이 달랐던 것이다.

병인의용대는 결성 이후 여러 차례 의열투쟁을 전개했다. 나창헌은 1926년 1월 29일 병인의용대원을 한인학교 인성학교에 소집했다. 이날 회의에서 조선총독부의 밀정 최동윤崔東潤(본명 朴

濟乾)을 처단 대상 제1호로 지목했다. 이들은 거사에 관한 모든 권한을 대장인 나창헌에게 일임했다. 1월 31일 오후 5시 나창헌이 병인의용대원을 인성학교에 소집하고 박제건 처단에 나설 인사들로 실행대장 최병선崔炳善을 비롯해 장영환張英煥 · 김광신金光信 · 박인朴仁 등 4명의 대원을 선출했다. 이들 4명은 2월 1일 일제의 밀정 박제건을[16] 상해 북강서로에서 처단했다.[17] 박제건(일명 최동윤, 박남제)은 1925년 봄 일본 외무성에서 상해 일본영사관으로 파견한 통역관이었다. 상해 한인사회를 돌아다니며 독립운동에 대한 정보를 수집하던 자였다.[18] 그런데 거사 당일 최병선과 장영환은 현장에서 공동조계경찰에게 체포되고 말았다.

박제건 처단 후 병인의용대는 2월에 일본영사관의 밀정인 염익지廉益智, 이수봉李秀鳳 외 2명 등을 처단했다.[19]

대원 이영선李永善은 상해 일본총영사관 순사 내굴內屈을 처단하기 위해 상해 공동조계에 있는 일본 음식점 승전관勝田館으로 유인했다.[20] 그러나 일본인 선원 송본松本을 내굴로 오인하여 처단하는데 그쳤다.[21] 그리고 병인의용대는 일본총영사 시내矢內의 처단을 추진했다.[22] 이 거사가 성공하진 못했으나 일제의 간담을 서늘케 하는데 충분했다.

4월 6일 프랑스 조계 비동서로飛東西路 중국인 집에서 강창제 · 이수봉 및 김광선 등은 대원 최병선과 장영환 등이 상해 일본총영사관에 체포되었다는 소식을 듣고 복수할 것을 결심했다. 4월 8일 병인의용대는 상해 일본총영사관 건물에 폭탄을 투척하는 쾌거를 올렸다. 일본총영사관의 폭파 계획은 성공하진 못했으나, 건물의 유리창과 기물을 파괴하면서 소기의 성과를 거두었다. 이때 사용한 폭탄은 나창헌과 임득산·이지선 등이 직접 제조한 것이었다.[23]

이 밖에도 병인의용대는 국내 및 만주의 독립군 단체와 연결되면서 국내 의거를 꾀하고 있었다.[24] 1926년 2월 13일 서울로 건물 파괴용 폭탄을 휴대한 청년 4명을 파견했다. 이들은 중국 안동현에 전선통신소全鮮通信所를 설치하고 활동했다. 1926년 3월 1일을 기념하기 위해 대원을 국내로 파견한 것이다.[25]

병인의용대가 내세운 철혈주의는 나창헌의 주의이자 이념이었다. 그런 성격은 북간도 국자가局子街에 산포된 1926년 5월 5일자의 격고檄告에서 뚜렷이 드러난다.

> 아아, 한혈한혼韓血韓魂의 형제여 자매여, 일어나라. 싸워라. 원수 왜놈을 살려두고는 우리들이 살 수 없다. 우리는 왜놈에게서 학살당하고 악형을 받으며 능욕당하는 자의 아버지이며 자식이며 형이며 동생이며 처이며 남편이다. 우리의 모든 존영과 문화를 훼손하는 자도 왜놈이다. 우리의 모든 권리와 산업을 강탈하는 자도 왜놈이다. 우리를 잡으려고 하고 우리를 죽이려고 하는 자도 역시 왜놈이다.
>
> 이같이 포악하고 악독하며 악랄한 혈수대적血讐大敵을 살려두고 우리가 어떻게든 살아가려고 해도 살 수 없다. 가령 이리저리 옮겨

다니며 십사구생의 한 올을 보전하더라도 그 살아가는 마음이 어찌 즐거울 것이며 몸이 어찌 영화를 누리겠는가. 구차하게 삶을 도모하는 것은 차라리 죽음을 부를 뿐이다. 이에 본대는 우리가 진정으로 살아가는 길은 저 원수와 결사 일전하는 데에 있다고 큰소리로 외치는 것이다. 원수와 싸워 죽더라도 그 죽음은 즐겁고 영화를 누리는 것이며 영생의 죽음을 뜻한다. 아아, 저 처지에 있는 우리들로서 도리어 죽는 것을 미련 없이 깨끗하게 할 수 없는데 원수의 강폭에 위협받더라도 돌이켜 생각할 것 없이 꺼릴 것 없이 작탄과 총검과 모든 무기를 있는 대로 쥐고 원수의 종자를 만날 때마다 왜놈의 시설을 포설할 때마다 전부 이것을 폭격하여 파괴하자. 이것이 무엇보다도 우리의 마음에 쾌활하고 실행에 간편하며 처지에 적합하다. 그런데 우리가 원수와 싸우면, 싸워서 이기면, 무기를 말하는 것보다도 자금을 논하기보다도 제일 급무는 대오의 편성, 즉 동지의 신의 있는 조직적 결합이다. 용맹한 무사들이여, 열렬한 청년들이여, 충실한 투사들이여. 지금은 어느 때인가. 앞으로 나아갈 길은 탄탄할 뿐 세월은 화살과 같다. 와서 모이자, 일어나자, 싸우자. 이 충무공의 정령은 우리를 부른다. 안의사의 충혼은 우리를 지도한다. 아아, 와서 모이자, 일어나자, 싸우자. 지금이야말로 조직기이며 실행기이다. 우리의 모든 힘과 지혜와 책략과 기타 모든 소유를 한곳에 집중하여 저 원수 왜놈을 타도 토멸하는 데에 전력하자. 우리의 모든 감정, 모든 불평, 모든 불만은 전부 원수 왜놈에게 되돌리고 동족 간의 시비문제는 아직 그 있는 대로 와서 모이자. 사회주의의 형제들이여, 세계혁명을 기도하는 것은 그 뜻이 높고 계략이 크며 우리들도 찬성하는 바이다. 그렇지만 지금 우리는 우리의 독립이 무엇보다도 급선무이다. 원수 왜놈은 누구보다 증오스럽다. 우리의 운동 역량을 이곳저곳에 분할경감하지 않고 이 시기에 우리의 가장 급선무인 독립운동에 전력을 경주하라. 와서 모이자. 교육·실업·외교·선전 등 사업을 꾸짖고 비웃는 형제여, 동족의 사업을 비방만 하지 말고 저들의 주장이 무엇인지 주장을 실행하라. 폭력운동을 입으로만 붓끝만으로 마음만으로 하는 것뿐이다. 실천궁행을 하여 보라. 일어나자, 싸우자. 대동통일을 꾀하는 형제들이여. 일에 견해가 있고 방책에 같은 동지만이 한 걸음 두 걸음 함께 가는데 대통합의 적당한 기회임을 각오하라. 와서 모이자. 우방의 원조를 생각하는 형제들이여. 좋기는 좋겠지만 그것도 우 리가 합하여 우리가 일을 하는 가운데에 있다. 와서 모이자, 움직이자. 우리의 모든 운동은 임시정부 기치 하에서 진행하자. 임시정부는 우리의 많은 심혈과 많은 생명과 바꾼 우리의 대본영이다. 최고기관이다. 이 기관의 성쇠에 따라 우리 앞길의 승패를 판정할 것이다. 우리는 임시정부의 신성을 어디까지나 보장하고 옹호하지 않으면 안 된다. 와서 모이자. 아아, 우리의 앞길은 우리 손으로 개척할 따름이다. 한국의 용사들이여, 무사들이여, 영웅들이여. 진정으로 왜놈이 원수임을 안다면, 진정으로 혁명의 길이 철혈임을 안다면 폭탄이 아니라 총을 잡고 검을 품고 피를 흘리라. 이는 우리의 유일한 도덕이다. 더 없는 광영이다. 마치니(Giuseppe Mazzini)는 누구인가, 워싱턴은 누구인가. 건국영웅은 다른 사람이 아니다.

일어나자, 싸우자.

와서 나아가자. 들어가자, 한성으로!

대한독립만세!

혁명청년만세!

이상의 격고에서 사회주의자들과의 연대 투쟁을 강조하고 있는 점이 주목된다. 사회주의가 세계혁명을 꾀하는 것은 인정하지만, 현 단계에서의 투쟁은 우리의 독립이 급선무임을 강조했다. 이 격고문의 내용을 보면, 병인의용대가 반공주의 노선을 표방했다는 주장은 재고되어야 할 것이다.[26] 병인의용대의 결성 초기 사회주의 계열의 '재중국한인청년동맹제1구상해지부'와 이념적 분쟁이 있었던 것은 사실이나, 임시정부 옹위 차원에서 제기되었을 뿐 병인의용대의 이념을 반공주의로 개념 하기에는 부적절한 것으로 보인다.[27] 그리고 사회주의가 강렬하게 퍼졌던 북간도의 사정도 반영한 것이 아닐까 한다. 그런데 북간도에 격고를 살포한 이유가 궁금하지 않을 수 없다. 북간도는 1천여 명의 상해와 달리 수십 만 명의 한인들이 살고 있었다. 그리고 독립군의 중심지이기도 했다. 병인의용대의 확충을 위해 북간도에 격고를 뿌린 것으로 이해된다. 그렇지만 이념에 의한 독립운동 역량을 분산시키지 말고 민족의 역량을 독립운동에 전력을 경주하라는 메시지는 귀담을 필요가 있다. "이충무공의 정령과 안중근 의사의 충혼이 우리를 인도한다."면서 전의를 불사르고 있다. 그러면서 북간도 한인들에게 생소할지 몰라도, 독립운동의 대본영은 임시정부라는 사실을 주장했다.

이 무렵 안창호의 상해 재입국은 정국을 새롭게 하는 분수령이 됐다. 1924년 미국으로 갔던 안창호가 1926년 5월 16일 영국기선 엠 루시아호를 타고 만항파晩香坡에서부터 상해로 건너왔다. 그러면서 정돈상태에 빠져있는 임시정부의 새로운 변화를 구축한 것이다. 안창호의 측근으로 꼽는 인사로는 이유필李裕弼·오동근吳東根·윤세용尹世茸·현천묵玄天默·윤병용尹秉庸·조성환曹成煥 그리고 나창헌 등이었다.[28] 그리고 이들을 중심으로 임시정부의 옹호에 나섰다.

6·10만세운동 때 국내 의열투쟁을 추진하다

병인의용대는 활동 영역을 상해에서 국내로 넓히며 확대해 갔다. 3·1운동 기념식을 기해 의거 계획을 추진한 바 있지만, 결정적 계기는 융희황제(순종)의 승하였다. 1926년 4월 25일 융희황제가 승하하자, 나창헌은 민족의 거사를 준비해 갔다. 3·1운동 때의 경험을 되살리기로 한 것이다. 나창헌은 5월 9일 병인의용대 최고간부회의에서 융희황제 국장을 기해 총독을 비롯한 일제 고관을 처단하기로 결의했다. 나창헌은 3·1운동 때는 비폭력에 그쳤지만, 1926년의 융희황제 승하를 맞이해 강력한 의열투쟁으로 독립운동의 재거를 일으키고자 한 것이다.

그런가 하면 1926년 5월 나창헌은 이유필과 함께 간도지역에서 파견된 독립군 요원 10여 명과 상해에서 긴밀하게 접촉한 것도 발견된다.[1] 이 무렵 병인의용대는 만주 독립군과 일정하게 연계되면서 투쟁 계획을 세워갔다.[2]

이유필李裕弼, 春山(1885~1945)은 평북 의주 출신으로 구한말부터 민족운동에 참가한 인사였다. 신민회 회원으로 1912년 의

주헌병대에 체포되어 전남 진도珍島에서 1년간 유배를 당했다. 3·1운동 후 상해로 넘어와 교민단, 의사원, 임시정부 조사원, 내무부 비서국장 등의 책임을 맡았다. 1920년에는 안창호와 함께 임시정부 선전위원회를 설치했다. 1921년에는 임시의정원 의원, 1922년 5월에는 부의장에 선출되어 1926년 2월까지 의정 활동을 했다. 1922년에는 한국노병회에 참가하며, 이사를 거쳐 1926년 4월에는 이사장에 선출됐다. 1923년 8월에는 상해 교민단장에 선출, 인성학교 교장에 취임했다.[3] 1924년 내무총장을 맡은 이래 임시정부의 요인으로 활약한 인사였다. 이유필은 1925년 5월 이후 6개월여를 만주로 파견돼 정의부와의 합작 문제를 다뤘던 일이 있었다.[4] 이때 정의부 인사들을 중심한 만주독립군과 연결되었던 것으로 보인다. 나창헌이 만주독립군과 의거를 계획하는 것에는 이유필의 역할이 컸던 것으로 보인다.

병인의용대의 목표는 총독과 같은 일본 대관의 처단이었다.[5] 김광선金光善, 金光孫 · 이영선李英善, 李英全, 李德三 · 고준택高俊澤 · 김석룡金碩龍 등 대원 4명은 국내로 잠입하기 위해 6월 1일 중국인으로 변장하고 권총 2정과 빵 속에 숨긴 폭탄 2개, 다수의 격문을 소지하고 중국 상선 순천호에 승선했다가, 황포탄 하류에서 사전 정보를 탐지한 일제의 수상경찰에 검거되면서 거사 계획은 좌절되고 말았다.[6]

이들이[7] 국내의 종교 세력과 연결되어 '일대 운동'을 일으킬 목표 아래 거사를 추진해 갔던 점이 주목된다.[8] 단편 자료이지

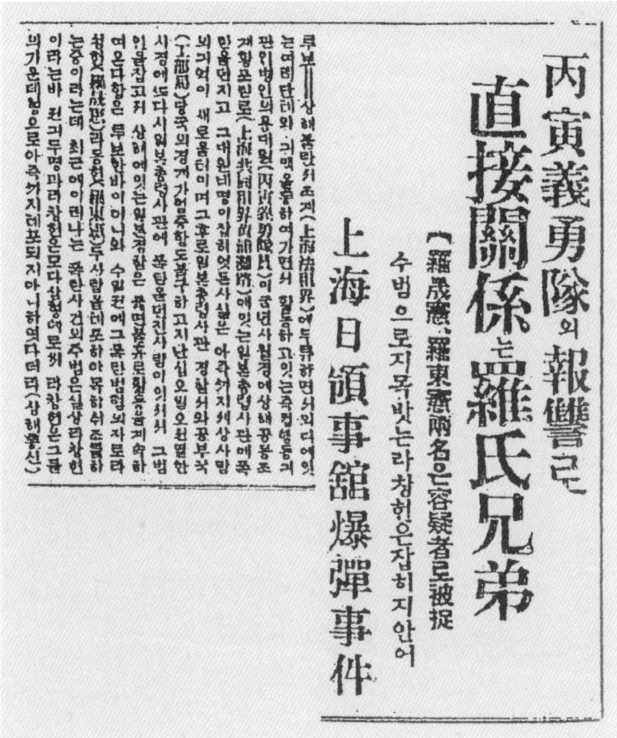

丙寅義勇隊의 報讐로
直接關係는 羅氏兄弟
〔羅成憲, 羅東憲兩名은 容疑者로 被捉
수범으로 지목 밧는 라창헌은 잡히지 안어〕
上海日領事館爆彈事件

루보=상해불란서조계(上海法租界)에 두류하면서 의다여 잇는 여러 단톄와 긔맥을 통하여 가면서 활동하고 잇든 즉 컨연들과 관인 병인의용대원(丙寅義勇隊員)이 금년 사월경에 상해 공동조계 활포탄로(上海共同租界[illegible])에 잇는 일본총령사관에 폭탄을 던지고 그 대원 네 명이 잡히엇든 사실은 아즉까지 세상사람 뇌리에 새로울터이며 그 후로 일본총령사관 경찰서와 공부국(工部局)당국의 경계가 엄중한 도 불구하고 지난 십오일 오전 열한 시경에 또다시 일본총령사관에 폭탄을 던진 사람이 잇서서 그 범인을 잡고저 상해에 잇는 일본경찰은 불면불휴로 활동을 계속하여 온다 함은 루보한 바 이어니와 수일 전에 그 폭탄범혐의자로 라성헌(羅成憲) 라동헌(羅東憲) 두 사람을 톄포하아 목하 취조중이는 중이라는데 최근에 이러나는 폭탄사건의 주범은 실상 라창헌이라는바 전긔 두 명과 라창헌은 모다 삼형뎨로써 라창헌은 그들의 기운데 [illegible]으로 아즉까지 톄포되지 아니하엿다더라(상해특신)

병인의용대 신문기사

만, '종교세력'이라면 국내의 정황으로 미루어 천도교일 가능성이 높고, '일대 운동'이라면 3·1운동과 같은 방식의 만세운동을 가리키는 것으로 이해된다. 이런 추론이 가능하다면 병인의용대의 의거 계획은 국내와 연결된 것이며, 6·10만세운동에 커다란 반향을 일으킬 만한 거사였다는 점이다.

상해 일본총영사관 감옥에서 대원들은 4개월 동안 모진 고문을 당했다. 고문의 고통과 굴욕감을 이기지 못한 이영선은 6월 7일 새벽에 목매어 자결했고, 나머지 대원 3명은 5년 징역형을 받고 옥고를 치렀다.

병인의용대의 1926년 6·10만세운동 계획은 상해의 조선공산당 임시상해부와 대한민국 임시의정원과도 밀접한 연계를 가지고 진행됐다. 임시상해부를 통한 국내 조선공산당 및 천도교 세력과 연결되어 추진됐다. 병인의용대가 융희황제 국장일에 조선총독 등 일제 고관을 처단하려는 계획은 간도 지역 독립군과 연계되고, 상해 임시정부를 통해 국내 천도교 세력과도 연결되어 추진됐다.[9] 1926년 7월 16일 상해에서 6·10만세운동에 대한 연설회가 독립신문사와 혁명청년사의 주최로 열렸다.[10] 이 연설회는 안창호가 민족유일당운동을 제창한 것으로 유명하다.

이후 나창헌은 다른 의거를 추진했다. 1926년 9월 15일 나창헌이 직접 제작한 시한폭탄을 중국인 서륜쌍徐倫雙으로 하여금 일본총영사관에 들여와 폭파시키고자 했다. 이 사건으로 최병선과 장영환이 일본영사관에 체포됐으며, 병인의용대는 피체자의 배후에 강력한 단체가 있음을 알리기 위해 총영사관에 폭탄을 던진 것이다.[11]

병인의용대는 의열투쟁을 전개하다가 이영선·고준택·김엄해 등 많은 인사들이 일경에 붙잡혀 옥고를 치르거나 희생당했다. 그리고 나창헌과 강창제가 일본경찰의 급습을 당하면서 상해를 떠나자, 상해에서는 병인의용대의 그림자를 찾기 어렵게 되었다. 그런 상황에서 본부를 광동으로 이동했다는 풍설도 전해졌고, 1927년 말 광동폭동 후 대다수가 다시 상해 프랑스 조계로 진입해 왔으나 유명무실한 상태로 있었다.[12]

그렇다고 대원들의 활동이 전혀 없었던 것은 아니다. 강창제·강파姜坡 등이 공산주의계 한인들과 함께 여운형·조봉암 등과 함께 일본인 첩자를 감시하는 활동을 폈다.[13] 김창근은 남경에서 김동우로부터 "상해 일본총영사관에 근무하는 등정藤井 경부보가 우리 혁명투사를 체포함이 혹심하므로 살해하라"는 지령을 받기도 했다. 김창근은 상해로 돌아와 자택에서 폭탄 1개를 제조해 상해 공동 조계지에 있는 후지이 경부보의 관사 정문에 폭탄을 장치한 뒤 그가 외출할 때 폭사를 기도했다. 병인의용대는 나창헌이 상해를 떠난 후 활동을 이어가지 못한 채 간헐적 투쟁으로 명목을 세워나갔다.

한국유일독립당상해촉성회에 참가하다

한국독립운동계에서 민족유일당운동은 1926년 7월 안창호에 의해 일어났다. 1923년 국민대표회의가 좌절되며, 안창호는 1924년부터 미주로 갔다. 미주에 있던 안창호는 1926년 5월 하순 상해에 다시 왔다. 이 무렵 임시정부는 유명무실하게 퇴락해 있었다. 임시정부도 살리고 흩어진 독립운동 세력도 통합하는 게 시급한 과제였다. 그래서 안창호가 내세운 것이 민족유일당 운동이었다. 나창헌은 안창호의 노선에 적극 지지하면서 민족유일당운동에 참가했다.

1926년 7월 8일 상해의 삼일당에서 송병조·한진교 등이 임시정부의 존립과 각 단체의 통일을 목적으로 연설회를 개최했다. 연설회에서 안창호는 다음과 같은 요지로 민족대단결을 주장했다.

1) 우리가 성취해야 할 민족적 혁명은 이민족의 통치에서 벗어나 신국가를 건설하는 것이다.

2) 신국가의 정체와 주의 여하를 불문하고 2천만 동포의 단합된 통일노선을 결성해야 한다.

3) 자치론 및 실력양성론 비판

4) 조국의 독립을 위해 조직적이고 유력한 일대 혁명당을 조직해야 한다.

5) 임시정부를 계속적으로 유지해야 한다.

안창호는 국가적 정체 및 주의보다 먼저 통일노선에 의한 혁명당의 조직을 주장했다. 그러면서도 임시정부의 계속적 유지를 강조했다. 또 국내에서 이광수를 중심으로 제기된 자치론과 실력양성론을 신랄히 배격했다.

> 혁명수단에 의하여 완전한 독립을 얻기란 불가능하다. 그 이유는 실력이 없고 또 단계를 밟지 않은 때문이다. 차라리 자치를 먼저 얻고 그리고 독립을 얻어야 한다고 창도하나 이것은 큰 잘못이다. 그 이유는 일본정부는 오히려 우리들에게 자치를 허용할 시기가 빠르기를 원하고 있을 뿐 아니라 일본은 그들의 준비에 다망多忙을 극하고 있다. 그 자치제가 시행되기에 이르렀을 때에 있어서 여하한가를 말하건대 한국 내에 거주하는 일본인 내지 일본동화자만으로 정권을 장악하게 될 것이다. 왜냐하면 현재 한국에 있어서의 지면地面의 대부분은 그들의 손에 있고 그리고 국내의 경제 또한 그들의 수중에 있으므로 장래 독립할 기회가 있어도 자치

를 얻는다는 것은 절망일 것이다. 또 일파에서는 먼저 실력을 양성해야 한다고 칭하나 이것 또한 불가하다. 자본, 지력, 경험이 부족한 아 민족은 가령 일본정부가 간섭하지 않는다고 해도 일본인 자본가와 경쟁할 수 없다. 하물며 우리에게 실력과 문화의 진보를 할 기회를 주지 않을 때에 있어서랴. 이제 한국 내의 토지의 대부분은 일본인의 수중으로 넘어가고 불쌍한 우리 동포는 동으로 일본의 공장에서 피와 땀을 흘리고 북으로는 만주의 황야에서 방랑하지 않으면 안 되게 되었음은 실력양성 주창자의 이상을 웅변으로 말하는 것이 아니겠는가. 우리들의 생명의 부활을 위해서는 혁명의 한 길이 있을 뿐이며 그것을 유력하게 함에는 보편적이고 또 유력한 일대혁명당의 조직을 필요로 한다. 과거의 산만적 운동보다도 조직적 운동을 하려고 노력하지 않으면 안된다.

안창호는 자치론을 철저히 배격하며 혁명의 길에 따라 일대 혁명당의 조직을 주장했다. 일제에 기탁한 자치론의 부정적 측면을 신랄히 공격하고 있다. 산만하게 전개되던 독립운동을 이제부터는 조직적으로 해야 한다고 강조했다. 그러기 위해서는 혁명당의 조직이 필요함을 다음과 같이 역설했다.

지금 혁명을 공산주의로 하자! 무정부주의로 하자! 복벽復辟(물러났던 임금이 다시 왕위에 오름) 운동을 하자! 하여 각각 자기의 의사를 주장합니다. 그러나 그 주장이 다르다고 서로 다투지 말고 우리는 '민족혁명'을 해야겠다는 각오를 가지고 '대혁명적 조직'을 성립한 후에 일치적 행동을 취해야 할 것입니다. 즉 우리 민족을 건지기 위해 개인의 사리私利에 부치지 말고 큰 혁명당을 조직하도록 힘써야 할 것입니다.

안창호의 혁명노선은 공산주의, 무정부주의, 복벽주의 등의 사상적 이념에 의한 것을 뛰어넘었다. 주장이 다르다고 서로 다툴 것이 아니라 대혁명적 조직을 성립하자는 것이었다.[1]

국내에서 6·10만세운동으로 독립운동계가 고무되어 있을 때 안창호는 7월 16일 삼일당 연설을 통해 통일기관의 필요성을 강조했다. 도산은 임시정부 유지에 대한 확고한 의지를 표방했다. 이에 대한 실천으로 심각한 재정난에 봉착한 임시정부를 위해 외곽에서 임시정부의 존립을 통일적으로 후원하기 위한 임시정부경제후원회를 조직하고 7월 18일 회장에 취임했다. 즉 임시정부를 민족독립의 최고기관으로 위치시키고 실질적인 독립투쟁과 혁명 활동은 당을 통해서 전개한다는 것이다.

안창호는 6·10만세운동 기념 연설회에서도 그 정신을 계승 발전시키기 위한 민족적 통일기관의 성립을 역설했다. '민족혁명'이란 각 독립운동 세력이 정치·경제·종교적 이념의 차이를 떠나 민족역량을 결집하여 일제의 압박에서 민족의 자유를 찾자는 것이다. '대혁명적 조직'은 민족혁명을 추진하기 위한 독립운동 세력의 구심체를 뜻하고 있었다. 이 무렵 쇠퇴한 임시정부의 기능을 대신할 민족적 통일기관을 세우자는 것이기도 했다. 안창호는 민족 당면의 최대 과제는 조국 독립인만큼 일단 독립을 달성한 뒤, 정치사상의 논쟁은 해방된 조국의 발전을 위해 쏟아붓자고 강조했다.[2] 안창호의 이 같은 주장은 국내외 민족운동계의 커다란 호응을 얻었다. 민족유일당운동은 1920년대 후반 독립운동계의 가장 큰 과제로 부상했다.

민족유일당운동은 국내외 각처로 확대되었다. 가장 첫 번째 만들어진 것이 대독립당조직북경촉성회였다.[3] 당시 독립운동계는 중국 국민당과 같은 민족대당을 결성하여, 당으로써 나라를 다스려야 한다는 '이당치국以黨治國'의 주장이 대두했다. 1927년 4월 임시정부의 제3차 개헌에서 '이당치국'의 형태를 도입한 것은 그러한 주장을 수용한 것이었다. 독립운동가들은 각각의 운동 방략과 이념, 친소 관계 등에 따라 독립운동을 제일차적 목적으로 하고, 독립 후의 신국가 건설 방안을 정강으로 제시하면서 민족정권에의 적극적 참여의지를 표출한 독립운동 정당을 창당해 갔다.

중국지역 독립운동의 조직적 특징은 이념 중심의 정당 형태로 나타나고 있었다. 1920년대 후반 민족유일당운동에서 새롭게 제기된 이념정당의 형태가 1930년대로 넘어오면서 확산된 것이었다. 만주의 조선혁명당과 한국독립당, 관내에서의 한국독립당·한국혁명당·신한혁명당·민족혁명당·한국국민당·조선혁명당 등이 그것으로 이들 정당은 운동역량을 결집하면서 독립운동의 이념과 노선을 심화시키는데 크게 기여했다. 1920년대 후반에 추진되었던 민족유일당운동은 소기의 성과를 거두지 못하고 좌절된 채 1930년을 전후하여 중지된 상황이었다. 1931년 일제의 만주침략에 직면한 독립운동세력은 다시금 역량결집을 위해 통일전선운동을 전개하기에 이르렀다.

안창호는 1926년 8월과 9월에 북경의 유력자이면서 좌파세력의 대표인 원세훈을 만나 대동단결을 거듭 촉구했다. 이 만남은 촉성회 결성을 위한 본격적인 첫 접촉이었다. 이들은 10월 10일부터 모임을 가진 뒤, 16일 선언서를 발표하고 '대독립당조직북경촉성회'를 결성하는 성과를 거두었다. 민족유일당과 임시정부의 관계에 대해서는 대혁명당이 조직되는 동시에 임시정부보다 더 큰 어떤 조직체가 생기면 그때에 그만두어야지 미리 임시정부를 집어치운다면 오히려 운동의 열기를 식히는 결과만 초래할 뿐이라며 민족유일당 결성 시점에서 임시정부의 해체를 시사했던 것이다.[4]

임시정부도 민족유일당운동에 궤를 같이했다. 1926년 12월 13일 국무령에 취임한 김구는 민족유일당운동의 흐름에 맞춰 개헌을 추진해 1927년 2월 15일 3차 개헌안을 통과시켰다. 개헌의 핵심은 이당치국이었다. 최고 권력을 정부보다 '당黨'으로 삼아 독립운동을 전개한다는 노선이다. 최고 권력인 민족유일당이 결성되면, 그 당으로 임시정부를 유지해 나가야 할 것으로 전망하고 있었다. 임시정부 국무위원 전원이 상해촉성회에 참가한 것도 그런 의지에서 비롯된 것이다.

북경촉성회의 조직에 이어 1927년 3월 21일에 상해에서 한국유일독립당 상해촉성회가 창립됐다. 상해촉성회는 임시정부 유지파 등의 민족주의자와 화요파·상해파 등의 사회주의자 150명이 참여하면서 좌우합작체의 성격을 가졌다. 홍진의 뒤를 이어 임시정부 국무령에 취임한 김구를 수반으로 하는 임시정부도 헌법 개정에 착수했다. 그 결과 임시의정원은 1927년 3월 5일에 공포했다. 대한민국 임시약헌에서 정부체제는 대통령과 국무령 등의 정부 수반을 없애고 완전한 회의체의 지도체제인 국무위원제로 개편됐다. 헌법의 적용 범위를 광복운동자로 한정하고 독립운동자가 대단결한 정당이 완성될 때는 최고 권력이 그 당에 있을 뿐만 아니라 대한민국임시약헌의 개정도 이 당에서 개정한다고 규정했다. 임시약헌에서 당시 민족운동 전선에서 광범위하게 제기되고 있던 대독립당촉성운동을 조직운동을 수용한 결과였다. 상해촉성회는 전 민족적 유일당의 조직을 촉성할 것과 민족의 독립을 위해 역량을 집중할 것 등을 강령으로 정하고 집행위원 24명을 선출했다. 집행위원은 임시정부 국무령 김구와 국무위원 윤기섭·이규홍·김 철·오영선·김갑·나창헌 등의 민족주의자 16명과 홍남표·조봉암·현정건 등 사회주의자 8명으로 구성됐다. 나창헌은 민족주의자로 집행위원에 선출됐다.

여기서 나창헌과 안창호의 깊은 관계를 주목할 필요가 있다.

안창호가 1926년 5월 상해에 재입국할 때 자신의 측근들에 나창헌이 포함된 것을 볼 수 있다. 안창호가 1920년부터 민족혁명당의 건설에 따른 대동단결을 주장했던 것에 나창호가 일관되게 동조하고 있었다.[5] 철혈단 시절 나창헌이 병원에 입원할 당시 안창호는 특별한 배려를 아끼지 않았다. 그런 연유로 나창헌은 1924년 흥사단에 가입했다. 그 인연은 이어져 1930년 나창헌이 결혼할 때 안창호는 신부를 주선하고 기꺼이 주례를 맡았다. 무엇보다 임시정부의 옹위와 민족혁명당 건설이라는 양대 축을 활용하는 독립운동의 방략에서 두 사람은 같은 생각을 가지고 있었다.

임시정부 국무위원들도 대독립당촉성운동에 참석했다. 임시정부가 헌법을 개정하여 민족운동 전선의 모든 세력이 대동단결하여 민족유일당이 결성되면 그 당에 대하여 최고 권력의 지위까지 부여한다고 했지만 '당'이 임시정부를 대체한다는 의미는 아니었다. 임시의정원이 가진 임무와 권한을 대동단결의 유일당으로 이관하며 임시정부는 독립운동 전선의 최고기관으로 여전히 존속하는 것이었다.[6]

대독립당상해촉성회 집행위원 24명은 '본회는 한국의 유일한 대독립당 성립을 촉성함, 본회는 한국독립의 필요한 민족적 일체 혁명 역량의 총집중을 노력함'이라는 강령을 1927년 9월에 발표했다. 상해 삼일당에서 대독립당상해촉성회가 성립될 때 나창헌이 집행위원으로 참석했다.[7]

1927년 11월 22일 상해에서 북경·상해촉성회와 의열단이 주도해 조직한 대독립당조직촉성회, 한국유일독립당 무한촉성회, 한국유일독립당 남경촉성회 등의 대표들이 모여 한국독립당 관내촉성회연합회를 결성했다. 연합회는 향후 6개월 동안 만주·노령·미주에서도 촉성회가 설립되도록 전력을 다하고 각 지역의 촉성회를 연합해 창당주비회를 조직할 것을 활동 목표로 설정했다.

상해를 떠나 항주·구강·중경으로 옮기다

일본영사관 경찰은 나창헌을 체포하기 위해 여러 차례 세웅의원을 급습했다. 1926년 9월 16일 아침 6시 4명의 일본 경찰이 백미로白爾路 존의리存義里 2번지의 나창헌의 집인 세웅의원을 습격했다. 그런데 이때 일경은 프랑스 공무국의 사전 허락을 받지 않고 강행했다. 프랑스 공무국은 프랑스 조계에 침범해 문제를 일으킨 일본영사관에 강력히 항의했다. 프랑스 조계 공무국은 프랑스 총영사에게 프랑스 경찰의 협조 없이 가택 수색 내지 체포를 행하면 안 된다는 것을 일본총영사에게 주의를 줄 것을 요청했다. 당시 나창헌은 피신한 뒤였고, 대신 세웅의원에 있던 두 사람이 붙잡혔다. 그들은 나창헌의 형제인 23세의 나성현(나무홍羅茂弘)과 27세의 나동헌이었다. 이들 형제는 6개월 전에 상해로 와서 나창헌의 집에 동거하고 있었다.[1] 나성헌과 나동헌이 병인의용대원이라는 설도 있으나, 일본역사관에 붙잡혔던 이들이 두 달여 동안 후 풀리는 것을 보면 사실이 아닌 것으로 보인다.[2]

그 후 일본 영사관은 나창헌의 체포를 위해 프랑스 공보국에 계속 협력을 요청했다.[3] 일본 상해총영사관의 일경들이 프랑스 공무국의 체포 허가를 받아[4] 1926년 11월 17일 나창헌이 거주하던 세웅의원을 다시 급습했다. 그러나 나창헌은 그의 집에 거주하는 강창제와 함께 이미 피한 뒤였다.[5] 프랑스 영장을 받고 집을 습격했을 때는 나창헌이 세웅의원 3층에서 뛰어내려 도망한 뒤였다.[6] 나창헌의 탈출사실은 미주의 『신한민보』에도 실릴 정도로 세간의 관심을 끌었다.[7] 나창헌은 세웅의원을 운영하는 처지에서 부유하고 영향력 있는 의사로 평판도 높았다. 1926년에 나창헌은 임시정부에 303원이라는 상당한 액수의 돈을 기부했음을 보여준다.[8] 이러한 액수는 개인별로는 가장 많은 금액을 기부한 것이었다. 나창헌과 강창제는 계속 주소를 바꿨으며, 결국에는 항주로 이주했다.[9]

나창헌은 항주로 이주한 뒤 그곳에서도 서호폐병의료원을 경영한 것으로 알려졌다. 그러나 항주도 일제의 추격을 받아 편하지 못했다. 3년 정도 항주에 머물다가 1930년쯤 구강九江으로 떠났다. 이 무렵 나창헌은 상해에서 김희숙 여사와 재혼을 했다. 결혼식 주례를 안창호가 서고 김구가 축사를 한 것으로 알려져 있다. 그리고 1931년에 구강에서 장남 나중화가 출생했다. 1934년에는 딸 나영화가 사천 만현에서 태어났다.

그리고 안창호가 1932년 4월 29일 윤봉길의거 당일 일경에 피체되는 불행한 일이 발생하고 말았다. 안창호의 피체는 임시정부는 물론, 상해와 미주지역 등의 독립운동계에 충격적인 사

1929년 항주의 서호폐병의료원

건이었다. 안창호가 피체되었다는 소식이 전해진 후, 그가 국내로 압송되기까지 여러 방면에서 그를 구원하기 위한 석방운동을 전개하였다. 한인교민단과 흥사단원동위원부를 중심으로 한 상해의 한인들은 석방운동을 벌였다.[10] 흥사단에서는 차리석이 주도해 즉각 도산구원회를 결성했다. 위원장은 이동녕이 맡았으나 그는 이미 상해를 떠난 뒤였다. 차리석이 위원장 대리 겸 비서를 맡아 백방으로 노력을 기울였다.[11] 그러나 도산은 6월 2일 한국으로 압송되고 말았다. 이에 차리석은 6월 25일 흥사단원에 다음과 같은 요지의 통고서를 보냈다.

1. 문답독서와 운동을 간단없이 하고 통상보고를 정기에 꼭꼭할 것.
2. 금전의무를 절실히 이행하여 단규를 무너치지 말 것.
3. 단우간에 우의를 일층 더 분발하여 우애의 도를 다할 것.
4. 도산 선생이 경영하시던 무슨 사업이던지 계속하여 수행할 것.
5. 도산선생후원회를 끝까지 적극 지지할 것.[12]

흥사단 영수 안창호가 체포되면서 흥사단 원동위원부의 활동도 위축됐다. 그러나 원동위원부 위원장 대리로 임명된 송병조의 지도로 각반 연석회의를 열어 지속적으로 사업을 진행할 것을 결의했다. 상해 프랑스 조계의 기독교 청년회관에서 제19회 흥사단 원동대회가 1933년 1월에 개최됐다. 나창헌도 이 대회에 참석했다. 20여 명의 단원들이 참석한 가운데 개최된 이 대회에서는 일부 단칙의 개정, 작년도 사무 보고, 안창호 체포의 전말 등에 대한 보고와 결의가 있었다. 이날의 회의는 2시간 정도로 진행되었다.

나창헌은 흥사단 원동반 제5반 반원에 소속됐다. 제5반 반장 선우혁, 반원 허상련許尙璉 · 나창헌 · 정제형鄭濟亨 · 김현택金顯宅 · 김병가金炳珂 · 김이대金履大 · 박태열朴泰烈 등이었다.[13]

이 무렵 나창헌은 거주지를 항주에서 구강으로 옮겼다가 중경으로 이주해 연화지병원을 경영했다. 연화지병원은 독립운동자 간에 부르던 이름으로, 중경전료원重慶電療院을 이르는 것이었다. 경성의전 1년 선배 신영삼이 와서 함께 병원을 운영했다. 신영삼을 비롯해 나창헌의 형제에 대한 문제는 후술키로 한다. 1933년 나창헌이 만현萬縣으로 가서 만현의원萬縣醫院이란 병원을 개설했다.[14] 매제 최성오도 의사로서 함께 경영했다. 최성오는 최석순의 동생이었다.[15]

국제 정세가 악화일로로 치닫다

나창헌이 일경의 추격을 피해 항주, 구강, 중경, 사천 등지로 피신할 무렵 국제 정세는 더욱 험악해져 갔다. 그러나 상해를 떠났어도 나창헌은 꾸준히 상해를 왕래하며 독립운동의 재기를 꾀하고 있었다. 이 무렵 독립운동을 둘러싼 국제 정세를 보기로 한다.

이 시기를 결정짓는 것은 세계공황이다. 1929년 10월 미국에서 발단된 세계공황은 동아시아의 정세에도 격동을 불러일으켰다. 세계공황은 1922년 이래 동아시아에서 세력균형을 위한 3대 제국주의 경쟁국인 미·영·일의 워싱턴조약체제를 파탄시키는 계기를 이루었다.

사회주의 진영은 자본주의의 몰락을 예견하면서 1920년대 민족진영과의 통일전선을 버리고 대중적 노동계급에 기반을 수립하는 방향으로 전략을 수정해 갔다. 반면 일제는 군국파시즘체제로 전환하고 대외 군사침략으로 독점자본의 활로를 찾고자 했다. 물가와 주가가 폭락하고, 무역은 현저히 축소, 중소기업이 도산, 농업공황을 수반했다. 수백만 명의 실업자가 발생하고 생활이 궁박해졌다.

중국의 정세는 1927년 이래 국공분열로 심하게 요동을 치고 있었다. 중국 관내의 한국 독립운동계도 통합보다는 분열의 조짐을 드러냈다. 민족대당촉성운동이 불같이 일어나던 1920년대 후반과 달리 이념과 노선에 따라 독립운동계의 세력 지형도 바뀌어 갔다.

임시정부는 백범조차 스스로 '거지 중에서도 상등거지'라 말할 정도로 재정난에 시달렸다. 청사 월세 30원, 고용인 월급 20여 원을 마련하지 못해 집주인에게 소송을 당하기 여러 차례였다. 심지어 끼니를 때우지 못해 동포들 집에 걸식하고 다녀야 할 처지였다. 백범의 표현을 빌리면 이때 임시정부는 '걸인의 소굴과도 흡사한' 지경이었다.[1]

1931년 7월 초 만주에서 소위 '만보산사건'이 발생했다. '만보산사건'은 독립운동계나 중국지역 한인사회에 크나큰 악재로 작용했다. 중국 길림성 만보산 삼성보三姓堡에서 한·중 농민들 사이에 농토의 수로 문제를 가지고 빚어진 단순한 충돌은 일제가 왜곡 조작하면서 한·중 양민 간에 격렬한 충돌로 비화됐다. 때문에 중국 전역에서 한인을 배척하는 분위기가 거세게 일어났다.[2] 상해지역도 마찬가지로 한중 노동자들간에 충돌이 곳곳에서 일어나 한인들이 크게 위축됐다.

한국에서도 한중 농민이 충돌하고, 평양·인천 등지에서 배화사건이 발생했다. 7월 3일부터 9일 사이에 인천·서울·원산·신의주·평양 등지에서 중국인 109명을 살해하고, 약 160여 명을 부상케 했다. 중국인들은 일제가 막후에서 주도하고 있음을 비난하면서 책임을 물었다. 또한 한국인에 대해 비난을 퍼부으며, 반성을 촉구했다. 한중간의 감정이 극도로 악화되면서 만주 및 중국 관내에서 독립운동이 위기에 봉착했다.

일본 관동군은 한중 양 민족을 이간시켰다. 일본 경찰은 중국인을 억압하고 수로공사를 강행시키는 한편 친일 중국인을 시켜 한국인들을 살해케 해 한국인들이 만보산에서 다수 살해됐다는 허위보도를 공작했다. 이로써 6천여 명의 화교들이 중국으로 돌아갔으며, 만주에서는 중국인들이 보복으로 한국인들을 습격해 살해하기 시작했다. 한국인의 만주 및 중국 관내에서의 독립운동이 어려워졌다.

1930년대 초 세계정세는 경제공황에 대처한 미·영·불의 블록경제체제와 다른 한편의 독·이·일·스페인의 파쇼체제에 의한 두 유형의 자본주의 구도가 성립하는데서 비롯한다. 일본은 1930년 군사쿠데타를 비롯해 군국주의로 치닫고 끝내 1931년 만주침공으로 치달았다. 사회주의 진영은 1920년대 연합전략을 버리고 대중적 노동계급에 기초를 수립하는 방향으로 전략을 수립해 갔다. 이런 국제정세의 변화는 독립운동의 객관적 조건으로 주목해야 한다.

1931년 9월 18일 일본 관동군 참모들의 모략에 의한 유조호 사건을 단서로 만주에 대한 무력침공을 단행했다. 만주 봉천의 북쪽 교외 유조구 부근의 남만철도 선로를 스스로 폭파하고, 이를 중국군의 소행으로 뒤집어씌우며 군사침략을 강행했다. 일제는 4개월 만에 만주의 주요 도시와 철도연선을 모두 점령했다. 1932년 3월 1일 괴뢰 만주국을 수립해 전 청나라 황제 부의를 집정으로 취임케 해 만주지역을 직접적 지배하에 두었다.

만주에는 1백만 명의 동포가 살고 있었다. 그러나 만주국이 수립되자 30여 년간의 독립운동기지 구축 및 근거지를 상실했다. 남만주 지역에는 국민부와 조선혁명당 등의 단체와 조선혁명군 등의 독립군 조직이 있었다. 한중연합군을 형성하기도 하고, 양세봉 등에 의한 항일전이 이뤄졌으나 중국 본토로 이동했다.

장개석의 국민정부군은 항일이 아닌 탕공湯共에 몰두해 장학량張學良 정권의 군사들을 중국 관내로 이동시켰다. 중국 국민당 정부는 일제의 도발에 무기력할 뿐이었다. 독립운동의 유력한 기지였던 만주지역의 독립군과 한인사회도 붕괴의 위기에 직면하지 않을 수 없었다.

임시정부는 위기적 상황에서 대응책을 마련해야 했다. 9월 20일 긴급 국무회의를 열어, 첫째 한인독립운동단체연합회의 명의로 중국의 각 기관 및 신문사에 배일 전보를 발표할 것, 둘째 9월 21일 상해의 한인단체대표회의를 소집해 일제의 배일운동과 중국인을 지원하는 운동 방안을 협의할 것 등을 논의했다. 9월 21일에는 임시정부 청사에서 임시정부 대표를 비롯한 한인단체의 대표들이 참석해 한·중연합 및 독립운동진영의 통일방안 등을 강구하기 위한 '상해한인각단체연합회'를 결성했다. 백범 김구가 독립운동계의 위기를 타개하기 위해 새로운 방도를 모색하니, 적의 심장부를 강타하는 강력한 의열투쟁의 전략이었다. 백범이 상해에서 이봉창李奉昌과 밤을 세우며 일왕의 척살이라는 대거사를 의논한 것도 그런 구상에서 비롯됐다.

1932년 1월 8일 오후 5시, 동경에서 이봉창의사의 의거가 일어났다. 일본의 심장부인 동경의 일본경시청 앞에서 일본 왕을 겨눈 폭탄 의거는 세상을 진동시키기에 충분했다. 중국 언론에서도 연일 이봉창의거를 대서특필했다.[3]

1월 11일 상해의 국문통신사에 한국독립당의 명의로 이봉창 의거에 대한 성명서가 발표된 바 있었다. 성명서에는 "이봉창 한 사람만이 이 같은 뜻을 지닌 것이 아니며 이천삼백만의 가슴 속에 모두 이봉창과 같은 결의가 있어 제2, 제3 아니 2천만 모두가 이봉창과 같은 사람이 될 것이다."라고 선포했다.[4]

이봉창 의사의 동경의거를 우호적으로 보도한 중국 언론에 대한 일본의 항의가 빗발쳤다. 일본군은 중국인 불량배를 매수해 일본인 승려를 공격하는 음모를 획책했다. 급기야 1월 18일 일본군에게 매수된 중국인 불량배가 일본인 승려 일행 5명을 공격해 1명이 사망하고 3명이 중상을 입는 일이 발생했다. 이 일로 상해의 일본인들과 중국 관헌 사이에 충돌이 일어나고, 1월 20일에는 일본 승려들이 양수포楊樹浦에 있는 중국 공장에 불을 지르는 만행을 부렸다.

일본군 상해육전대사령부는 1월 28일 밤 11시 25분 선전을 포고하고 15분 뒤 상해를 지키는 전략 거점인 갑북閘北을 공격하면서 침략전쟁을 개시했다. 중국에서는 채진개蔡進鍇가 지휘하는 제19로군이 시가전을 전개하며 일본군을 상대로 항전했다. 중국 국민당정부는 임시 수도 남경이 상해에 근접해 있어 일본 함대의 공격 위험이 있다고 판단하고 1월 29일 급히 수도를 낙양으로 이전했다. 그리고 장치중張治中이 지휘하는 제5로군을 투입해 제19로군과 함께 상해를 방어하도록 했다.

일제는 육군대신을 지내고 퇴역한 시라가와白川義則를 현역으로 복귀시켜 상해방면 군 총사령관으로 임명하는 한편 제9사단을 증파했다. 중국 국민당군은 완강히 저항했지만, 중국국민당정부가 전면전을 원치 않는 상황에서 수비 위주의 전략으로 대처했다. 일본군은 상해 주요 지역을 공격해 3월 1일 중국군을 상해시 외곽 20여 킬로미터 밖으로 밀어낼 수 있었다. 일본군은 병력 10만 명과 비행기 100여 대를 동원해 1개월 만에 결국 중국군을 물리치고 상해를 점령했다.

일본군은 일방적으로 임시 휴전을 선언했다. 중국 국민당군이 이를 수용하면서 상해에서 양국 간의 대치는 소강상태에 접어들었다. 일제가 일방적으로 휴전을 선언한 것은 제네바에서 개최된 국제연맹 임시총회에서 대일경제 제재가 결의될 것을 우려했기 때문이다.

일제는 1932년 3월 1일 괴뢰 만주국 수립을 선포했다. 일제가 일방적으로 정전을 선언한 그 날 만주국 수립을 선포한 것이다. 일제의 상해침공은 성동격서의 전략인 셈이었다. 국제사회의 관심을 온통 상해에 몰리게 한 뒤 기습적으로 괴뢰 만주국을 세운 것이다.

중국 각지에서는 일제의 만주침략과 국민당 정부의 무저항 방침에 반대하는 시위가 일어났다. 상해에서는 중국인 학생과 노동자·시민 등 수십만 명이 모여 일제의 만주침략을 규탄하는 항일대회 등을 개최했고, 북경에서도 국민당 정부에 대일선전포고를 요구하는 항일시위가 일어났다.

1932년 의열투쟁의 기운이 다시 일어나다

일제가 침략의 공세를 강화하는 가운데 김구는 괴뢰 만주국 수뇌의 처단, 국내에서 조선총독 처단, 상해에서의 의거 등을 추진해 갔다. 이봉창 의거 후 백범에게는 국내외에서 상당한 액수의 자금이 조달됐다. 이것은 출운호폭파 작전을 추진할 수 있는 배경이 됐다.[1] 만반의 채비를 갖춘 한인애국단의 정예 대원들도 때를 기다리고 있었다. 의경대원이자 한인애국단 단원인 이덕주·유상근·최흥식·유진식(유진만) 등이 그들이었다.[2]

한인애국단에서는 제2, 제3의 의거가 추진되고 있었다. 대련에서 일본 관동군 수뇌들을 처단하기 위해 최흥식, 유상식 등이 의거를 준비해갔고, 조선총독을 처단하기 위해 이덕주, 유상근 등이 국내 파견을 앞두고 있었다. 일본침략군의 최전선인 상해에서는 윤봉길이 만반의 채비를 갖추고 때를 기다리고 있었다.

최흥식은 1932년 2월 10일 패륵로 신천상리 20호 안공근의 집에서 한인애국단에 입단하는 선서문에 서명하고 사진을 촬영했다. 선서문은 '대적 조선총독을 암살할 것을 서약함'이라는 내용이었다.

유상근은 2월 24, 25일경 한인애국단에 입단하는 선서문에 서명하고 기념사진을 촬영했다. 촬영 장소는 역시 안공근 집이었다. 선서문의 요지는 '일본 내지로 도항해 일본의 군괴軍魁를 폭살한다'는 내용이었다.

1932년 3월 초 백범은 이덕주, 유상근, 최흥식 등을 상해 신천상리 부근의 중국 요리점으로 불러 송별회를 가졌다. 이들은 의경대 출신의 한인애국단 단원이었다. 송별회가 끝난 뒤 이덕주는 3월 초순 국내로 향했고, 3월 27일에는 최흥식이 대련으로 떠났다. 유상근은 상해를 출발하기 2~3일 전인 4월 25일 임시정부 청사가 위치해 있는 보경리 4호 문 앞에서 윤봉길 의사가 홍구공원 의거에 사용한 것과 같은 모양의 수통형과 도시락 모양의 폭탄 2개를 받았다. 2개의 폭탄 중 도시락 형태의 폭탄은 김구에게 돌려주고 수통형 형태의 폭탄 1개를 받아 자신의 거주지인 살파새로 188호 3층에 보관했다. 이 폭탄을 갖고 4월 27일 상해를 출발했다.

상해는 일제 침략의 최전선으로 침략군 일본군에 의해 온갖 유린을 당했다. 상해에서 일본군의 기세는 하늘을 치솟았다. 그런 점에서 상해는 대련과 국내보다 의열투쟁이 더 시급한 곳이었다. 앞서 보듯이 백범과 한인애국단은 상해에서 몇 차례 작전을 시도했으나, 무위로 그친 일이 있었다.

백범은 4월 26일 임시정부 국무회의에서 상해의거 계획을 보고했다. 처음에 조소앙·조완구 등은 "현재 일본 육군이 상해에 있는 중에 이 같은 일을 한국인이 결행하면 한국인은 상해에 거주할 수 없게 될 것이라"며 반대했다. 백범은 "본 건은 한국인이 결행한 것이라는 것을 절대 비밀로 하고, 윤봉길에게 한국인이라는 증거를 없앨 것, 결행과 동시 자결할 것을 명령해 놓았다"며 설명해 만장일치로 가결시켰다.

1932년 4월 29일. 홍구공원에는 1만 명의 일본군이 전차 및 대포를 앞세워 열병식을 거행하고, 수십 개의 대형 욱일기가 행사장 주위에 펄럭이며 침략자의 위용을 맘껏 뽐내고 있었다. 그 경계도 삼엄하기 그지없었다. 그러나 윤봉길은 혈혈단신으로 의거를 통쾌하게 성공시켰다.

윤봉길 의거는 상해를 침공한 일본군을 상대로 중국 국민당군이 감당하지 못한 것을 격전지인 전장 터에서 벌인 독립전쟁에 다름 아니었다. 소위 승전기념식에 1만여 명이 일본군이 위용을 뽐내고, 일제가 시라카와白川義則의 사망을 '전사戰死' 처리한 것은 의거 현장의 정황을 말해주고 있다.

윤봉길 의거는 한국의 독립만이 아니라 세계약소민족의 해방으로까지 도달하고 있었다. 제국주의를 퇴치하는 세계평화를 위한 대의로써 의거를 결행한 것이다. 독립운동이 세계평화를 최고의 목표로 삼은 것은 한국의 자유 독립과 세계평화가 필수불가결의 관계로 연결됐다. 독립운동가들은 "민족의 자유 없는 세계평화가 있을 수 없으며, 세계평화 없이 민족의 자유가 없다"고[3] 인식했다.

윤봉길 의거는 일제 침략군에 심대한 타격을 주었다. 송호전쟁에서 승리한 일제를 무색하게 하는 결과를 가져왔다. 한국인의 독립정신을 다시 한번 일깨워 줬다. 새로운 이정표를 제시했다. 미국, 하와이, 멕시코, 쿠바 등지의 한인들의 납세와 후원이 이어졌다. 윤봉길의거는 독립운동을 회생시키는 계기로 작용했다.

그러나 비극적 일이 벌어졌으니 윤봉길 의거의 결과로 안창호가 일제에 붙잡힌 것이다. 안창호의 체포는 나창헌에게는 충격으로 다가왔을 것이다. 나창헌이 중국으로 넘어온 이래 가장 크게 의지해 왔던 안창호였다.

혹자는 의열투쟁을 두고 테러라 말한다. 윤봉길 의거는 중국 국민당 군이 막아내지 못한 일본군의 침공을 전장 터에서 무찌른 독립전쟁이나 다름없었다. 소위 승전기념식장에 1만여 명의 일본군이 무력을 뽐내던 것이나, 의거로 사망한 시라카와를 일제가 '전사戰死' 처리한 것을 보더라도 의거 현장은 곧 전장터였음을 알 수 있다. 윤봉길 의거가 테러였다면 어떻게 일본 가나자와金澤에 윤봉길의사 암장기념비와 순국기념비가 세워질 수 있겠는가. 그리고 중국 상해 홍구공원에 윤봉길전시관이 세워질 수 있었을까. 오늘날 일본과 중국에서 찬연히 빛나는 역사적 기념비들은 윤봉길 의거가 세계평화를 위한 것이었음을 말해주는 것이 아니겠는가.

1931년 9월 일제가 만주침공을 감행하자, 나창헌은 박창세 등과 함께 비밀회의를 갖고 특무공작을 계획하였다. 중국인으로 위장해 일본 총영사관 및 주요 일제기관을 폭파시키고 일제의 첨병이랄 수 있는 밀정의 처단을 결의하였다. 1931년 11월에는 상해 남시南市 공공체육장에서 항일구국회의를 개최했다. 회의 결과 한국의용군을 조직키로 하고, 병인의용대는 한국의용군의 모체가 되어 강력한 항일투쟁 단체로 부각되었다. 이후 병인의용대는 독립운동자금의 모금활동을 비롯해 친일주구배를 숙청하는 등의 의열투쟁 활동을 폈다.

한국병인의용대를 재건하다

1927년부터 1932년에 이르기까지 중국 내 정세는 격랑으로 내쳐졌다. 독립운동계는 이런 상황에서 거의 마지막 순간까지 내몰리고 있었다. 벼랑 끝에 내몰린 독립운동이 윤봉길 의거로 새로운 생명의 불씨를 지펴 나갔다. 윤봉길 의거는 세상을 진동시켰다. 의열투쟁의 새로운 역사를 쓴 의거였다. 임시정부가 항주로 이주한 뒤 상해의 독립운동계가 비워져 있었다.

나창헌에게도 윤봉길 의거는 의열투쟁의 필요성을 다시금 각성케 하는 계기가 됐다. 나창헌은 1926년 말 일제가 추격하면서 상해를 떠나 항주로 피신했다. 이때 그 일로 형과 동생이 일제에 잡혀가는 일이 벌어졌다. 병인의용대원들도 마찬가지로 항주와 남경 등지로 흩어지며 병인의용대 세력이 약화됐다. 그러면서 나창헌의 거주지는 구강·중경·사천 등지로 옮겨야 했다.

1927년 이후 병인의용대 세력이 더 이상 상해에는 발붙이지 못했으나, 드디어 병인의용대가 재개하기에 이르렀다. 나창헌이 1933년 7월 상해로 와 약 1개월 동안 체재하면서 병인의용대의

부흥을 기도했다. 그리고 '레트겐' 기계를 구입한 뒤 사천으로 돌아갔다.[1]

1926년 1월 병인의용대는 결성 이후 의열투쟁 과정에서 상당수의 대원이 일제에 체포됐다. 이때 각지에 흩어져 있던 대원들을 수소문해 재집결시켰다. 그렇게 해서 한국병인의용대를 재건할 수 있었다.

한국병인의용대의 조직은 대장 박창세, 부대장 강창제, 서기 이수봉李秀峰, 이성구, 대원 김창근金昌根·이경산李景山·이운환李雲煥, 예비대원 유일평劉一平 등으로 구성됐다. 한국병인의용대는 1933년 6월에 조직 체제를 재정비하며 의열투쟁을 강화하기 위해 대헌을 개정했다. 나창헌은 재건 병인의용대의 고문을 맡았다. 병인의용대의 개정한 대헌의 내용은 다음과 같다.

제1조 본대는 한국병인의용대라 명한다.

제2조 본대는 왜적의 모든 시설을 파괴하며 국내외의 반혁명분자를 숙청하며 민족적 대단결에 노력하여 한국의 독립을 완성하기로 목적한 비밀결사다.

제3조 본대 대원은 본대 강령을 찬성하는 한국 남녀로서 모험성과 용기와 능력을 겸비한 자를 간부회의에서 허입한다.

제4조 본대 대원은 대의 명령을 절대 복종하며, 대의 비밀을 절대 엄수하는 의무가 있다.

제5조 본대 간부는 대장 1인, 대부隊副 1인, 참모 약간 인을 두

되 대원 총회에서 선임한다.

제6조 본대에 대원총회와 간부회를 둔다.

제7조 본대에 약간의 부서를 설치한다.

제8조 본헌 제4조를 위반할 시는 극단 처치를 암행한다.

제9조 본대 대원은 신입대원 3인 이상을 보증하여 추천할 의무가 있다.

제10조 본대의 경비는 대원의 의무금과 유지의 의연금으로 한다.

제11조 본대 대칙은 간부회의의 제의로 대원총회에서 제정한다.

제12조 대헌 개정은 필요로 인할 시는 전 대원 3분의 1 이상의 제의로 대원총회에서 행한다.

제13조 본헌은 기원 4266년(1933) 6월 1일부터 시행하고 대한민국 8년(1926) 1월 1일에 선포한 대헌은 동시에 폐지한다.[2]

1933년에 개정된 대헌은 병인의용대의 목적이 일제의 모든 시설과 기관의 파괴, 밀정과 주구배 처단이라는 것에는 차이가 없다. 1926년 병인의용대 결성 당시에는 임시정부의 옹호가 주된 목적이었다. 그러나 개정된 대헌에서는 민족적 대단결을 통한 한국의 독립을 최종 목적으로 삼고 있음을 볼 수 있다. 이는 병인의용대가 임시정부의 옹위 차원을 벗어나 1930년대 초반 한국대일전선통일동맹의 결성과 맥을 같이하는 성격을 지녔음을 살필 수 있다. 임시정부는 이 무렵 상해를 떠나 항주로 이동해 있었다.

결성 당시에는 참모부·사령부·경리부로 세분된 실행기구가 설치되었으나 개정 대헌에서는 약간의 부서를 둔다고만 명시했다. 아울러 입단 연령을 명시하지 않고, 여자도 입단할 수 있도록 바뀌었다. 간부진을 축소했으며 기존대원에게 신입대원 3명을 보증하여 추천할 의무를 지게 했다. 간부를 대원총회에서 선출하도록 한 것 등의 차이가 있다. 이는 병인의용대라는 조직의 효율적 운용을 위한 것이었다. 1933년 9월경 조직 구성은 대장·부대장·서기·일반 및 예비대원으로 간소화됐다. 이는 일제의 지속적 감시와 대원들의 피체로 적임자를 찾기 힘든 사정에서 비롯한 것이라 할 수 있다. 그러나 개정된 병인의용대는 별도의 뚜렷한 활동을 벌이지 못했다.

사천성 만현에서 서거하다

1933년 병인의용대 재건 무렵 나창헌은 사천 만현에서 만현의원을 운영하면서 지냈다. 흥사단 활동이나 의료 기구를 구입코자 상해에 왕래하는 정도였다. 그런데 나창헌에게 1936년 봄부터 위암 증세가 나타났다.[1] 점차 병세가 말기에 접어들어 그해 6월 26일 40세의 나이로 서거했다.

그의 죽음을 애도하는 독립운동계의 추도회가 잇달았다. 당시 독립운동계는 청년들을 중심한 민족혁명당 계열의 인사들이 한 축을 이루고 있었다. 이들의 사상과 이념은 아나키즘, 사회주의, 공산주의 등 다양한 성향을 띠고 있었다. 이념이 달랐다고 해도 민족독립이라는 공동의 목표를 추구했다. 1920년대 후반 이래 나창헌의 사상과 이념이 안창호의 대공주의와 같은 것으로 바뀌었음을 추측케 한다. 대공주의란 안창호의 사상으로, 이념과 사상을 뛰어넘어 민족의 대단결을 바탕으로 민족혁명을 달성하자는 것이었다. 독립운동 시기에는 정치사상의 차이를 뛰어 넘어 광복에 전념하고, 정치사상은 조국 독립 달성 이후에 민족의 발

만현의원

만현의원은 400명의 환자를 수용할 만큼 규모가 컸다.

전에 쏟아 붓자는 것이 사상의 요체였다.[2] 안창호는 1926년 민족유일당운동 당시 민족대혁명당을 제창한 이래 일관되게 유지하던 사상이었다.

나창헌과 가까이 지내던 최성오, 임득산, 신영삼과 동생인 나동헌 등은 민족혁명당 계열에서 활동하고 있었다. 그리고 이들은 1940년 임시정부에 합류해 들어가기도 했다. 1936년 6월 19일(?)[3] 오후 2시 모처에서 민족혁명당 주최로 열린 추도식에는 그의 유언을 전했다.

> 우리 당 내부는 상호 반동하는 일없이 최후의 시험은 단결이므로 가능한 한 상부상조하여 혁명이 완성될 때까지 한층 노력 분투할 것. 나는 동지들과 함께 우리 당의 혁명 공작에 노력하지 못하고 병 때문에 죽는 일은 참으로 유감이다. 우리 동지들은 혁명 역량을 집중하여 분투하기 바란다.[4]

나창헌은 독립이란 혁명을 완수하지 못한 채 병을 얻어 죽어야 하는 자신의 처지를 아쉬워했다. 자신의 처지를 대신해 동지들에게 혁명 역량을 집중할 것과 단결을 통해 민족독립을 성취하기를 기원했다. 마지막 순간까지 독립을 위해 최선을 다해 달라는 뜻을 동지들에게 전했다.

다음은 한국국민당의 기관지 『한민』 제5호(1936. 7. 30)에 실린 글이다.

임시의정원 의원과 임시정부 각료

윗줄 신영삼, 아랫줄 최성오

중국 사천성 만현에서 중국 홍십자의원을 맡아 경영하든 나창헌 씨는 1936년 6월 26일에 신병으로 별세하여 그 곳에서 장례하였다 한다. 그는 일찍 우리 임시정부의 경무국장이 되어 직무에 충성하여 공적이 많았고, 후 의료醫療 사업에 전문하여 항주, 구강, 중경 등지에서 폐병요양원, 전료원 등을 경영하여 사회에 공헌이 많았다. 그는 열렬한 애국자로서 우리 민족 전도의 대업에 대하여 많은 고심과 공헌이 있었든 바 고국을 다시보지 못하고 40세를 일기로 하여 이역에서 한을 끼치고 돌아갔으나 우리는 그를 위하야 슬퍼함을 마지않는다.[5]

한국국민당이라면 임시정부 계열의 독립운동 정당이었다. 나창헌이 임시정부에서 활동한 경력을 보더라도 당연한 일이었을 것이다. 또 누군가가 다음과 같은 글을 남겼다.

고 나창헌씨의 왕년往年을 추억함

임시정부가 성립되던 당시부터 임시정부의 중한 책임을 가지고 있었고 지금도 임시정부의 각원 중 한 분으로 있는 모씨는 나창헌 씨의 작고에 대하여 그의 열심과 수완을 우리 운동계에 더 나타내지 못하고 일찍 돌아갔음을 못내 슬퍼하면서 그가 나중에는 임시정부를 위하여 많은 공적을 나타내었으나 처음 상해에 왔을 때는 자세한 사정을 모르고 일시 고약한 무리에게 속아 임시정부 파괴운동을 하였다는 것을 말하였다. 그래서 일시는 당시에 임시정부의 각원 되었던 이들이 크게 위험하였다.

나창헌 씨는 본시 평북 희천군 출생으로서 위인이 지극히 강명하고 초년에 경성에 올라가 대한의원에서 의학을 삼년간 공부하였는대 3·1운동이 일어나매 대동단에 가입하여 활동하다가 상해로 건너왔다. 당시 상해에서 임시정부가 조직됨에 대하야 이를 파괴하기에 전력을 다하였는데 그때 황학선이란 자가 적의 시킴을 받아 새로 오는 이들을 자기 집에 숙식시키면서 사람들을 꾀어 정부 파괴운동을 일으켰다. 나창헌 군은 처음 와서 사정은 모르고 악선전만 듣고 분개하여 하는 것을 본 황가는 나씨에 대하여 중국 사람에게 돈을 써줄 터이니 힘껏 활동하라 하였다. 나군은 깜작 속아 가지고 임시정부 파괴운동에 참가하여 내무부를 습격, 선봉에 섰다가 당시 청년들이 일어나 난당토벌하는 통에 나군과 김기제 등이 중상을 입었는데 정부에서는 그래도 그들을 병원으로 보내어 치료를 시켜주고 좋은 말로 초유하였으나 종시 회과치 못하고 도로혀 더욱 열렬히 반동운동을 하였다.

당시 경무국장으로 있든 김구 씨가 각방으로 엄밀히 조사한 결과 이것이 황학선이란 적의 식힘을 받아 획책한 종적을 알아 가지고 나군을 청하여 그 증거를 보여 주었다. 나군은 깜짝 놀라 일시는 정신이 아득했다가 서서히 아래와 같이 자백하였다. 자기는 적의 이용이 되는 줄은 모르고 다만 악선전만 듣고 황가가 주는 돈으로 모처에 양옥을 세 얻어 민생의원이란 간판을 붙이고 정부 각원들을 그리로 대려다가 모조리 암살하려 했다. 경무국장도 죽이려든

대한민국 임시정부 환국기념(중경 임시정부 청사, 1945. 11. 3)

표시된 인물이 나성헌

축에 들었다면서 선생이 나를 이러한 구렁에서 나오게 한 그 은혜는 백골난망이다. 이 대역부도의 행위를 한 죄는 장공속죄將功贖罪를 할터이니 바로 지도하여 달라 했다. 경무국장은 그 사연을 정부에 보고하야 대양 백원을 주어 카터르에 최면술치료소를 내게 하였고 그 후 그는 임시정부 경무국장에 임명되어 적견敵犬에게 속은 분풀이로 적견 여럿을 박살하고 일본영사관에 폭탄을 선물하는 등으로 임시정부에 대하여 충성을 다하였다. 인재가 바른 오늘에 있어서 이와 같은 열렬하든 혁명동지를 잃은데 대하여는 슬프지 않을 수 없다.[6]

나창헌의 죽음을 애도하는 글 속에서 임시정부가 가덕로卡德路에 대양 백원(상해돈)을 나창헌에게 주어 최면술치료소를 내게 했다는 새로운 내용도 발견된다. 의사 나창헌의 재능을 살려 의업을 개업하게 한 일을 알 수 있다. 나창헌이 상해에 머물면서 최초의 의원을 개업한 것이 이때의 일로 판단된다.

1938년 2월 민족혁명당 인사들이 나창헌의 묘소를 찾았다. 당시 민족혁명당 인사들은 배 두 척에 남녀를 포함해 90명가량이 중경을 향해 가고 있었다. 2월 23일 아침 만현에 도착한 이들은 하루를 묵고 24일 정오에 출발한다는 것이다. 그 이유는 임시정부의 임원이었으며, 만현에서 만현병원을 운영했던 나창헌의 분묘에 배향을 하자는 총지휘관 이춘암李春巖이 발의한 것이다.

만현에는 나창헌의 매제인 최성오가 만현병원을 운영하고 있

만현의원 최성오 원장

었다. 최성오는 최석순의 동생으로 알려져 있다. 이 무렵 최석순은 최성오의 집에서 기거하고 있었다. 나창헌과 최석순의 오랜 동지적 관계로 사돈을 맺었던 것으로 추정된다. 만현의원장 최성오가 민혁당원들에게 조선식 냉면을 대접했다. 24일 아침에 최성오의 집에서 술안주 약간과 술 한 병을 가지고 나창헌의 분묘로 가서 묘지 참배를 하였다. 그때에 묘지를 참배한 사람들은 약 30명가량 된다.[7] 2월 23일 아침에 만현에서 상류를 향하여 30리가량 되는 지점에서 배를 세웠다. 만현의원장 최성오가 먼저 민족혁명당의 배로 상륙을 한 후 나창헌의 묘소를 참배했다.[8] 이춘암 등이 마침 3월 1일 독립기념일에 해당하니 다시 하루를 연장해 묶자고 해 석보탑에서 이들은 함께 3·1기념식을 거행하기로 결정했다. 2월 26일 오후에 석보탑에 도착하여 3·1기념식을 행하였다.

만현병원장인 최성오[9]가 이들에게 기념식 비용으로 20원을 기부했고 임득산이 10원을 기부했다. 석보탑 앞 양자강의 연안 사변沙邊을 식장으로 삼아 사회는 윤기섭이 맡았다. 동행한 사람은 90여 명을 그 장소에 집합하여 기립하게 한 후 애국가를 제창하고 윤기섭이 개회사를 하고, 계속해서 3·1기념일을 맞이한 소감을 말했다. 아동들에게 아동의 노래를 제창시키고, 자유롭게 연설을 하도록 했다. 출연한 사람은 이춘암, 이철李鐵 등 두 사람이었다. 조선독립만세를 일동이 삼창한 후 윤기섭의 폐회사로 폐회했다. 3월 2일 오전 중에 석보탑을 출발하여 중경으로 갔다.

1936년 나창헌의 장례식

1938년 중경에서는 중경전료원 병원장 신영삼이 몇 차례에 걸쳐 이들 일동 90여 명을 초대해 음식을 제공했다. 신영삼이 경영하는 중경전료원이란 병원은 나창헌이 설립했던 중경전료원을 신영삼에게 넘긴 것이다.[10]

신영삼申榮三(1896~1946, 이명 申用才)은 평남 평원 사람으로, 서울에서 경성의학전문학교를 졸업 후 1918년 만주 봉천으로 건너가 의료사업에 종사했다. 그 후 상해로 건너가 중국항공창의 군의관으로 복무했다. 1932년 4월에는 신익희·최용덕 등과 조선혁명당을 조직하여 위원으로 활동했다. 그 후 중국군에 근무하면서 의열단에 가입해 중견군사간부를 양성에 힘을 쏟았다. 1934년에는 나창헌과 함께 병원 사업을 했다. 1942년 10월 김현구 등과 함께 임시의정원 의원에 선임되었다.[11] 1944년 3월에는 조선민족혁명당의 통계부장, 1945년 2월 신한민주당의 집행위원으로 활약했다.[12]

주목할 것은 나창헌의 형제들이 중경에 거주했던 점이다. 앞서 보듯이 동생인 나경헌羅子和이 1938년 3월 중경전료원重慶電療院에서 의사로 근무했던 사실이다.[13] 나경헌은 나창헌의 막내 동생으로 중국에서 의학을 전공한 뒤 형이 운영하던 중경전료원에서 의사로 있었던 것 같다.[14] 그 뒤 1938년 6월 민족혁명당원 이초생李初生(1909~1982, 李載祥)이[15] 중경에서 장사長沙로 가는 도중 만현에 가서 만현의원장 최성오를 방문했다. 그곳에서 나경헌에게 주사약을 건네주었다는 기록이 남아 있다.[16] 그런 사실을 감안하

임시정부 요인들의 나창헌 묘지 참배

면 나경헌은 중경의 중경전료원과 만현병원을 오가며 의사로 근무했던 것이 아닌가 한다.

나창헌의 형인 나성헌은 중경 한중로에서 상해불자약방上海佛慈藥房 중경지점을 경영했다.[17] 나성헌은 1939년 중경에서 열린 3·1기념식에 임득산 등과 함께 참가했다. 이때 임득산은 경비 100원을 기부했다.[18] 1944년 11월 나성헌은 임시정부 서무과 직원으로 근무했으며,[19] 1945년에는 주화대표단 서무과 직원으로 일했다.[20] 다른 동생 나동헌은 이 무렵 상해에 있었던 것으로 보인다.[21] 아마도 민족혁명당 계열에서 활동하지 않았나 추측된다. 나창헌 형제들은 임시정부 계열과 민족혁명당 계열에서 모두 활동한 경력을 지녔다.

1938년 3월 22일 안창호의 죽음이 알려지면서 민족혁명당의 주최로 추도위원회가 열렸다. 그런데 4월 상순 추도위원회가 열린 곳이 중경전료원 신영삼의 집이었다. 참가 위원은 윤기섭, 신영삼, 문일민, 임득산, 손두환, 이춘암 등이었다. 추도식은 4월 12일 열기로 했으나, 장소 문제로 4월 19일 열었다. 이때 나성헌, 임득산이 참가했다.

당시 독립운동계는 크게 두 갈래로 나뉘어 있었다. 임시정부 계열의 한국국민당 기관지 『한민』과 민족혁명당 계열의 기관지 『우리의길』이 있었다. 그런데 나창헌의 죽음을 애도하는 글이 양쪽에서 다 실린 것이다. 1938년 민족혁명당 계열의 인사들이 중경으로 갈 때 만현에 들러 나창헌의 묘소를 찾아 추모했다. 그리고 두 갈래로 나뉘었던 독립운동 계열은 1940년 임시정부로 통합될 수 있었다. 나창헌이 서거한 지 10여 년이 채 안 돼 조국은 꿈에도 기다리던 광복을 맞이했다. 사천의 만현과 중경은 그리 멀지 않은 곳에 있었다. 그래서 임시정부 인사들이 병에 걸리면 만현의원에서 치료를 받을 정도였다고 한다. 임시정부 인사들은 광복을 맞이해 상해로 갈 때 나창헌의 묘소를 참배했다. 이때 최성오가[22] 일행을 인도했다고 한다.

나중화,
부친의 유해를 봉환하다

나창헌은 1933년 만현에 정착해 만현병원을 운영하다가 별세했다. 1936년 6월 나창헌은 양자강 남안의 만현시 오교구五橋區 진가패陳家唄 가도街道 대석촌大石村 9조組 노관취老關嘴에 안장됐다. 그 후 미망인 김희숙 여사는 6세의 아들과 3세의 딸을 데리고 귀국했다. 국내에서 김 여사는 아이들을 기르면서 노심초사 남편의 유해를 찾아오는 것만을 기다렸다. 그러나 동서냉전 체제 아래 중국은 오랫동안 금단의 땅으로 닫혀 있었다. 냉전의 벽이 허물어진 1990년대 초에 이르러 중국을 왕래할 수 있었다.

1992년 한중수교가 되면서 중경시 대외우호협회 이사인 조선족 이소심李素心 여사가 텔레비전 방송에 출연한 것을 계기로 나창헌의 아들 나중화는 이소심 여사를 만났다. 아들 나중화는 이소심 여사에게 아버지 나창헌의 유해를 찾게끔 도와 달라 부탁했다.[1] 이소심은 중경에서 활약하던 아나키스트이자 조선의용대원이며, 광복군 출신인 이달李達(1910~1942)의 딸이었다.[2]

중국으로 돌아간 이소심 여사는 1993년 봄 만현시 교련橋聯 으로 나창헌의 유해를 찾는데 협조해 달라는 편지를 보냈다. 교련의 부주석 주조기周兆琪 여사는 사방으로 수소문했다. 마침 1930년대 나창헌 선생과 함께 병원에서 일을 한 적이 있다는 문중박文仲博을 찾을 수 있었다. 양자강 남안 진가패의 교회 묘지 자리 한쪽에 안장했다는 소식이 전해졌다. 조선족 교포인 이선자李善子 여사를 보내 문중박 선생을 찾게 했다. 80여 세의 고령인 문중박 선생은 지난날의 일들을 최근처럼 기억하고 있었다. 나창헌 선생의 장례 때 촬영한 사진 한 벌을 제공해 주었다. 이 소식을 들은 아들 나중화는 1993년 9월 상해를 거쳐 중경시 만현에 도착했다. 이때 이소심·이선자·상해음악학원 교사 최위자崔慰慈도 대동했다. 이소심, 최위자는[3] 중경 임시정부 시절 독립운동에 참가했던 이들의 자손이었다.

나중화는 1933년에서 1936년까지 부모와 누이동생과 함께 만현에 거주한 적이 있었다. 나창헌이 세상을 뜰 때 불과 여섯 살의 나이였다. 60여 년 만에 찾는 나중화의 심정은 어떠했을까.

나중화 일행은 만현시 교련의 관철화씨를 동반해 강을 건너 진가둑으로 묘지를 찾아갔다. 한 농민이 말하기를 오래전에 묘소가 있는 것을 봤다고 했다. 돌 말뚝이 둘러서 있고 나무는 무성했으나 1958년 만리국도萬利國道의 길을 닦을 때 임자 없는 묘를 헐어 버리고 지금처럼 채석장으로 바뀌어 놓았다고 했다. 어떤 노인은 과거를 기억하며 "묘를 옮길 때 말머리가 달린 지팡이 하나를 파내었고 갈고리 위에는 한 알의 보석이 박혀 있었다.

부인 김희숙 여사(상)
중국 만현에서 나중화와 이소심, 최위자(하)

자기磁器 벼개 한 개와 시계도 있었으며, 시계는 태엽을 감았더니 가고 있었다."고 말했다. 그리고 그 유물은 공공기관에 넘겨줬다고 했다. 묘는 파헤치지 못했는데, 석관을 묻고 시멘트로 콘크리트화 했기 때문이다.

9월 13일 상오 진가패 가두사무소에서 나중화 일행과 관계자들은 회의를 개최해 현지 사람들이 제공한 자료와 하관 때 찍은 사진상의 산세 지형 방향을 확실히 잡고 묘소를 찾았다. 하오부터 묘소를 파기 시작한 작업은 비가 매일 내리는 가운데 6, 7명의 농부들이 파내는 데 5일이나 걸렸다. 9월 18일 저녁쯤 해서 태백영빈관太白迎賓館에 머물던 나중화 일행은 묘를 찾았다는 소식을 받았다. 19일 아침 나중화 일행은 강남에 도착했다. 묘지 현장에는 진가둑 가두의 서기 등을 비롯해 수백의 군중들이 둘러싸고 있었다. 흙과 돌을 파헤치자 널이 나왔고, 널에서 유해를 확인할 수 있었다. 나창헌의 유해 뼈 30여 점을 골라내 하얀 천 위에 조용히 놓았다. 중국 민간의 환묘하는 풍속에 따라 초를 켜 놓고 향을 피우며 폭죽을 터뜨렸다. 나중화는 아버님의 유해 앞에서 눈물로 범벅이 되며 절을 올렸다. 유해는 장의사에 보내 화장을 했으며, 처음부터 끝까지 사진을 찍어 기록을 남겼다. 60년이 넘는 세월이 흘러 나창헌·나중화 부자간의 상면은 이렇게 이루어질 수 있었다.

교련의 지도자들은 나중화가 만현을 떠나기 전 비단과 삼협의 수석과 만주萬州 그림책을 드렸다. 그리고 나창헌의 부인 김 여

나창헌 서거무렵의 나중화, 나명화 남매(상)
1993년 나창헌의 유해 봉환 당시 아내와 후손들(하)

사에게 드리는 한 폭의 그림을 선사했다. 오교구위원회는 옛 적십자회의원 사진 2장을 기념으로 드렸다. 친교를 맺는 중국의 관례에 따라 나중화는 손목시계를 관철화씨의 것과 서로 바꾸었다.

1993년 11월 10일 만현시민정국과 교무판공실에서는 사천성 민정청에 '한국인 나창헌선생 유해 봉환 천장 요청에 대한 보고서'를 송부했고, 11월 24일 사천성 민정청의 결재가 났다는 지시가 왔다. 12월 18일 나중화는 서울에서 특별행 직행 비행기로 상해에 도착해 부친의 유해를 인수받아 12월 20일 비행기로 상해를 떠났다.

나중화는 이소심에게 전해 달라며 만현시 교련에 한통의 편지를 보냈다.

> 저는 진심으로 감사합니다. 제가 제2의 고향인 만현에 머물고 있을 때 시인민정부와 시민들이 형제와 같이 사랑과 융성한 관대를 하여 주셨습니다. 저는 뜨거운 감정의 마음 속을 표명하지 않을 수 없습니다. 여러분에게 협조를 부탁해 나는 부친의 유해를 화장해 안전하게 상해에 봉치하고 귀국하였습니다. 나의 모친은 노령에도 불구하고 상해에 가서 부친의 유해를 모시고저 하며 흥분으로 여권과 사증査證(비자) 발급을 기다리고 있습니다. 저는 이 글로 만현 시민에게 감사의 뜻을 표하며 한중 양국의 우의가 한 걸음 더 확대되기를 축원합니다.[4]

나중화는 아버지 나창헌의 유해를 찾았던 뜨거운 순간들을 기억하면서, 그 후로도 만현을 찾았다.

아버지 나창헌을 찾는 과정은 국가나 정부 차원이 아닌 오로지 가족 차원에서 이뤄졌다는 점에서 남다른 의미를 갖는다. 아버지의 유해를 찾으려는 열정에서 얻어진 결과였다. 나창헌의 유해는 1993년 12월 20일 봉환됐다. 나창헌의 유해는 서울 동작동 국립묘지에 하루 머문 다음 날인 12월 21일 국립대전현충원 애국지사 묘역 제1묘역 29에 안장됐다. 대한민국 정부는 나창헌의 공적을 기려 1993년 건국훈장 국민장(1995년 독립장)에 추서했다.

서울대학교는 2019년 경성의학전문학교 2학년 중퇴의 나창헌에게 명예 졸업장을 추서했다. 2019년 10월 18일 서울대학교 의과대학에서 나창헌을 비롯한 경성의전 출신의 독립운동을 기리는 기념학술대회를 열었다. 이날 기념학술대회에 앞서 졸업식을 거행해 나창헌을 비롯해 오복원·김중화·한위권·이의경 등과 함께 명예 졸업장을 탈 수 있었다. 김형기·유상규 등의 독립유공감사장 수여식도 함께 열렸다. 이 가운데 한위건은 3·1운동 때 나창헌과 함께 기획, 주도한 인사이고,[5] 이의경(이미륵)은 대한민국청년외교단에서 같이 독립운동을 전개한 동지였다. 김형기, 유상규 등도 중국 관내에서 함께 활동하던 인사들이었다.

나창헌의 독립운동사적 위상을 말하다

한국 독립운동에서 나창헌이 갖는 의미를 어떻게 말할 수 있을까. 저자는 근래 독립운동의 세대별 특징을 말해 왔다.[1] 1~4세대로 이어진 독립운동은 세대마다 특징을 갖고 있다. 3세대 독립운동가인 나창헌의 자취와 특성을 살피기로 한다.

한국 독립운동에 50여 년간 참가한 사람들은 500만 명이 넘었다.[2] 50여 년간 전 민족적으로 전개한 한국 독립운동은 방략이나 이념적으로 다양했다. 의병·계몽운동에 이어 의협투쟁·3·1운동·독립군·의열투쟁·비밀단체·독립운동 정당·혁명단체 등의 활동이 있었다. 부문별로 학생운동·농민운동·노동운동·여성운동·소년운동·청년운동·형평운동 등 대중적 차원의 독립운동도 일어났다. 이념적으로도 자유주의·아나키즘·사회주의·민주사회주의 등을 동원하면서 전 방위적으로 독립운동의 방도를 모색해 갔다. 지역적으로도 국내를 비롯해 만주, 연해주, 중국 대륙, 미주, 유럽, 일본 등 한국인이 살고 있는 곳이라면 어디든지 독립운동을 펼쳐 나갔다. 그야말로 세계적 공간성을 지닌 한국의 독립운동이었다. 이 과정에서 5백만 명이 넘는 사람들이 독립운동에 참가했다. 그 가운데 수많은 의사義士와 열사烈士가 나왔으며, 독립운동의 지도자도 적지 않았다.

한국 민족은 1894년 동학농민전쟁(후기)과 의병전쟁에 참가한 1세대를 비롯해 2세대, 3세대, 4세대가 뒤를 이으며 지속적으로 독립운동을 전개했다. 독립운동의 특성과 발전적 현상은 참가 주체의 세대별 변천을 통해 보다 뚜렷해진다. 4세대에 걸쳐 독립운동의 동력이 충원됐던 사실은 한국 독립운동의 특질을 말해주고 있다. 독립운동의 세대별 양상도 주객관적 조건에 의해 다양하게 나타났다. 이들의 학문과 사상, 민족사랑은 그칠 줄 모르는 독립운동의 새로운 활력으로 이어졌다. 그만큼 폭이 넓고 깊은 한국 독립운동이었다. 독립운동의 큰 틀에서 나창헌이 지닌 역사적 위상을 보기로 한다.

먼저 세대별 그룹을 묶어 보기로 하자. 1세대는 대체로 1850년대 전후 출생자들, 2세대는 1870년대 전후 출생자들, 3세대는 1900년 전후 출생자들, 4세대는 1920년 전후의 출생자들이었다. 1세대가 살았던 시대는 반봉건과 반외세의 시대적 과제를 풀어야 하는 변혁적 상황에서 복잡한 인적 구성을 이루는 것이 특징이다. 1세대는 연령의 폭이 넓었다. 이들은 구시대에 태어나 전통 학문을 익히며 구시대적 안목에서 망국의 변을 극복하려는 의병과 동학농민전쟁(후기), 신문명을 받아들이며 개화개혁운동을 벌인 주인공들이었다. 의병 인사로는 최익현

(1833~1906), 유인석(1842~1915), 이범윤(1856~1940), 동학출신으로는 박인호(1855~1940), 손병희(1861~1922), 개화개혁운동으로는 서재필(1864~1951), 오세창(1864~1953) 등이 해당된다. 이 가운데 손병희·박인호·오세창 등은 3·1운동 기획에 참가하면서 세대별 독립운동을 뛰어넘었다. 서재필은 3·1운동 이후 미주에서 독립운동을 이어나갔다.

2세대는 구시대에 태어나 전통 학문을 익히다가 청년기에 신문명을 수용하면서 구시대와 신시대를 연결하는 가교의 역할을 담당했고, 장년기에 이르러 망국을 경험했다. 이들은 1세대의 의병이나 동학과 달리 근대적 독립운동의 포문을 열어간 주체였다. 이들은 연령으로 볼 때 한국 문제를 담당해야 했던 장년층을 이루었다. 그런 상황에서 2세대는 신민회 이래 독립운동계의 지도적 역할을 담당해 나갔다. 1910년 망국 당시 장년의 나이로 독립운동을 이끌며 신민회·대한민국 임시정부·독립군·해외 한인사회 등의 지도자로 활약한 인사들이다. 이회영(1867~1932), 이동녕(1869~1940), 이동휘(1873~1935), 김구(1876~1959), 이승만(1875~1965), 안창호(1878~1938), 김동삼(1878~1937), 안중근(1879~1910), 신규식(1880~1922) 등이 해당한다. 개신교의 길선주(1869~1935), 양전백(1869~1933), 불교의 한용운(1879~1944) 등은 3·1운동 때 민족대표로 참가했다. 김구처럼 소년 시절 동학농민군이나 의병에 참가한 경우도 있으나, 대부분이 러일전쟁 전후 계몽운동으로 전환하면서 근대적 이념에 의한 독립운동을 전개해 갔다. 2세대에서 주목할 것은 구시대의 평민 출신들이 독립운동의 지도자로 부상했던 사실이다. 설령 양반 출신이라도 독립운동을 통해 양반 의식을 떨쳐버린 경우가 많았다. 그렇게 해서 한국 독립운동은 평민의 시대를 열어나갔다.

3세대는 신시대에 태어나 어려서 신학문과 신사상을 접했으며, 소년기에 나라를 잃는 쓰라린 비극을 경험했다. 이들은 식민지 체제에서 민족말살을 강요한 식민교육을 받으면서도 민족의식을 키워나간 특징을 지녔다. 이들은 3·1운동 당시 20세 전후의 학생·청년으로 만세운동의 선봉에 섰다. 3·1운동이 민족총화적인 독립운동으로 발전하기까지는 3세대의 역할이 컸다. 독립운동의 오랜 경력을 지닌 노장년층의 1,2세대가 지도층을 맡고, 신진세대로서 3세대의 청년과 학생들이 앞장서면서 만세운동을 전국적으로 확산시켜 갔다. 1·2·3세대가 어우러진 3·1운동은 민족역량을 총화시키며 독립운동의 새로운 시대를 열어가는 분수령이 될 수 있었다. 나창헌은 3세대의 독립운동을 잘 보여주고 있다.

1920년 들어 이들은 새로운 사조인 사회주의·아나키즘 사상 등을 독립운동에 접목하면서 이념과 사상을 발전시켜 나가기도 했다. 독립운동 과정에서 다양한 사상을 섭렵했다는 사실은 그만큼 인류의 자유와 평화에 대한 고민이 깊었음을 보여주는 것이다. 3세대는 혁신의 세대였다. 그러나 나창헌은 민족의 단결을 앞세우며 끝까지 임시정부의 옹위를 주장했다. 사회주의 자체를 반대하지는 않았으나, 이념과 사상이 넘쳐 임시정부조차 부정하는 것에는 반대했다. 3세대는 2세대와 함께 독립운동의 근간을 이루었다. 1926년 6·10만세운동과 1929년 광주학생운동의 주역을 담당했다. 조선민족대동단과 병인의용대의 나창헌을 비롯해 의열단의 김원봉(1898~1958), 3·1운동의 한위건(1896~1937), 유관순(1902~1920), 6·10만세운동의 권오설(1899~1930), 이선호(1904~?) 등이 해당한다.

4세대는 1940년대 전시체제에서도 민족의 양심을 지키며 항일투쟁을 벌이던 학생들, 광복군 등 해외 독립군에서 활동한 젊은이들이었다. 제2의 광주학생운동을 일으킨 무등회, 안동농림학교의 결사대. 부산의 순국당 등 학생운동의 주체들과 광복군에 참가한 장준하(1918~1975), 김준엽(1920~2011), 조선의용대의 김학철(1916~2001) 등이 그들이다.

이처럼 독립운동은 광복의 그날까지 끊임없이 전개된 지속성을 지녔다. 나창헌은 3세대 독립운동을 대표하는 기수였다. 청년의 정신으로 2세대와 함께 한 그의 활동은 독립운동의 근간을 이루었다. 대동단 등 국내비밀단체에서 보여준 뛰어난 활동, 임시정부의 중심인물로 부상했던 점, 병인의용대의 의열투쟁을 강렬하게 전개했던 점, 청년이면서도 이념에 기울어지지 않았다는 점 등이 그랬다. 나창헌의 이념은 철혈주의로서, 방략은 의열투쟁이었다. 임시정부의 옹위를 위한 의열투쟁에서 2세대의 김구

독립기념관 나창헌 어록비

나창헌의 아들 나중화와 손주 나정호

가 있었다면, 3세대에는 나창헌이 있었다.

1920년대 중반 이후 민족유일당운동에 참가했던 점이나 1930년대 이후 좌·우를 포용했던 사상적 포용성도 주목할 만했다. 독립운동에서 이념은 수단 내지 방략에 그치지 않았다. 이념이나 사상은 조국 독립을 달성하는 과정에서 종속적 위치에 속할 뿐이었다. 그것은 안창호가 제창한 대공주의大公主義의 실천적 의지였다. 나창헌의 독립운동은 임시정부의 옹위를 주된 목표로 삼았지만, 한편으로 민족혁명당과도 깊게 연결되고 있었다. 나창헌의 사후死後, 민족혁명당원들의 추도와 묘소 참배는 그것을 말해주고 있다. 그리고 중경시절 임시정부나 민족혁명당에 관여한 그의 형제들과 지인들의 자취도 그러한 사실을 보여주고 있다.

가문 차원에서 집단적으로 독립운동을 전개해 간 사실도 특기할 필요가 있다. 한국 독립운동에는 안동 유림의 이상룡, 김동삼 가문, 허위의 문중, 이회영 6형제의 일가 60여 명이 망국 직후 서간도로 집단 망명을 단행해 독립군기지를 개척해 갔으며, 안중근과 조소앙 집안은 국내외 각처에서 독립운동에 참가하며 독립운동 가문의 명예를 세워나갔다. 그런 독립운동의 명문가들 못지않게 나창헌의 5형제도 독립운동에 투신하면서 독립운동 가문의 명예를 세워갔다. 그것이 한국 독립운동의 진면목이었다.

나창헌 현충원 묘지

나창헌의 아들 나중화와 부인 김희숙(상)

2018년 후손들(하), 오른쪽부터 손자 나정호, 손자부 장지원, 자부 차정희, 증손 나준우, 박민선, 박준범, 나성우, 아들 나중화, 손녀 나정혜, 손녀사위 박재현

연보

1896 1월 29일, 평북 희천군 동면 갈현동 514번지에서 부친 나지홍羅祉洪 진사와 모친 왕王씨 사이에서 5남 3녀 중 3남으로 출생했다. 나창헌은 맏형 장헌, 둘째형 성헌, 동생 동헌, 경헌 등 5형제 중 셋째였다. 호는 료범了凡, 이명으로 왕성준王成俊, 강우규姜宇圭, 중국 망명 후에는 나세웅羅世雄을 사용했다.

1905~1908 희천일신학교를 졸업하다.

1908~1909 영변보통학교로 편입, 졸업했다.

1909 평양고등학교에서 수업했다.

1911 교원양성소에 입학했다.

1913 교원양성소를 1년 과정으로 졸업한 뒤 일신학교와 영변 창의학교 교사로 근무하다.

1914~1916 일본으로 유학해 수영脩靈대학에서 정신과 관련 과정을 수료했다. 중촌최면실등기합술연구소中村催眠實等氣合術研究所를 졸업하다. 동경최면학회, 일본정신연구회 등을 출입하다.

1917 경성의학전문학교에 입학하다.

1918 12월, 전협이 미주로 가기 위해 상해로 출발하다. 전협은 1918년 12월부터 1919년 2월까지 2, 3개월을 상해에 머무르며 신규식을 만나다.

1918~1919 일본의 『태영도太靈道』의 정신요법 강습을 받다. 정신연구회에 입회하다.

1918 12월, 중국 상해에서 전협이 신규식을 만나다. 국내에서 대동단의 조직 필요성을 느끼다.

1919 2월 20일, 경성의학전문학교 강당에서 2학년 동급생들에게 파리강화회의 및 민족자결주의의 내용과 유학생들의 독립선언 계획을 알리며 학생들에게 만세운동에 나설 것을 촉구했다.

2월 25일, 2월 25일과 26일 이틀 동안 정동교회 목사 이필주 방에서 전문학교생 20여 명과 모여 만세운동에 대한 계획을 세우다.

3월, 전협과 최익환이 비밀단체 조선민족대동단을 결성하다.

3월 1일, 탑골공원에서 거행한 독립선언식에 참가하다. 경성의학전문학교의 200여 명의 학생 가운데 50여 명이 3·1운동에 참가하다.

3월 2일, 운니동의 93번지 하숙집에서 일본 경찰에 체포되다.

4월 8일, 정원택이 김의한의 안내로 서울의 다옥동 여관 후면 밀실에서 정두화를 만나다. 신규식의 근황이며 상해의 정세를 설명해주며, 김가진의 상해망명을 권고하다.

5월 23일, 최익환이 일경에 붙잡히다.

5월, 대동단의 최익환이 붙잡힌 이후 그 후임으로 정남용이 선전활동을 주관하다.

서대문형무소에 갇혀 3개월여 동안 갖은 고문을 당하다가 세브란스 병원에 입원하다.

6월, 구국모험단이 상해에서 20여 명의 청년들로 결성되다.

전협과 정남용이 김가진을 찾아가 상해망명의 뜻을 물으니, 가겠노라는 의지를 분명히 밝히다.

7월, 세브란스 병원을 탈출하다. 이때 병원 화장실 창문을 이용해 탈출에 성공한 것으로 알려져 있다. 정남용을 만나 대동단에 가입하다.

8월, 대동단의 명칭을 독립대동단으로 바꾸다. 종래의 기관을 발전시켜 「독립대동단임시규칙」과 「세칙」등을 새롭게 만들다.

나창헌, 대한민국청년외교단에 가입 활동하다.

8월, 청년외교단은 독립운동의 나아갈 방향에 대해 「건의서」를 임시정부 앞으로 보내다.

청년외교단이 「외교시보」를 간행해 나창헌이 배포를 담당하다.

8월 10일, 대동단이 기관지 『대동신보』를 1만부 발행하다. 여기에는 대동단의 입장을 밝힌 「선언서」와 「기관」 「방략」등을 편집해 싣다.

8월 29일, 대동단이 국치일을 기념한 만세시위를 청년외교단과 함께 추진하다. 국치기념일을 맞이해 종로 등지에서 국치를 기념하는 만세시위가 전개되다. 동일 밤에는 북악산의 각처에 태극기가 게양되다.

10월, 이종욱이 연건동 202번지 집에서 전필순, 나창헌 등과 연통제 조직을 논의하다. 비빌단체를 연합해 서울에 연통본부를 두고 전국에 지부를 갖는 연통제를 조직하기로 결정하다. 민강이 강매의 소개로 윤종석을 만나, 해외 통신 및 교통 연락을 돕기로 하다. 송세호는 함경남북과 전라남북, 윤종석은 평안남북과 황해도를, 나창헌은 경상남북과 충청남북, 강원, 경기 각 도의 감독부를 담당하기로 하다.

10월 7일, 대동단의 여섯 사람이 체포되면서 대동단의 2차 발각이 되다.

10월 10일, 김가진이 아들 김의한과 이종욱의 안내를 받으며 망명길에 오르다.

10월 20일, 나창헌은 이신애·정규식·안교일 등과 함께 악조건을 무릅쓰고 만세시위를 강행하기로 결정하다.

10월 30일, 김가진 일행이 상해에 도착하다. 상해에서의 환영이 대성황을 이루는 가운데 김가진은 병원에 입원하다. 각국의 기자들과 기자회견을 자청하다. 기자회견 내용이 세계 각국에 보도되면서, 중국에서도 전 총리를 지낸 당소의唐紹儀가 면회를 오다. 임시정부는 김가진을 고문으로 추대하다.

10월 31일, 소위 천장절인 10월 31일을 기해 만세운동을 벌이기로 계획하다. 청년외교단과 대동단, 대한독립애국단의 인사들이 참가하면서 연합시위의 성격을 띠었다.

10월, 상해에서 파견된 이종욱은 안창호로부터 김가진 외에도 의친왕, 박영효, 김윤식, 이용직, 이능화, 이용태, 정운복, 윤치호, 이상재 등도 탈출시킬 것을 지시받다.

11월 20일, 의친왕이 수색역에서 기차를 타고 상해 망명길에 오르다.

11월 28일, 대동단의 주도로 제2회독립만세시위를 일으키다. 이날의 만세시위는 청년외교단, 대한독립애국단이 합세한 연합시위의 형태로 거행되다.

나창헌이 제2회 독립만세시위를 벌인 직후 서울을 떠나 상해로 향하다.

12월, 나창헌이 안동(단동)에서 의안교통소를 결성하다. 의안교통소의 역할은 상해와 국내로 통하는 문서 전송 및 대동단 관계자의 교통 편의를 제공하는 것이었다.

12월 19일, 의친왕망명이 일경에 사전 발각되면서 전협 등이 피체되다.

1920 나창헌이 상해에 도착하다. 『독립신문』에서는 「나창헌씨 내호來滬」라는 제목으로 나창헌이 '중요한 단무를 띠고 상해에 왔다'라고 보도하다.

1월 1일, 『독립신문』에서 대동단을 크게 보도하다.

1월 3일, 임시정부가 1920년을 독립전쟁의 해로 선포하다. 도산은 신년축하회 연설에서 '혈전독립전쟁 단행의 결심'을 강조하고, "의를 위해 죽기로 결심한 용기 있는 대한 남자는 규율있게 질서있게 대대적으로 일어나 분투"할 것을 촉구하다.

상해에서 이도신과 결혼하다. 1925년 이도신 사망하다.

2월 1일부터 2월 10일까지 나창헌은 안창호와 자주 만나다.

2월 10일에는 안창호가 나창헌을 동아여사東亞旅社로 초청해 만찬을 열었다. 여운형, 경성의학전문 출신인 유상규 등이 배석하다.

3월 1일, 대한민국 임시정부가 3·1운동 1주년 기념식을 거행하다. 이때 김가진이 임시정부 국노國老로서 자신의 친일적 과오를 씻고 인생의 마지막 불길을 피우겠다는 각오를 밝히다.

나창헌이 안창호를 찾아가 "모든 불통일과 불평에 관함"을 말하다. 나창헌은 안창호가 구상한 혁명당 조직방안에 적극 찬동하며, 대동단결에도 찬동을 표하다.

3월 6일, 대동단은 총부를 상해로 옮긴다는 「통고문」을 발표하다. 같은 날 대동단 총재 김가진의 명의로 무장투쟁을 방략으로 삼는 「포고문」을 발표했다.

3월 10일, 나창헌은 군자금 모집의 격문을 선포하다. 대동단의 조직은 총재·무정부장·상무부장·외교부장·재무부장 서리 등으로 되었으며, 나창헌은 상무부장을 맡다.

4월, 나창헌은 임득산·김홍식 등과 함께 김성근의 집에서 폭탄을 실험 제조하던 중 폭발사고가 일어나다. 이 사고로 임득산이 크게 다치고, 프랑스 경찰이 파편을 맞아 다리를 절단하는 중상을 입다.

4월 19일, 김가진이 도산에게 대동단 간부 인물이 수십만 원을 변통해 가지고 오다가 대전에서 일경에게 체포됐다고 말하다.

5월, 나창헌이 상해에서 대동단 총부를 재건한 뒤 통고문通告文 1,600매를 의안교통소에 보내 200매는 신의주 일대에 배포하고 1,400매는 서울의 대동단원 이호에게 발송하다.

나창헌은 김기만 등 청년들과 함께 철혈단鐵血團을 결성하다. 철혈단은 나창헌이 작성한 임시정부 간부에 대한 성토문을 발표하다.

6월 5일, 철혈단원 정환범과 강상선 등이 주색을 탐하며 거금을 낭비하던 동포를 권총으로 위협해 1,600원의 돈을 빼앗은 사건이 발생하다.

6월 9일, 나창헌·김의한·김기제 등 철혈단원 40여 명은 6월 9일 강상선을 구출하기 위해 임시정부 내무부로 쳐들어가다. 그러나 임시정부 경무국은 철혈단의 '내무부 습격사건'으로 규정하고 조사한 결과 철혈단 인사들이 상해 일본영사관의 조종과 후원을 받는 밀정 황학선의 계략에 의해 움직였다는 사실을 알아내다.

6월 13일, 안창호가 나창헌·김기제가 입원한 신강병원申江病院을 방문해 위로하다.

1921 나창헌은 1921년 상해 가덕로卡德路에서 최면술치료소를 차

리다. 중국인에게 영자술靈子術 가르치는 한편 사천성 중국군 여단장의 난치병을 치료해 하여 신의神醫라는 명성을 얻다.

2월, 상해 지역의 독립운동가 고일표와 김창숙 등 15명이 「우리 동포에게 고함」이라는 선언서를 발표하다.

3월 1일, 철혈단을 정구단正救團으로 개칭하고 1921년 3월 1일 자로 임시정부를 공격하는 인쇄물을 배포하다. 그러나 나창헌은 정구단에 참가하지 않았다.

4월, 북경의 군사통일회의에서 선언서를 통해, 5월에는 만주 액목현에서 김동삼과 이진산 등이 국민대표회의 소집을 요구하다.

5월, 안창호가 국민대표회의 개최에 집중하기 위해 임시정부 노동부총판 자리를 내놓고 임시정부를 나왔다.

9월 20일, '흥사단원동임시위원부'가 정식 출범했다.

1922 나창헌의 맏형 나장헌이 독립운동 자금 1천여 원을 상해로 보냈다가 일경에 붙잡혀 옥중 순국했다.

6월 8일, 유호청년회가 상해 모이당慕爾堂에서 연설회를 개최하다.

6월 12일, 유호청년회 임시대회를 인성학교에서 열고 시국에 대한 10여 청년들의 의사 발표를 듣다. 이때 나창헌 등 9인을 위원으로 선정하다. 유호청년회는 임시정부 존폐론을 둘러싼 시국 문제를 논의하기 위해 조직됐다. 나창헌이 자유토론에서 "나는 철혈단을 다시 조직해 내가 생존해 있는 한 죽을 때까지 결행할 것이다"라는 의지를 표명하다. 이날 나창헌은 윤자영과 정광호 등 9명과 함께 조사위원으로 선정되다.

6월 17일, 이승만 대통령에 대한 불신임안을 통과시키다.

6월 19일, 유호청년회는 2회 대회를 6월 19일 130여 명의 청년이 모인 가운데 열다.

6월 24일, 제3회 시국해결 및 비판연설회가 6월 24일 의정원 회의장에서 개회됐다. 참석한 사람이 70~80명에 달했으며, 선언과 결의를 정하다.

7월 1일, 의정원 회의장에서 80명이 모여 시국 해결을 위한 회의를 열다.

7월 4일, 김가진이 1922년 7월 4일 오후 10시 영면에 들다. 향년 76세이다. 그의 장례는 임시정부장으로 치러지다. 7월 8일 유해는 상해 홍교로 만국공묘에 묻히다.

9월 25일, 신규식이 영면하다. 향년 43세이다.

12월, 상해에서 결성된 한국노병회에서 나창헌은 발기인으로 참가하다. 시정부가 자체 군대를 유지할 정도의 재정을 갖추지 못한 상황에서 병농일치의 둔병제를 염두한 것이다.

1923 1월 3일, 국민대표회의가 국내외 지역과 독립운동단체 대표 125명이 참석해 진행되다.

1월 24일, 나창헌이 대한광복군단 대표의 자격으로 국민대표회의에 참가하다.

4월, 나창헌 등이 상해 교외 우원로愚園路 봉왕도鳳王渡 화원花園의 모다방에서 한국노병회 총회를 개최하다. 나창헌은 한국노병회의 이사로 선출되다.

5월 15일, 국민대표회의 개조파가 탈퇴하기 시작하다.

6월 2일, 국민대표회의에서 국호를 한韓으로 정하고 6월 7일 열린 마지막 회의에서는 국민위원회의 국민위원 33인과 국무위원 5인(4인만 선출), 고문을 선출하고 폐회하다.

10월 28일, 한국노병회 창립1주년 기념일이었다. 70명이 프랑스조계 날비덕로辣斐德路 우기리友記里 1호 교민단에서 창립

1주기념축하회를 거행하다. 나창헌은 한국노병회 이사 겸 교육부원에 임명되었고 통상회원으로 활동하다.

11월 2일, 나창헌은 한국노병회의 교육부원, 1924년 6월 5일 한국노병회 노공부장으로 선임되다.

1924 1월 12일, 나창헌은 상해교민단 의사회에서 새로 설치된 교육위원회 위원으로, 1925년 10월 6일에는 의사원으로 선출되다.

2월 23일, 블라디보스토크에서 열린 국민위원회 제1회 회의에서 나창헌이 후보국민위원에 선임되다. 그러나 나창헌 본인의 동의를 얻은 것이 아니라 임의로 선임한 것이다.

3월 2일, 동명학원은 우선 어학강습을 교과 과정으로, 임시로 중국인들이 교당으로 사용하던 건물 상층을 빌려 개교하다.

3월 21일, 상해한인청년동맹회를 발기한 데 이어 4월 5일 상해청년동맹회가 정식 출범하다.

6월, 임시의정원은 대통령을 '유고有故' 처리하다.

6월 17일, 나창헌이 안창호의 권유로 상해 혜포당蕙浦堂에서 원동흥사단에 통상단우로 입단하다. 통상단우가 되기 위해서는 6개월의 준비기간이 필요했으므로 1923년부터 흥사단에 관여한 것으로 보인다. 나창헌은 조상섭과 함께 제18반에 편입됐다. 당시 나창헌의 주소는 하비로 애인리였으며 직업은 세웅의원을 운영했다. 상해로 온 뒤 독일인 병원에서 약간의 인턴을 거쳐 1921년 이래 최면술치료소를 열었다.

9월 3일, 임시정부는 국무원령 제1호로 독립당대표자회의소집간장을 발표하다. "독립운동의 민족적 기초 조직을 확고히 하고 독립운동의 방침을 쇄신 여행하여 독립대업을 촉성할 목적으로 정부는 독립당 대표회의를 소집함, 국무원 중에서

위원회를 조직하여 대표회의를 소집케 함"이라 명시하다.
12월, 일명 '민정식閔庭植 사건'의 책임을 지고 국무총리 이동녕 이하 임시정부 각원이 총사직을 하다. 박은식을 국무총리로 하는 개조파 중심의 내각이 들어서다.
12월 18일, 나창헌이 서무국 국원으로 선임되다.
나창헌은 인성학교에서 김두봉과 함께 시간강사로 활약하다.

1925 2월 20일, 나창헌은 임시의정원 개원식에서 평안도 의원으로 선출되다.
3월 13일, 임시의정원에서 나창헌이 곽헌·최석순·문일민·고준택·강창제·강경선·김현구·임득산·채원개 등과 임시대통령 이승만을 탄핵하고 심판한다는 결의안을 제출하다. 나창헌은 대통령 이승만의 탄핵심판위원장으로 활약하다.
3월 23일, 임시의정원에서 이승만을 대통령직에서 면직하다. 만장일치로 국무총리 박은식을 제2대 임시대통령으로 선출하다.
4월 14일, 나창헌이 임시정부 내무차장 겸 경무국장에 임명되다. 나창헌의 동지 고준택과 강창제 등이 내무부 경무국 참사로 임명되다.
6월 13일, 나창헌이 정위단正衛團을 조직하다. 정위단은 경무국을 지원하는 응원 단체였다.
9월 23일, 정의부 이상룡이 9월 23일 국무령에 취임하다.
12월 3일, '여운형구타사건'이란 정위단의 박희곤·박영호·김필렬 외 4명이 여운형 집에 쳐들어가 여운형을 구타한 일이다. 상해 인사 100명이 국무령 이상룡에게 '여운형구타사건'의 진의를 해명하고 정부의 권위를 보전해 줄 것을 요구하는 청원서를 제출하다. 임시정부가 위기를 맞이했을 때 나창헌이 장문의 성명서를 발표하다.

12월 6일, 제6회 민단의사원을 선거한 바 나창헌을 비롯해 안공근·김두봉·최석순·박창세·송병조·조상섭·이강·김예진·김붕준·황훈·김현구·최승봉·이근영·고준택 등이 선출되다.

1926 1월, 나창헌이 상해에서 병인의용대를 결성하다. 임시정부의 옹위를 내세우며, 일제의 기관파괴, 일제의 밀정, 주구배, 주요 요인 등에 대한 처단 등을 목적한 의열투쟁 단체였다.

의열단장 김원봉이 상해의 나창헌 집에 와서 기거하다. 병인의용대 조직의 상황을 접한 김원봉은 병인의용대의 목적이 의열단과 같다면서 두 단체의 합동을 제의하다. 김원봉은 광동에서 사온 권총 10정, 폭탄 3개를 병인의용대에 넘겨주었다. 그러나 나창헌이 같은 의열투쟁을 지향하더라도 임시정부의 옹위를 단체의 목적으로 삼았다는 점에서 거절하다.

1월 29일, 나창헌은 병인의용대원을 한인학교 인성학교에 소집했다. 이날 회의에서 조선총독부의 밀정 최동윤(본명 박제건)을 처단 대상 제1호로 지목하다. 실행대원 4명이 2월 1일 일제의 밀정 박제건을 상해 북강서로에서 처단했다.

2월, 병인의용대는 2월에 일본영사관의 밀정인 염익지, 이수봉 외 2명 등을 처단했다.

2월 13일, 서울로 폭탄을 휴대한 청년 4명을 파견하다. 3월 1일을 기념하기 위해 대원을 국내로 파견한 것이다.

3월, 병인의용대원 이영선이 상해 일본총영사관 순사 내굴內屈을 처단하기 위해 상해 공동조계에 있는 일본 음식점 승전관勝田館으로 유인했으나, 일본인 선원 송본松本을 내굴로 오인하여 처단하다.

4월 6일, 프랑스 조계 비동서로飛東西路 중국인 집에서 강창제·이수봉 및 김광선 등이 대원 최병선과 장영환 등이 상해 일본 총영사관에 체포되었다는 소식을 듣고 복수할 것을 결심했다. 4월 8일 병인의용대들은 상해 일본총영사관 건물에 폭탄을 투척하는 쾌거를 올렸다. 이때 사용한 폭탄은 나창헌과 임득산·이지선 등이 직접 제조한 것이다.

5월, 나창헌은 이유필과 함께 간도지역에서 파견된 독립군 요원 10여 명과 상해에서 긴밀하게 접촉하다,

5월 5일, 병인의용대가 북간도 국자가에 격고문을 살포하다.

5월 9일, 나창헌은 병인의용대 최고간부회의에서 융희황제 국장을 기해 조선총독부 총독을 비롯한 일제 고관을 처단하기로 결의하다.

5월 16일, 안창호가 미국에서 영국기선 엠 루시아호를 타고 만항파晩香坡에서부터 상해로 건너오다.

6월 1일, 대원 4명이 국내로 잠입하기 위해 6월 1일 중국인으로 변장하고 권총 2정과 빵 속에 숨긴 폭탄 2개, 다수의 격문을 소지하고 중국 상선 순천호에 승선했다가, 황포탄 하류에서 사전 정보를 탐지한 일제의 수상경찰에 붙잡히다.

7월 8일, 상해의 삼일당에서 송병조·한진교 등이 임시정부의 존립과 각 단체의 통일을 목적으로 연설회를 개최하다. 연설회에서 안창호가 민족대단결을 주장하다.

7월 16일, 상해에서 6·10만세운동에 대한 연설회가 독립신문사와 혁명청년사의 주최로 열렸다. 이 연설회에서 안창호가 민족유일당운동을 강조하다.

9월 15일, 나창헌이 직접 제작한 시한폭탄을 중국인 서륜쌍徐倫雙을 시켜 일본총영사관에 들여와 폭파하햐고 했다. 이 사건

으로 최병선과 장영환이 일본영사관에 체포됐다. 병인의용대는 피체자의 배후에 강력한 단체가 있음을 알리기 위해 총영사관에 폭탄을 던졌다.

9월 16일, 일본영사관 경찰은 9월 16일 아침 6시 4명의 일본 경찰이 백미로白爾路 존의리存義里 2번지의 나창헌이 살던 세웅의원을 습격했다. 나창헌은 피했으나 대신 세웅의원에 있던 나창헌의 형제인 23세의 나성현과 27세의 나동헌이 붙잡혔다.나동헌은 1938년 4월 중경에서 열린 안창호선생추도대회주비회에서 활동하고, 1944년 12월 대한민국임시정부 서무국 국원으로 근무했다. 막내 동생 나경헌羅子和은 1938년 3월 중경전료원重慶電療院에서 의사로 일하고, 곤명昆明 중국비행장 소속 군의로 일했다.

11월 17일, 일본 상해총영사관의 일경들이 프랑스 공무국의 체포 허가를 받아 1926년 11월 17일 나창헌이 거주하던 세웅의원을 다시 급습했다. 그러나 나창헌은 그의 집에 거주하는 강창제와 함께 이미 피한 뒤였다.

12월, 나창헌이 상해를 떠나 항주로 이주했다. 그곳에서 서호폐병의료원을 경영한 것으로 알려졌다.

1927 3월 21일, 상해에서 한국유일독립당 상해촉성회가 창립됐다. 집행위원 24명을 선출할 때 나창헌이 위원으로 뽑히다.

4월, 임시정부의 제3차 개헌에서 '이당치국'의 형태를 도입하다.

1928 8월 21일, 흥사단 제15회 원동대회에서 운동위원으로 활동하다. 1930년 제17회 원동대회에서 통상회원으로 원동 제2반 소속이었다.

1930 항주를 떠나 구강九江에 도착하다. 이곳에서 폐요양원을 운영했다.

상해에서 나창헌이 김희숙 여사와 결혼하다. 이때 주례는 안창호가 맡고 김구가 축사를 해주다.

1931 7월, 만주에서 소위 '만보산사건'이 발생했다. '만보산사건'은 독립운동계나 중국지역 한인 사회에 크나큰 악재로 작용하다.

흥사단원동위원부 제4반 소속이었으며 1932년에는 원동 제5반 소속으로 활동하다.

구강에서 장남 나중화가 출생했다. 1934년 딸 나영화가 사천성 만현에서 태어났다.

1932 1월 11일, 상해의 국문통신사에 한국독립당의 명의로 이봉창 의거에 대한 성명서를 발표하다. 성명서에는 "이봉창 한 사람만이 이 같은 뜻을 지닌 것이 아니며 이천삼백만의 가슴 속에 모두 이봉창과 같은 결의가 있어 제2, 제3 아니 2천만 모두가 이봉창과 같은 사람이 될 것이다."라 선포했다.

1월 28일, 일본군 상해육전대사령부는 1월 28일 밤 11시 25분 선전을 포고하고 15분 뒤 상해를 지키는 전략 거점인 갑북閘北을 공격하면서 침략전쟁을 개시했다.

4월 29일, 윤봉길의거가 일어나다. 일본 왕의 생일인 '천장절'이자, 상해를 침략한 일본군의 승전축하식이 열리는 날이었다. 홍구공원에는 1만 명의 일본군이 전차 및 대포를 앞세워 열병식을 거행하고, 수십 개의 대형 욱일기가 행사장 주위에 펄럭이며 침략자의 위용을 맘껏 뽐내고 있었으나, 윤봉길은 혈혈단신으로 의거를 통쾌하게 성공시켰다.

윤봉길의거 당일 안창호가 일경에 피체되는 불행한 일이 발생하다.

1933 나창헌은 중경으로 이주해 중경전료원을 경영하다. 연화지동에 있다고 해서 일명 연화지병원이라 불렀다.

1월, 상해 프랑스 조계의 기독교 청년회관에서 제19회 흥사단 원동대회가 1933년 1월에 개최됐다. 나창헌도 이 대회에 참석해, 흥사단 원동반 제5반 반원에 소속됐다.

나창헌이 사천성 만현으로 이주해 만현의원萬縣醫院이란 병원을 개설했다. 의산인 매제 최성오도 함께 경영했다.

6월, 나창헌이 상해로 와 1개월 동안 체재하면서 병인의용대의 부흥을 기도하다.

나창헌이 재건 병인의용대의 고문을 맡다.

1936 6월, 봄부터 위암 증세가 나타난 나창헌이 6월 26일 40세의 나이로 서거하다. 그의 유해는 만현시 오교구五橋區 진가패陳家唄 가도街道 대석촌大石村 9조組 노관취老關嘴에 안장됐다. 그 후 미망인 김희숙 여사는 5세의 아들과 2세의 딸을 데리고 귀국했다.

6월 19일(음력?), 오후 2시 모처에서 민족혁명당 주최로 나창헌의 추도식을 열다.

7월 30일, 한국국민당은 기관지 『한민』 제5호(1936. 7. 30)에서 나창헌의 추모글을 실으며, 나창헌의 죽음을 애도하다.

1938 2월 3일, 2월 민족혁명당 인사들 30여 명이 나창헌의 묘소를 찾아 참배를 하다. 묘소 안내는 나창헌의 매제인 최성오가 인도했다. 최성오는 최석순의 동생이다.

3월, 나창헌의 동생 나경헌이 1938년 3월 중경전료원重慶電療院에서 의사로 근무하다. 나경헌은 나창헌의 막내 동생으로 형이 운영했던 중경전료원에서 의사로 있었던 것 같다. 나경헌은 중경의 중경전료원과 사천의 만현병원을 오가며 의사로 근무했던 것으로 보인다. 나성헌은 중경 한중로에서 상해불자약방上海佛慈藥房 중경지점을 경영했다. 나성헌은 1939년 중경에서 열린 3·1기념식에 임득산 등과 함께 참가했다.

1993 대한민국 정부는 1993년 건국훈장 국민장(1995년 독립장)에 추서했다.

9월, 아들 나중화가 중경시 만현에 도착했다. 이때 이소심·이선자·상해음악학원 교사 최위자도 대동했다. 9월 18일 아버지 나창헌의 묘소와 유해를 찾다.

11월 10일, 만현시민정국과 교무판공실에서 사천성 민정청에 '한국인 나창헌선생 유해 봉환 천장 요청에 대한 보고서'를 송부하고, 11월 24일 사천성 민정청의 결재가 났다.

12월 18일, 나중화는 서울에서 특별행 직행 비행기로 상해에 도착하다. 부친의 유해를 인수받아 12월 20일 비행기로 상해를 떠났다.

12월 20일, 나창헌의 유해가 국내로 봉환됐다. 나창헌의 유해는 서울 동작동 국립묘지에 하루 머물렀다가 12월 21일, 국립대전현충원 애국지사 묘역 제1묘역 29에 안장됐다.

2019 10월 18일, 서울대학교에서는 경성의학전문학교 2학년 중퇴의 나창헌에게 명예 졸업장을 추서했다. 서울대학교 의과대학에서 나창헌을 비롯한 경성의전 출신의 독립운동을 기리는 기념학술대회와 졸업식을 거행했다. 나창헌을 비롯해 오복원·김중화·한위권·이의경 등과 함께 명예 졸업장을 탈 수 있었다. 김형기·유상규 등의 독립유공감사장 수여식도 함께 열렸다.

2021 7월, 독립기념관에 나창헌선생시어록비를 제수하다.

미주

서북인(西北人)으로 태어나다

1 이돈화, 「나의 반생」, 『천도교회월보』, 1931, 21쪽.

2 오수창, 「조선후기 경상도·평안도 지역차별의 비교」 『역사비평』 59, 2002, 319~331쪽.

3 오수창, 「조선후기 평안도민에 대한 인사정책과 서민의 정치적 동향」, 서울대 박사논문, 1996 참조.

4 나용환, 「내가 입도하든 그때」, 『신인간』 4, 1929, 24쪽.

5 이승훈, 「서북인의 숙원신통」, 『신민』, 1926, 203~204쪽.

6 장석흥, 『6·10만세운동』 한국독립운동의 역사 40, 독립기념관, 2009, 84~86쪽.

7 장석흥. 「평양 3·1운동의 원류」, 『한국학논총』 53, 2020, 142~144쪽.

8 나지홍이 진사시에 입사한 사실은 확인할 수 없다. 다만 그 지역에서 나진사댁으로 불렸다는 것만으로 집안의 유력함을 엿볼 수 있다.

9 국사편찬위원회 편, 『한민족독립운동사자료집』 15, 「나창헌 신문조서」(제1회), 212쪽

10 1991년 건국훈장 애국장을 추서했다.

11 독립운동사편찬위원회, 『독립운동사』 7(의열투쟁사), 58~64쪽.

12 2011년에 대통령 표창을 추서했다.

13 국사편찬위원회, 『대한민국임시정부자료집』 6권, 「대한민국임시정부직원 선해임부」 참조.

14 국사편찬위원회 편, 『한민족독립운동사자료집』 46, 「이초생李初生 신문조서」 (제2회).

15 조철행, 『나창헌의열투쟁에 헌신한 독립운동가』, 역사공간, 2015, 14~15쪽.

16 자필 이력서에 1910~1913년 경성 교원양성소에 다닌 것으로 기록한 것은 착오

로 보인다.

17 도산안창호선생기념사업회, 『도산안창호전집』 10, 2000, 「제176단우 나세웅 이력서」, 738쪽.

18 국사편찬위원회 편, 『한민족독립운동사자료집』 15, 「나창헌 신문조서」(제1회), 243~244쪽,

19 정부는 2015년에 대통령 표창을 추서했다.

20 이도신이 사망했을 때 호상護喪은 이유필 · 조상섭 · 고준택 · 강창제 · 임득산 · 김봉준 등이 맡았다. 이들은 모두 흥사단 원동위원부 단원들이었다.

21 『서울대학교병원보』, 2001년 6월 15일.

경성의학전문학교 생도로 학생만세운동을 계획하다

1 장규식, 「YMCA학생운동과 3 · 1운동의 초기 조직화」, 『한국근현대사연구』 20, 2002 참조.

2 장규식, 「YMCA학생운동과 3 · 1운동의 초기 조직화」, 『한국근현대사연구』 20, 2002. 124~126쪽.

3 독립운동사편찬위원회, 『독립운동사자료집』 5, 「대정 8년 8월 30일 예심종결 결정」, 1973, 70쪽, 『독립운동사자료집』 13, 「경성 독립운동 관련 학생의 예심 종결 결정서」, 1977, 100쪽.

4 김상태, 「경성의학전문학교 학생 · 졸업생들의 국내 항일운동」, 『동국사학』 67, 2019. 12, 352쪽.

5 김상태, 「경성의학전문학교 학생 · 졸업생들의 국내 항일운동」, 『동국사학』 67, 2019. 12, 348~349쪽.

6 국사편찬위원회 편, 『한민족독립운동사자료집』 15, 「나창헌 신문조서」(제1회), 213쪽.

7 국사편찬위원회 편, 『한민족독립운동사자료집』 15, 「나창헌 신문조서」(제1회). 214쪽.

8 국사편찬위원회 편, 『한민족독립운동사자료집』 6, 「정남용 신문조서」(제4회), 139~140쪽.

9 국사편찬위원회 편, 『한민족독립운동사자료집』 6, 「정남용 신문조서」(제4회), 140쪽

10 신복룡, 『개정증보판 대동단실기』, 선인, 2014, 52쪽.

11 신복룡, 『개정증보판 대동단실기』, 선인, 2014, 52쪽.

12 이명으로 정익, 홍우식, 정의남, 정필성 등을 사용했다.

13 의친왕 이강의 상해 망명에 연루된 그는 징역 5년형을 선고받고, 서대문형무소에서 옥고를 치르던 중 고문의 여독으로 1921년 4월 18일 옥중 순국했다.

14 장석흥, 「3·1운동의 평화운동적 의미」, 『북악사론』 14, 2021. 108쪽.

전협, 상해에서 신규식을 만나다

1 장석흥, 「조선민족대동단연구」, 『한국독립운동사연구』 3, 1989, 참조.

2 박은식, 『한국독립운동지혈사』, 『백암박은식전집』 제2권, 2002, 612쪽.

3 신복룡, 『개정증보판 대동단실기』, 선인, 2014, 36쪽.

4 김봉양은 정두환의 집안 형이었다고 한다.

5 정두화와 전협이 만났을 때 상해의 신규식을 거론하면서 군자금을 지원했다. 이 중 2천여 원 정도의 군자금을 전협이 신규식에게 제공했을 가능성이 크다.

6 손과지, 『상해한인사회사』, 한울아카데미, 2001, 39~41쪽.

7 박은식, 『한국독립운동지혈사』(『백암박은식전집』 제2권, 2002, 612쪽.) 전협은 상해에서 김구, 김중호, 이일원 등을 만났던 것으로 서술하고 있다. 그러나 김구가 상해로 오는 것은 임시정부 수립 후의 일이라 사실과 다르다. 김중호, 이일원이 누구인지는 자료에서 찾아지지 않는다.

8 배경한, 「신규식 동제사 그룹과 파리강화회의」, 『역사학보』 256, 2022, 315~320쪽, 이글에 의하면 신규식이 건강상의 이유로 항주沆州에 머무르다가 1919년 12월 광주廣州로 가서 2개월 정도 있었음을 밝히고 있다. 그런 점을 감안하더라도 전협이 신규식을 찾아 항주로 갔을 가능성과 아니면 신규식이 상해로 돌아온 뒤 만났을 가능성을 배제할 수 없다.

9 정정화, 『장강일기』, 학민사. 2011, 34쪽.

10 배경한, 「신규식 동제사 그룹과 파리강화회의」 『역사학보』 256, 2022, 325~332쪽.

11 신승하, 「예관 신규식과 중국혁명당인과의 관계」, 『김준엽교수화갑기념 중국학논총』, 1983, 465~466쪽.

12 徐血兒(1891~1915)의 원명은 大裕, 자는 天復이다. 중국 동맹회, 南社회원이다. 中國同

盟會中部總會의 기관지인 『民立報』 주필이었다.

13 신승하, 「예관 신규식과 중국혁명당인과의 관계」, 『김준엽교수화갑기념 중국학 논총』, 1983, 467~468쪽. 손문이 1912년 1월 1일 남경에서 대총통에 취임하자 송교인의 소개로 만났다.

14 1913년 5월 20일(음) 동제사 창립 1주년 기념식을 거행했다.

15 동제사의 '동제'는 원래 '동주공제同舟共濟'를 줄인 것으로, '한 마음 한 뜻으로 같은 배를 타고 피안에 도달하자'는 뜻이다. 친목융화·간난상구艱難相救를 표방했지만, 실제로는 민족의 독립이 진정한 목표였다.

16 정병준, 「신한청년당 결성과 우사 김규식의 독립운동」, 『우사 김규식의 생애와 사상』 5, 우사 김규식 서거 70주년 추모논문집, 2020, 91쪽.

17 이 신문들은 민족의 대변지를 자처하며 자주독립과 국권회복에 관한 기사와 국내 소식, 미주 동포의 근황을 다루는 다양한 정보 제공의 통로였다.

18 동제사 조직 이후 회원인 송교인이 피살당했던 1913년 3월 이전으로 보인다.

19 신아동제사에 참가한 혁명당 인사로는 송교인, 진기미를 비롯해 대계도, 은여려, 백문울, 추로, 여천민, 장부천 등 혁명당이면서 남사의 사원들과 손문과 가까웠던 호하민, 요중개, 장정강, 장계란, 오철성 등의 혁명당 인물, 황개민, 굴영광, 호림, 당소의 등이 있었다.

20 신승하, 「예관 신규식과 중국혁명당인과의 관계」, 『김준엽교수화갑기념 중국학 논총』, 1983, 484~485쪽.

21 민두기, 『신해혁명사』, 민음사, 1994, 18쪽.

22 이 무렵 박은식이 안창호에게 보낸 편지 봉투에는 주소지를 중국 남경의 자유당 내內라고 썼음을 볼 수 있다.(『백암박은식전집』 5권, 137쪽.) 한인들은 자유당 총무 유정으로부터 중국어를 배우는 등 대학 입학을 위한 준비를 하고 있었으며, 자유당은 남경이나 상해에서 한인들의 활동 거점이었다.

23 신규식을 비롯한 민제호, 민필호, 신건식, 박은식, 신석우 등이 중심인물이었다.

24 「지산외유일지」, 『독립운동사자료집』 8, 1974, 366쪽. 이들은 남경의 중당에 모여 대종교 경배식을 거행했다.

25 신규식, 김규식, 박은식 등은 정기적으로 남경과 상해를 오가며 한인 학생들의 지도를 맡았다.

26 이범석, 『우둥불 : 철기 이범석 자전』, 외길사, 1991~1992, 80~81쪽. 신규식의

방에는 단군성조의 초상화가 걸려 있고, 맞은편에는 충무공의 초상화가 걸렸다. 이 무렵 상해에서 신규식은 큰 집을 얻어 7,8인의 학생을 유숙시켰고, 신채호와 김규식이 함께 기거하고 있었다.

27 이광수, 『이광수전집』 13, 329쪽 ; 신승하, 「예관 신규식과 중국혁명당인과의 관계」, 『김준엽교수 화갑기념 중국학논총』, 1983, 486쪽.

28 학원 내에는 구락부가 조직되어 학생들 간에 친목을 도모하고 규칙을 정하여 기강을 세우는 등 체계적 교육기관의 면모를 갖추었다. 3기에 걸쳐 100여 명의 졸업생을 배출할 수 있었다.

29 1915년 상해로 이동한 이상설을 중심으로 상해 지역의 신규식·박은식, 베이징 지역의 유동열·성낙형, 이춘일·유홍열 등과 북간도의 이동휘, 간민회를 이끌던 이동춘 등이 합세한 신한혁명당을 결성했다. 그러나 한·중·독의 동맹을 추진하던 신한혁명당의 계획은 좌절되고 말았다.

30 「재상해 불령선인 정황」 경고기발 제266호(1916. 5. 1)」, 『불령단관계잡건 조선인ノ부 상해지방』 1.

31 중국 역시 광둥의 호법정부護法政府가 세력을 확장시키며 그동안 미미했던 신해혁명의 전통을 희생시키면서 연합군에 합세하는 등 국제 환경의 변화가 독립운동에 대한 결단을 요구했다.

32 조동걸, 「임시정부 수립을 위한 1917년의 대동단결선언」, 『한국학논총』 9집, 국민대 한국학연구소, 1986 참조.

33 김학만은 밀산현 봉밀산 지방으로 여행 중이므로 돌아온 후 동지를 집합시켜 협의하여 의견을 송답하기로 했다. 확인되는 자료에 의하면, 연해주의 김학만이 받은 것 외에도 대동단결선언에 대한 일제의 관심이 컸던 것으로 보인다. 선언을 반포할 때 상해에 있던 인사는 신규식, 신석우, 조소앙 정도였다. 북경에는 신채호, 한흥 등이 있었다. 만주 동삼성에는 윤세복, 조소앙, 박찬익 등 연해주에는 박은식 등이 머물렀다. 미주에는 박용만과 이일이 있었다. 선언을 받은 이로는 안창호나 김병흡 외에도 블라디보스톡의 김학만, 이 규풍과 한인신보사 등이 받은 것으로 확인된다. 이들에게 선언을 보낸 것은 1917년 9월 초순이었다. 김학만이 받은 선언은 최죽형崔竹亭, 서상단 등에 전해졌다.

34 정원택은 국내로 들어와 대동단 인사들과 접촉한 것이 확인된다.

35 대동단결선언을 제안한 신규식의 활동이 이 무렵 소강상태에 빠졌다는 것은 사

실과 다르다. 대동단결선언을 국외 각처로 보낸 직후 소식을 기다려야 했고, 계획대로라면 1918년 상반기 어디에선가(상해 지역이 유력)에서 민족대회를 열기로 되어 있었던 것을 감안하더라도 알 수 있는 사실이다. 평소 남경과 상해를 오갔던 신규식의 행적으로 보더라도 남경으로 피신했다는 오정수의 회고는 사실과 다른 것이다(고춘섭 편, 『정상을 향하여, 秋空 오정수 입지전立志傳』, 샘터, 1984, 67쪽).

36 『Norddeutsche Allgemeine Zeitung』 1917년 9월 2일자(『동아일보』 1987년 5월 2일자). 이 요구에서는 모든 민족의 정치균등, 국제정의의 실현, 피압박민족의 원상복귀, 국제적인 독립 한국의 실현 등을 요구했다. 한국 문제가 해결되지 않을 경우 또 다른 세계대전이 발발할 것임을 경고한 것이다.

37 조덕천, 「1920년대 중한호조사의 결성과 한중연대」, 단국대 사학과 박사학위논문, 2020, 46쪽.

38 『진단』 6기(1920.11.14.), 4쪽; 황개민, 앞의 책, 49쪽.

39 「지산외유일지」 『독립운동사자료집』 8, 1974, 427쪽. 1월 24일 정원택은 박찬익에 이어 1월 26일에는 조소앙을 만났으며, 소앙과 남파를 소개하면서 구체적 계획에 임했다.

40 방선주, 「3·1운동과 재미 한인」, 『한민족독립운동사』 3(3·1운동), 1988.

41 정병준, 「신한청년당 결성과 우사 김규식의 독립운동」, 『우사 김규식의 생애와 사상』 5, 우사 김규식 서거 70주년 추모논문집, 2020, 110~115쪽.

42 민석린 편, 『예관 신규식선생 전기』(『예관신규식전집』 1), 2019, 338쪽.

43 박은식, 『한국독립운동지혈사』(『백암박은식전집』 2, 동방미디어, 2002), 612쪽에는 전협은 상해에서 김구, 김중호, 이일원 등을 만났다고 하는데, 김구는 이 무렵 상해에 있지 않았다. 김중호, 이일원도 추적되지 않고 있다.

전협과 최익환, 조선민족대동단을 결성하다

1 신복룡, 『대동단실기』 개정증보판, 선인, 2014, 39~40쪽.

2 『한국일진회일지』(김정주 편, 『조선통치사료』 제4권, 1970, 392쪽, 658쪽).

3 『구한국관보』 제3830호, 광무 11년 7월 29일자에 의하면 全國煥(전협)은 1907년 7월 24일부로 부평군수에 임명됨이 확인된다. 이러한 내용은 『한국일진회일지』, 앞의 책, 672쪽에도 기록되고 있다.

이 밖의 다른 자료 및 문헌에서는 전협이 1905년에 부평군수로 부임하는 것으로 되어 있는데, 그것은 전협이 일경의 신문조서에서 부임시기를 1905년(명치 38년)으로 진술함으로써 그 내용이 판결문 등에 그대로 표기되어 이후 와전된 것으로 보인다.

4 전협이 만주로 이주하는 시기를 『대동단실기』(신복룡, 24쪽)에서는 1911년으로 기술하고 있으나, 전협 자신이 己酉年(1909)으로 진술하고 있는 점과(「전협경찰신문조서」(제4회), 『한민족독립운동사자료집』 5, 147쪽), 김정명, 『조선독립운동』 제1권 분책, 195쪽에서 1909년으로 밝히고 있는 점으로 미루어 1909년이 옳은 것 같다. 그리고 부평군수 3년간 재임했다고 하는 진술로 미루어 1907년부터 1909년까지 부평군수의 직을 맡았던 것으로 파악된다.

5 국사편찬위원회 편, 『한민족독립운동사자료집』 5, 「전협경찰신문조서」(제1회), 147쪽.

6 신복룡, 『대동단실기』 개정증보판, 선인, 2014, 30~31쪽. 전협이 이때 사취한 토지는 당시 부평 일대에 널려 있는 윤치호 소유의 공한지였다고 한다.

7 「대동단예심결정서」, 『개정증보판 대동단실기』, 227쪽.

8 국사편찬위원회, 『한민족독립운동사자료집』 5, 「전협경찰신문조서」(제1회), 147~149쪽.

9 光武日語學校는 일진회원의 자제를 교육시키기 위해 1905년 5월에 설립되었으며, 초대 교장은 이용구였다(『한국일진회일지』, 앞의 책, 477쪽).

10 국사편찬위원회 편, 『대한제국관원이력서』, 1972, 343쪽.

11 「최익환의 도보관재산죄에 대한 판결문」(『대동단실기』 부록, 1982, 139~142쪽.)

12 국사편찬위원회 편, 『한민족독립운동사자료집』 6, 「최익환예심신문조서」(제3회), 13~14쪽.

13 「최익환예심신문조서」(제2회), 위의 책, 4쪽.

14 「최익환예심신간조서」 (제2회), 위의 책, 3쪽.

15 신복룡, 『대동단실기』 개정증보판, 선인, 2014, 32쪽.

16 전협이 단순히 공금횡령만으로 현직 군수의 자리를 버리고 해외로 떠났다고 보기는 어렵다.

17 장석흥, 「대한독립애국단연구」, 『한국독립운동사연구』 1, 1987; 「대한민국청년외교단연구」, 『한국독립운동사연구』 2, 1988; 「조선민족대동단연구」, 『한국독립운동사연구』 3, 1989.

18 국사편찬위원회 편, 『한민족독립운동사자료집』 5, 「최익환 검찰조서」(제2회), 287쪽 및 「전협 검찰조서」(제2회), 같은 책, 326쪽.

19 국사편찬위원회 편, 『한민족독립운동사자료집』 5, 「최익환 신문조서」(제2회), 35쪽.

20 김사국은 윤용주와 함께 한성임시정부의 수립과 국민대회에 참여했다(이규갑, 「한성임시정부의 전말」, 『신동아』 1964년 4월호, 176~182쪽.)

21 구체적인 계획으로는 상해에 사람을 파견하여 선언서를 만국통신사에 의뢰 세계 각 신문에 등재시키고 다시 진정서를 강화회의 및 미국 대통령에게 보내는 한편 파리에 있는 한국인에게 전보로 운동한 것을 위임·독려하고 국내에서는 선언서의 발표 등을 통하여 이를 후원한다는 것이었다. 이들은 이 같은 방법에 의해 독립은 안 된다고 하더라도 적어도 국제연맹의 위임통치를 예상했다. 국가적 독립은 아니더라도 민족적 독립에 대한 기대를 가졌다(국사편찬위원회 편, 『한민족독립운동사자료집』 5, 「최익환경찰신문조서」(제3회), 48~49쪽).

22 김정명, 『조선독립운동』 1권 분책(국학자료원, 1980), 29쪽.

23 국사편찬위원회 편, 『한민족독립운동사자료집』 5, 「전협경찰신문조서」(제5회), 206쪽. 이때 부인단의 결성도 추진하기 위해 여성단체인 애국부인회와 교섭해 보았으나 응하지 않았다고 한다.

24 경상북도경찰부, 『고등경찰요사』, 1934, 189쪽 및 국사편찬위원회 편, 『한민족독립운동사자료집』 5, 「최익환 경찰신문조서」(제3회), 51~52쪽.

25 일부 자료에는 그들이 대동단에 영입된 것으로 되어 있다(경상북도경찰부, 『고등경찰요사』, 1934, 189쪽). 이후 대동단의 활동상황을 살필 때 이들과는 무관한 것으로 판단된다.

26 곽종석의 교섭을 처음 주선했던 인사는 김봉양金鳳陽이었다. 김봉양은 서신으로 곽종석의 승락을 득했다고 한다. 김찬규가 곽종석과 접촉하기 위해 경남 거창에 내려가는 것은 5월 초순으로, 곽종석은 이에 앞서 4월 18일에 일경에 피체되었다(허선도, 「3·1운동과 유림계」, 『3·1운동 50년기념논집』, 1969, 298쪽). 김찬규 등은 곽종석이 피체된 사실을 알고 있었으며, 곽종석 문하의 유림들을 교섭할 목적으로 갔다고 한다.

27 국사편찬위원회 편, 『한민족독립운동사자료집』 5, 「전협경찰신문조서」(제4회), 198~199쪽 및 「양정예심신문조서」(제1회), 『한민족독립운동사자료집』 6, 158~159쪽.

28 「대동단예심결정서」(신복룡, 『대동단실기』 개정증보판, 선인, 2014, 148쪽).

29 대동단이 발행한 선전물 중 '시국을 망관하는 공논자에 경고함' 등은 조선민족대동단 민권위원회의 명의로 되어 있음을 볼 수 있다(조선헌병대사령부 편, 『조선삼·독립소요사건 개황·사상 급 운동』(암남당서점, 동경, 1969, 265~269쪽).

30 지단을 모집하는 대표로 선임된 인사로는 종교단(정남용·김상설)·부인단(리신애) 등 정도인데(송상도, 『기려수필』, 268쪽), 이것도 분명한 근거를 갖는 것은 아니다.

31 신복룡, 『개정증보판 대동단실기』, 선인, 2014, 50쪽.

32 신복룡, 『개정증보판 대동단실기』, 선인, 2014, 74~75쪽.

33 조동걸, 「임시정부 수립을 위한 1917년의 「대동단결선언」」, 『우사조동걸저술전집』 08, 대한민국임시정부, 31~32쪽.

34 국사편찬위원회 편, 『한민족독립운동사자료집』 5, 「정남용경찰신문조서」(제3회), 156쪽.

35 신복룡, 『대동단실기』 개정증보판, 선인, 2014, 104쪽.

36 최익환은 인쇄물의 작성을 주로 맡고, 권태석은 자금출자와 함께 인쇄기의 투입 등 인쇄 작업을 맡았고, 이능우의 포섭으로 나경섭·김영철 등은 인쇄물 배포를 맡고 있었다. 과거 보부상의 공사장을 지낸바 있는 나경섭과 경성의학전문학교 학생인 김영철은 세력 확장과 인쇄물 배포에 적격 대상이었다. 국사편찬위원회 편, 『한민족독립운동사자료집』 5, 「최익환경찰신문조서」(제2회), 38~42쪽 및 앞의 책, 「나경섭검찰조서」(제2회), 294쪽 및 앞의 책, 「김영철검찰조서」(제2회), 앞의 책, 295쪽.

37 5월 초순에 유림의 포섭을 위해 거창에 내려간 김찬규가 이후 행적을 감추는 것도 1차 발각에 따른 피신으로 판단된다.

38 독립운동사편찬위원회, 『독립운동사』 4, 1970, 444쪽.

39 장경호, 「조선민족대동단 전라북도 지단 설립 배경과 단원 모집」, 『전북사학』 61, 2021, 196~197쪽.

40 강영심, 「신규식의 생애와 독립운동」, 『한국독립운동사연구』 1, 230쪽. 신규식은 1908년경 대한협회의 평의원을 지낸 바 있어 동회의 회장이던 김가진과의 친교가 있었을 것은 쉽게 짐작된다.

41 국사편찬위원회 편, 『한민족독립운동사자료집』 5, 「전협경찰신문조서」(제4회), 200~201쪽.

42 김봉양은 유림 출신으로 정두화의 선생이며, 대동단에서도 선생으로 숭앙한 인사였다. 그러한 명망을 앞세워 봉천奉天 방면에서 세력 확보를 기대했던 것 같은데, 김봉양이 그 곳에서 곧 사망함으로써 연락 거점을 더 이상 발전시키지는 못했던 것으로 보인다. 위의 책, 「정두화경찰신문조서」(제2회), 195~196쪽.

43 국사편찬위원회 편, 『한민족독립운동사자료집』 5, 「경찰의견서」, 221쪽. 일제 경찰에 의한 조사된 금액만도 1만 1백여 원이다. 이에 비해 정두화의 여동생인 정단화의 『녹두꽃』, 1987, 33쪽에서는 3만 원을 제공한 것으로 증언하고 있다.

'독립대동단'으로 명칭을 변경하다

1 김정명, 『조선민족운동』 9, 77~81쪽.

2 송상도, 『기려수필』, 268쪽 및 청유남명青柳南冥, 『조선독립소요사론』, 1920, 180~182쪽.

3 신용하, 『독립협회연구』, 1976, 91쪽.

4 이현종, 「대한협회에 관한 연구」, 『아세아학보』 13-3, 1970, 39~50쪽.

5 장명국, 『대동단 총재 김가진』, 석탑출판, 2021, 84~103쪽.

6 국사편찬위원회 편, 『한민족독립운동사자료집』 6, 「이재호예심신문조서」(제1회), 143 · 149쪽 및 「증인정운복신문조서」, 앞의 책, 183~186쪽.

7 국사편찬위원회 편, 『한민족독립운동사자료집』 5, 「김진명경찰신문조서」(제1회), 89~90쪽.

8 국사편찬위원회 편, 『한민족독립운동사자료집』 6, 「이능우예심신문조서」(제1회), 24~25쪽.

9 국사편찬위원회 편, 『한민족독립운동사자료집』 5, 「정두화경찰신문조서」(제1회), 184~185쪽.

10 국사편찬위원회 편, 『한민족독립운동사자료집』 6, 「양정예심신문조서」(제1회), 161쪽.

11 김정주 편, 『한국일진회일지』, 앞의 책, 674 · 798쪽 및 국사편찬위원회 편, 『한민족독립운동사자료집』 6, 「동창률예심신문조서」, 152쪽. 동창률은 1934년 소위 '일한합방기념탑日韓合邦記念塔'을 세울 때 지봉서와 함께 공로자로 인정되어 이름이 기재되었던 점으로 보아 대동단 참여 이후 변절한 것이 확인된다(『日韓合邦記念塔建設ニ就テ』, 1934, 22쪽).

12 김정주 편, 『한국일진회일지』, 앞의 책, 387쪽.

13 국사편찬위원회 편, 『한민족독립운동사자료집』 5, 「양정경찰신문조서」(제1회), 162쪽.

14 「이능우경찰신문조서」(제2회), 위의 책, 34쪽 및 「나경섭검찰조서」(제2회), 위의 책, 293~294쪽.

15 「권태석경찰신문조서」(제2회), 앞의 책, 42~44쪽 및 「권태석검찰조서」(제2회), 앞의 책, 290~291쪽. 신복룡, 앞의 책, 51쪽에서는 권태석이 권헌복의 권유에 의해 가입한 것으로, 또 광주 출신으로 되어 있으나 사실과 다름을 알 수 있다.

16 김준엽 · 김창순, 『한국공산주의운동사』 2, 청계연구소편, 1986, 221쪽. 이들은 민흥회와 신간회에도 참여했다.

17 정남용은 징역 5년형을 받고 서대문형무소에서 옥고를 치르던 중 1921년 4월 18일에 옥중 순국했다(『동아일보』 1921년 5월 18일).

18 신복룡, 『대동단실기』 개정증보판, 선인, 2014, 76~77쪽.

19 신문조서에 따르면, 김영철은 3월 1일 파고다공원-남대문-서대문에서 군중과 함께 만세시위를 벌였다. 3월 5일에는 남대문에 갔으나 시위가 이미 끝나 있었다. 두 차례 모두 동급생 한위건의 권유를 받고 참여하였다. 「金永喆 조서」(1919.6.25. 경성지방법원 검사국 검사 신문조서)

20 김영철은 일경에 체포된 후 자신은 조선의 독립을 희망하고 향후 기회가 있으면 독립운동을 계속할 생각이라고 분명하게 답했다. 징역 6월, 집행유예 2년형을 받았다.

21 국사편찬위원회 편, 『한민족독립운동사자료집』 5, 「이신애경찰신문조서」(제1회), 247~250쪽.

22 「박정선 경찰신문조서」, 위의 책, 250~252쪽.

23 신복룡, 『개정증보판 대동단실기』, 선인, 2014, 78쪽.

24 신복룡, 『개정증보판 대동단실기』, 선인, 2014, 84쪽.

25 신복룡, 『개정증보판 대동단실기』, 선인, 2014, 85~90쪽.

26 신복룡, 『개정증보판 대동단실기』, 선인, 2014, 94쪽.

27 신복룡, 『개정증보판 대동단실기』, 선인, 2014, 106쪽.

28 신복룡, 『개정증보판 대동단실기』, 선인, 2014, 108쪽.

29 신복룡, 『개정증보판 대동단실기』, 선인, 2014, 110쪽.

30 이현주, 『한국사회주의세력의 형성: 1919~1923』, 일조각, 2003, 129쪽.

31 스톡홀롬대회는 제2인터내셔널의 반전파대회로서 사회주의 좌파대회였다. 이 대회는 대중혁명에 의한 종전을 결의하고 선언했다.

32 신복룡, 『개정증보판 대동단실기』, 선인, 2014, 69쪽.

33 신복룡, 『개정증보판 대동단실기』, 선인, 2014, 125쪽.

34 신복룡, 『개정증보판 대동단실기』, 선인, 2014, 125쪽.

35 신복룡, 『개정증보판 대동단실기』, 선인, 2014, 126쪽.

대한민국청년외교단, 대한독립애국단과 연결되다

1 재상해 일본총영사관, 『조선민족운동연감』, 동문사서점, 1946, 49쪽.

2 1990년에 건국훈장 애족장(1963년 대통령표창)을 추서했다.

3 1990년에 건국훈장 애족장(1963년 대통령표창)을 추서했다.

4 이미륵은 '한국인'의 정체성을 잃지 않았다. 그는 한국어를 연구하고 한국의 정서를 글로 써서 독일인들에게 소개했다. 1948년 뮌헨대학 교수로 초빙되어 한국학과 동양철학을 가르치는 교육자로서의 길을 걷던 이미륵은 1950년 51세 나이로 타계했다. 독일인들은 그를 진정한 휴머니스트이자 '완전한 인간'으로 오랫동안 기억했다.

5 신복룡, 『개정증보판 대동단실기』, 선인, 2014, 54~56쪽.

6 국회도서관 편, 『한국민족운동사료』 중국편, 1976, 191쪽.

7 파리통신국 편, 『구주의 우리사업』, 1920, 20쪽.

8 파리강화회의에 대한 관심은 국내의 유림계에서도 지대한 반향을 일으켜, 당시 유림의 거두인 곽종석·김복한 등을 비롯한 경상·충청도 일대의 유림대표 137명의 연서 날인으로 조선독립을 청원하는 내용의 장서를 작성하여, 국내의 각 향교에 배포하는 한편 김창숙을 상해로 보내 파리강화회의에 우송케 했다.

9 청년외교단의 결성 시기는 각 문헌에 따라 다음과 같은 차이를 보인다. ① 『독립신문』 1920년 1월 1일, ② 『독립운동사』 4(독립운동사편찬위원회, 1972, 448쪽)에는 1919년 4월경부터 계획되어 동년 5월경에 조직됐다고 기록하고 있다. ③ 『조선민족운동년감』 재상해일본총영사관, 1932, 49쪽에는 결성 시기가 1919년 5월 6일로 구체적으로 기록되어 있으며, ④ 『한국독립운동사』 3(국사편찬위원회, 1968, 101쪽)에는 동년 4월부터 계획되어 동년 6월 상순에 조직된 것으로, ⑤ 「대한민국청년외교단·대한민국애국부인회사건판결문」(김정주 편, 『조선통치사료』 제

5권, 1970)에는 「1심판결문」(740쪽)의 경우 1919년 6월에 조직된 것으로, 「복심판결문」(764쪽)에는 동년 5월에 조직한 것으로 되어 있다. ⑥ 『조선병합십년사』(조선출판협회, 1922, 480쪽), ⑦ 『조선독립운동』 제1권 분책(김정명 편, 209쪽), ⑧ 『고등경찰요사』(경상북도 경찰부, 1934, 191쪽)에는 동년 6월경에 조직된 것으로 되어 있다.

10 삼균학회 편, 『소앙선생문집』 하, 횃불사, 1979, 490쪽.

11 김정명 편, 앞의 책, 208쪽 ; 『고등경찰요사』, 191쪽.

12 청년외교단에서는 1919년 8월 상해의 임시정부에게 6개조 건의 사항을 요구하는데, 그 중에 하나가 조소앙을 국제연맹회의에 파견해 외교활동을 담당케 할 것을 요구하고 있다(김정명 편, 앞의 책, 211쪽).

13 삼균학회 편, 『소앙선생문집』 下, 횃불사, 1979, 487~488쪽. 이때 중국혁명지사로 참여한 인사는 장박천張博泉 · 황람實覽 · 장계만張季鸞 · 진과부陳果夫 등이다.

14 삼균학회 편, 『소앙선생문집』 下, 횃불사, 1979, 489쪽.

15 조동걸, 「임시정부 수립을 위한 1917년의 「대동단결선언」」, 『한국학논총』 9, 1986, 32쪽. 「대동단결선언」을 누가 작성했는지 분명하게 밝혀져 있지는 않지만, 조소앙의 「자전自傳」에 자신이 수초手草했다는 기록과 함께 이 글의 첫머리가 조소앙이 기초한 「대한독립선언」과 거의 같은 점과 또 내용 중에 제2 인터내셔날의 민주사회주의적 표방이 엿보이는 점 등을 통해 조소앙이 문안을 작성했을 것으로 추정하고 있다.

16 만주로 간 이후 조소앙은 그곳의 지도자들이 각자 할거하는 상황에서 대동단결의 실현이 어려운 것을 느끼고 은거생활을 했던 것으로 보인다(한시준, 「조소앙 연구」, 『삼균주의연구론집』 Ⅵ, 1985, 101쪽). 조용주는 봉천의 동내상회東萊商會에서 사무원으로 있으면서 소앙에게 정세 변화에 대한 정보를 제공했던 것 같다(김정명 편, 앞의 책, 208쪽).

17 정원택, 「지산외유일지」(『독립운동사자료집』 8, 독립운동사편찬위원회, 1974, 434쪽). 조용주가 국내로부터 3 · 1 운동의 상황을 알리기 위해 길림에 도착한 것은 1919년 3월 2일 오후였다.

18 『독립신문』, 1922년 2월 20일자 기사에는 조소앙이 임시정부로부터 구주외교의 중임을 맡아 구주로 떠난 것으로 나오는데, 이는 소앙이 구주로 출발하던 당시보다는 구주에서의 활동을 놓고 그렇게 쓴 것 같다. 『한국독립운동사』 3,

101~103쪽 및 『독립운동사』 4, 449쪽과 『고등경찰요사』 191쪽에는 청년외교단에서 조소앙을 외교특파원의 자격으로 국제연맹회의에 파견해 줄 것을 요구하면서 임시정부에서 소앙을 파리에 파견한 것으로 되어 있다. 그러나 승인을 받는 것은 1919년 8월이었다. 소앙은 동년 5월 상해를 출발했고, 파리를 거쳐 스위스 제네바에서 열리고 있던 만국사회당대회에 참석하여 활발하게 외교활동을 벌였다. 조용주가 주도한 청년외교단에서 이런 사실을 모를리 없었고, 8월에 요구한 청년외교단의 건의는 이미 5월에 떠난 소앙의 구주행과는 관계가 없는 것으로 청년외교단의 건의로 임시정부가 소앙을 파리에 파견했다고 보는 것은 착오이다.

19 소앙과 안재홍의 교류는 소앙의 일본유학 시절의 일지日誌인 「동유략초東遊略抄」에서도 찾아진다.

20 천관우, 「민세 안재홍 연보」, 『창작과 비평』 13-4 통권 50호, 1978, 218쪽.

21 김희곤, 「동제사의 결성과 활동」, 『한국사연구』 48, 1985, 179~180쪽.

22 천관우, 「민세 안재홍 연보」, 『창작과 비평』 13-4 통권 50호, 1978, 219쪽. 안재홍은 상해·북경·심양 등지를 여행하면서 많은 혁명지사와의 교류를 가졌는데, 경제 토대가 없는 해외운동보다 국내투쟁에 주력하기로 뜻을 세워 귀국했다고 한다.

23 소앙이 1915년 일시 귀국했을 때 중앙학교 교장으로 와달라는 요청이 있었다. 여기에는 동교의 학감으로 있던 안재홍의 영향에 의한 것으로 보인다(앞의 책, 『소앙선생문집』 下, 488쪽).

24 연병환은 일찍이 영국인들의 도움을 받아 1910년대 초에 연길 용정에서 세관원으로 근무했다. 그의 영향으로 동생인 연병호도 중국으로 건너가 학업을 쌓을 수 있었다. 연병환과 지산 정원택이 교류했던 것으로 보아, 소앙과도 교류했을 가능성이 엿보인다(「지산외유일지」, 『독립운동사자료집』 8, 1974, 343~344쪽).

25 장석흥, 「연병호의 독립운동 방략과 노선」, 『역사와 담론』 73, 2015, 51~57쪽.

26 「송세호판결문」, 『조선통치사료』 5, 748쪽.

27 국회도서관, 『대한민국임시정부의정원문서』, 1974, 43·45·50·59쪽. 송세호는 임시정부 초기에 재무부위원, 강원도의원으로 활동했다.

28 「청년외교단판결문」, 743쪽.

29 이종욱은 송세호의 주선에 의해 외교특파원으로 선임되었고(「청년외교단판결문」,

744쪽), 1919년 8월 임시정부에 파견되어 임시정부의 특파원으로 활동했다.

30 「청년외교단판결문」, 744·764쪽 및 『독립운동사』 4, 448쪽.

31 총무제 중심의 조직 체계는 1918년 상해에서 조직된 신한청년당의 초기 조직에서도 볼 수 있다(신용하, 「신한청년당의 독립운동」, 『한국학보』 44, 1986, 99~100쪽.)

32 『조선민족운동년감』, 49쪽.

33 주요 활동은 주로 단원의 해외파견 및 「외교시보外交時報」와 같은 기관지의 발행과 각종 선전물의 인쇄 배포 등 외교 선전에 비중을 두었던 관계로, 성격상 주로 중앙부의 주관으로 추진되었다. 따라서 청년외교단의 활동은 중앙부에 집중되는 것이었고, 지부 조직을 확대하는 데에는 미치지 못했던 것이 아닌가 한다.

34 박용옥, 『한국근대여성운동사연구』, 한국정신문화연구원, 1984, 174~175쪽.

35 혈성단애국부인회는 3·1 운동 후에 조직된 항일여성단체로는 최초의 것으로서, 1919년 3월 중순에 정신여학교 출신 오현주·오현관 자매와 이정숙 등이 주도하여 주로 정신여학교 졸업생 및 재학생을 중심으로 조직하여 투옥지사의 옥바라지와 그 가족의 생계 후원 활동을 폈다(박용옥, 앞의 책, 174쪽).

36 이들 두 여성단체의 통합교섭은 조용주의 배후 조종으로 이병철이 표면에 나서서 활동한 것이다. 이러한 사실은 대한민국애국부인회로의 통합이 청년외교단에 의해 이루어진 것임을 말해주는 것이라 하겠다(「청년외교단판결문」, 747쪽).

37 국사편찬위원회 편, 『한국독립운동사 자료』 3(임정편Ⅲ), 1973. 「대한적십자사 국내지회 설치」, 참조

38 경북 경찰부, 『고등경찰요사』, 1934, 192쪽.

39 청년외교단에서는 외교연구와 더불어 상해 임시정부와의 연락을 위해 1919년 6월 유흥식을, 통년 9월 김홍식과 이강하를, 동년 10월 김봉규와 유흥환을, 동년 11월 정석희 등을 파견했으며, 연병호·송세호는 상해와 국내를 왕래하면서 활동을 전개했다(김정명 편, 앞의 책, 210쪽).

40 「대동단예심결정서」(신복룡, 『대동단실기』 개정증보판, 선인, 2014, 221~244쪽). 나창헌·송세호 등은 대한독립애국단 단장 신현구와 함께 만세시위를 추진했다.

41 장석흥, 「대한민국청년외교단연구」, 『한국독립운동사연구』 2, 1988, 18쪽.

42 김은지, 「대한민국 임시정부의 국내활동 연구(1919~1921)」, 단국대 박사학위논문, 2018, 5~6쪽.

43 김은지, 「대한민국 임시정부의 국내활동 연구(1919~1921)」, 7~8쪽.

44 국사편찬위원회 편, 『한민족독립운동사자료집』 55, 「윤종석 신문조서」(제5회).

45 암호로는 영업상 상품인 「청심원」이란 환약이 있음을 이용해 「가용 청심원」이라고 특칭해 오는 자가 있으면 해외에서 온 자인 줄 알아차리고 미리 그 자와 윤종석의 만날 장소와 시간을 약정하여 이를 윤종석에게 통지하는 방법을 취하기로 했다.

46 「전필순경찰신문조서」, 74~79쪽 및 「대동단1심판결문」, 『대동단실기』, 178~179쪽. 그는 1914년에 용인의 봉양학교를 졸업한 후 양주 농산강습소에서 수학하고 기독교 조사가 되었다. 『대동단실기』, 48쪽에서는 그가 대동단의 조직 초기에 본부의 사무책임을 맡은 것으로 되어 있는데, 위에서 보듯이 연통본부의 사무책임을 맡았던 것에 대한 착오로 보인다.

47 국사편찬위원회 편, 『한민족독립운동사자료집』 55, 「의견서」.

48 국사편찬위원회 편, 『한민족독립운동사자료집』 55, 「송세호 신문조서」(제2회).

49 독립운동사편찬위원회, 『독립운동사』 10, 956쪽.

50 독립운동사편찬위원회, 『독립운동사』 4, 134~146쪽.

51 독립운동사편찬위원회, 『독립운동사자료집』 10, 549쪽; 국사편찬위원회 편, 『한민족독립운동사자료집』 6, 「민예심신문조서」, 70~73쪽.

52 「강매예심신문조서」, 위의 책, 64~69쪽.

53 김정명, 『조선독립운동』 1권 분책, 국학자료원, 1980, 163~164쪽. 이때 민강이 통솔한 학생 청년 단체는 연통단·중앙단·중앙청년단·독립청년단·애국청년단·불교중앙학림 등이었다.

54 장석흥, 「대한민국청년외교단연구」, 『한국독립운동사연구』 2, 1988, 286쪽.

55 이병헌, 『삼일운동비사』, 시사시보사, 1959, 997~1002쪽 및 장석흥, 「대한독립애국단연구」, 『한국독립운동사연구』 2, 1988, 195~196쪽.

김가진과 의친왕의 상해 망명 계획에 참가하다

1 의친왕의 상해망명은 상해로 건너간 김가진에 의해 임시정부와도 긴밀한 교섭이 있었다. 임시정부에서는 강석용을 파견하여 의친왕의 상해 망명을 돕도록 했다.

2 의친왕의 망명이 가져다줄 파급효과로는 우선 양반층 및 유학자들이 독립운동에 보자 적극적으로 참여할 것이 기대되었고, 또 국내외에 걸친 동포사회로부터

의 관심이 크게 고조될 것으로 전망하였다(김정명, 『조선독립운동』 1권 분책, 국학자료원, 1980, 193쪽).

3 독립운동사편찬위원회, 『독립운동사』 4, 445~447쪽.

4 독립운동사편찬위원회, 『독립운동사자료집』 8, 1976, 440~445쪽; 국사편찬위원회 편, 『한민족독립운동사자료집』 6, 「정남용신문조서」(제1회), 1988, 119~120쪽.

5 신복룡, 『개정증보판 대동단실기』, 선인, 2014, 125쪽.

6 조소앙, 「대동단개황」, 『한국독립운동사자료집-조소앙편』, 한국정신문화연구원, 1997, 33~34쪽.

7 신복룡, 『개정증보판 대동단실기』, 선인, 2014, 125~126쪽.

8 이종욱, 「대동단 활동의 동기」, 2쪽; 국사편찬위원회 편, 「정남용에 대한 예심조서 3회」, 『한민족독립운동사자료집』 11, 1988, 133쪽; 신복룡, 『개정증보판 대동단실기』, 선인, 2014, 125~126쪽.

9 이종욱은 임시정부로터 김가진 외에도 박영효, 김윤식, 이용직, 이능화, 이용태, 정운복, 윤치호, 이상재 등의 망명도 추진하라는 밀명을 받았다.

10 신복룡, 『개정증보판 대동단실기』, 선인, 2014, 128쪽.

11 박은식, 『한국독립운동지혈사』(『백암박은식전집』 2권, 2002), 612~614쪽.

12 반병률, 「해외에서의 대동단 조직과 활동」, 『한국근현대사연구』 28, 2004, 60~62쪽.

13 『독립신문』, 1919년 11월 4일.

14 김은지, 「대한민국 임시정부의 국내활동 연구(1919~1921)」, 단국대 박사학위논문, 2018, 129쪽.

15 장명국, 『대동단 총재 김가진』, 석탑출판, 2022, 85쪽.

16 김구, 도진순 탈초·교감, 『정본 백범일지』, 돌베개, 2016, 383쪽.

17 장명국, 『대동단 총재 김가진』, 석탑출판, 2022, 79~81쪽.

18 김해경, 『나의 아버지 의친왕』, 진, 1997, 52~59쪽.

19 신복룡, 『개정증보판 대동단실기』, 선인, 2014, 143~145쪽.

20 추헌수 편, 『자료 한국독립운동』 2, 연세대출판부, 1972, 31쪽.

21 신복룡, 『개정증보판 대동단실기』, 선인, 2014, 151~155쪽.

22 신복룡, 『개정증보판 대동단실기』, 선인, 2014, 163쪽. 나창헌이 이때 일경의 포

위망을 피해 상해로 탈출했다는 것은 사실이 아니다.

23 반병률,「해외에서의 대동단 조직과 활동」,『한국근현대사연구』 28, 2004, 62쪽에서 재인용.

24 반병률,「해외에서의 대동단 조직과 활동」,『한국근현대사연구』 28, 2004, 63쪽에서 재인용.

제2회 독립만세시위를 추진하다

1 김정명,『조선독립운동』 2, 국학자료원, 23~29쪽.

2 『독립신문』 1919년 8월 29일.

3 국사편찬위원회 편,「대동단공판시말서」,『한민족독립운동사자료집』 6, 345쪽.

4 김정주 편,「대한민국청년외교단·대한민국애국부인회사건 판결문」,『조선통치사료』 5, 1970, 764~765쪽.

5 1차 발각으로 최익환 등이 피체될 때 '선언서'·'진정서'·'기관' 등의 문서가 함께 압수당했으며, 전협의 정체도 드러났다. 전협은 일경에 의해 수배되고 있었는데, 위의 문서가 실린「대동신보」가 전국 각처에 실포되자 대동단에 대한 일경의 추적은 더욱 강화되었다.

6 신복룡,『대동단실기』 개정증보판, 선인, 2014, 83~84쪽.

7 류광열 편,『항일선언·창의문집』, 서문당, 1981, 182~184쪽.

8 「대동단예심결정서」,『대동단실기』, 151~152쪽.

9 「대동단예심결정서」,『대동단실기』, 151~152쪽.

10 장석흥,「대한독립애국단연구」,『한국독립운동사연구』 1, 1987, 195~196쪽.

11 국사편찬위원회 편,『한민족독립운동사자료집』 5·6, 해당 인물의 각 신문조서 및「대동단예심결정서」 참조.

12 『독립신문』, 1920년 1월 1일 ; 강덕상,『현대사자료』 25, 596~597쪽.

13 국사편찬위원회 편,『한민족독립운동사자료집』 6,「정남용예심신문조서」(제5회), 181~182쪽.

14 국사편찬위원회 편,『한민족독립운동사자료집』 6,「전협경찰신문조서」(제5회), 206쪽.

15 장석흥,「대한독립애국단연구」,『한국독립운동사연구』 1, 1987, 184·194쪽.

16 『민족운동년감』, 59쪽.

17 도산안창호선생기념사업회 편, 『도산안창호전집』 8 흥사단원동위원부, 2000, 727쪽. 그는 중국으로 넘어와 1922년 10월 흥사단에 가입했다.

18 임시정부에 대한 대한독립애국단(신현구)의 통신처가 경성부 화천정和泉町 114 신통완申通宛으로 되어 있는데, 신통완과 신도안의 발음이 비슷하다.

19 독립운동사편찬위원회, 『독립운동사자료집』 9, 1018~1019쪽.

20 만세시위를 계속 추진했던 신현구도 1919년 11월 20일 일경에 피체되었다.

21 국사편찬위원회 편, 『한민족독립운동사자료집』 5, 「김익하·이종춘·김상설경찰신문조서」, 252~258쪽.

22 장석흥, 「대한민국청년외교단연구」, 『한국독립운동사연구』 2, 1988, 280쪽.

23 「정규식경찰신문조서」(제1회)·(제2회), 앞의 책, 242~244쪽·271쪽 및 「정규식검찰조서」(제1회)·(제2회), 앞의 책, 349쪽·359~361쪽. 정규식(28세)은 대한독립애국단 단장 신현구와도 연결되어 있었다(「신현구경찰신문조서」, 앞의 책, 258~259쪽).

24 김정명, 『조선독립운동』 1권 분책, 국학자료원, 1980, 219~220쪽.

25 신숙, 『나의 일생』, 일신사, 1963, 50쪽,

26 장석흥, 「대한독립애국단연구」, 『한국독립운동사연구』 1, 1987 ; 장석흥, 「대한민국청년외교단연구」, 『한국독립운동사연구』 2, 1988 참조.

27 상해와 노령의 임시정부가 하나로 통합되면서 임시정부에서는 국민적 기반의 지지와 독립운동회 분위기를 고조시키기 위해 당시 국내외 독립운동단체인 대동단·대한독립애국단·대한민국청년외교단 등의 조직을 기반으로 3·1운동과 같은 만세시위를 거족적으로 일으키고자 했던 것 같다.

28 국회도서관 편, 「이강공 전하의 경성 탈출 사건」, 『한국민족운동사료』 중국편, 1976, 127쪽.

29 김정명, 『조선독립운동』 1권 분책, 193쪽.

30 신복룡, 『개정증보판 대동단실기』, 선인, 2014, 167~168쪽에서는 11월 25일이 일제의 천장절로 기록하고 있으나 착오이다. 대등단의 만세시위준비가 이 무렵부터 시작된 것으로 되어 있으나, 이때의 시위계획은 처음 10월 31일에 거행하려던 것이 연기되면서 만세시위는 10월 초부터 추진된 것이다.

31 국사편찬위원회 편, 『한민족독립운동사료집』 5, 「정규식검찰조서」(제2회), 360~361쪽.

32 『한민족독립운동사자료집』 5 대동단사건 Ⅰ, 「정운복 신문조서」.

33 「신현구경찰신문조서」·「안교일경찰신문조서」(제1회), 위의 책, 258~262쪽 및 장석홍, 「대한독립애국단연구」, 『한국독립운동사연구』 1, 1987, 183쪽·195~196쪽.

34 신복룡, 『개정증보판 대동단실기』, 선인, 2014, 170~171쪽.

35 김정명, 『조선독립운동』 1권 분책, 231~232쪽.

36 희천군지편찬위원회, 『희천군지熙川郡誌』, 1980, 120~121쪽. 나창헌은 제2회 만세시위로 인해 1919년 12월 26일 예심에 회부되어 1920년 6월 29일 궐석재판에서 제령 제7호 및 출판법 위반으로 징역 3년을 언도받았다.

상해로 망명하다

1 나중화의 증언(2021. 3. 20)

2 국회도서관 편, 「비밀결사 대동단원 검거의 건」, 『한국민족운동사료』 중국편, 1976, 157쪽.

3 국회도서관 편, 「비밀결사 대동단원 검거의 건」, 『한국민족운동사료』 중국편, 1976, 157쪽.

4 박걸순, 「1920년대 초 국내무장투쟁단체의 활동과 추이 ; 평북거점 천마산대, 보합단을 중심으로」, 『한국독립운동사연구』 3, 1989, 22~23쪽.

5 1995년에 건국훈장 애국장을 추서했다.

6 국회도서관 편, 「비밀결사 대동단원 검거의 건」, 『한국민족운동사료』 중국편, 1976, 157쪽.

7 반병률, 「해외에서의 대동단 조직과 활동」, 『한국근현대사연구』 28, 2004, 65~66쪽.

8 『독립신문』 1920년 2월 3일.

9 안창호는 어려울수록 대통령을 중심으로 단결할 것을 주장했다. 개인의 비난이 정부의 비난으로 비화되어서는 안 된다는 것을 호소했다. 안창호가 대통령불신임안을 반대한 것은 임시정부 존립에 악영향이 미칠 것을 우려했기 때문이었다.

10 박민영, 「도산 안창호와 임시정부 연통제」, 『도산사상연구』 7, 2001.

11 도산안창호선생전집편찬위원회, 『도산안창호전집』 4, 『도산일기』, 2000, 851쪽.

12 도산안창호선생전집편찬위원회, 『도산안창호전집』 4, 『도산일기』, 2000, 856쪽.

13 강덕상, 「중국국민혁명と여운형」, 『三千里』 49, 1987; 신용하, 「신한청년당의 독

립운동」, 『한국학보』 12-3, 1986; 김희곤, 『중국관내 한국독립운동단체연구』, 지식산업사, 1995, 참조.

14 신용하, 「신한청년당의 독립운동」, 『한국학보』 12-3, 1986, 104~110쪽.

15 반병률, 「한인사회당의 조직과 활동(1918~1920)」, 『한국학연구』 5, 1993, 152~154쪽.

16 1920년 여름 국제공산당 위원 보이딘스키가 공산주의 선전을 위해 상해에서 한인독립운동자 중 유력자 회의 개최를 하고자 할 때, 여운형은 김만겸을 통해 보이딘스키와 회견을 가졌고, 이어 공산당 조직에 가입했다 한다. 몽양여운형선생전집발간위원회 편, 『몽양여운형전집』 1, 「여운형 신문조서」, 한울, 1991, 416~417쪽.

17 도산안창호선생기념사업회, 『도산안창호전집』 10, 「제116단우 유상규」, 2000, 671쪽.

18 「제116단우 유상규」, 앞의 책, 2000, 671쪽. 1920년 9월에 흥사단원동위원부에 가입했다. 1990년에 건국훈장 애족장을 추서했다.

19 도산안창호선생기념사업회, 『도산안창호전집』 4, 「도산일기」, 2000, 871쪽.

20 신용하, 『도산 안창호 평전』, 지식산업사, 2021, 321~322쪽.

상해에서 대동단을 재건하다

1 『독립신문』 1920년 2월 14일.

2 김희곤, 『대한민국임시정부』 I - 상해시기, 한국독립운동사연구소, 2008, 119쪽.

3 김정명, 『조선독립운동』 1권 분책, 국학자료원, 1980, 413쪽.

4 김정명, 『조선독립운동』 1권 분책, 국학자료원, 1980, 413쪽.

5 도산안창호선생기념사업회, 『도산안창호전집』 4, 「도산일기」, 2000, 888쪽.

6 장석흥, 『한국 독립운동의 혁명 영수, 안창호』, 역사공간, 2009, 109~112쪽.

7 김정명, 『조선독립운동』 1권 분책, 413~414쪽; 국회도서관 편, 『한국민족운동사료』 중국편, 835~836쪽.

8 『독립신문』 1920년 2월 3일.

9 도산안창호선생전집편찬위원회, 『도산안창호전집』 4, 「도산일기」, 2000, 884쪽. 박용만이 상해의 안창호를 찾은 것은 1920년 4월 3일이었다.

10 장석흥은 「조선민족대동단연구」에서 박용만과 손영직 등의 사전 동의가 없었던

것이 아닐까 진단했으나, 그 부분을 바로 잡는다.

11 1912년 11월 샌프란시스코에서 개최된 대한인국민회 중앙총회에 북미지방총회 대표로 참가, 외교원에 선임됐다.

12 김도훈, 『박용만 – 미 대륙의 항일무장투쟁론자 – 』, 역사공간, 2010.

13 김정명, 『조선독립운동』 3권, 489쪽.

14 조규태, 「북경 군사통일회의의 조직과 활동」, 『한국독립운동사연구』 15, 2000, 196~197쪽. 박용만은 1920년 4월 3일 안창호를 만나 군사주의자로서 외무총장은 못 맡겠다고 했다.

15 송상도, 『기려수필』(『한국사료총서 제2집』, 269쪽)에 의하면 김중옥은 대동단원이었다. 김중옥은 의친왕 망명 당시 정운복을 포박하고 솜을 입에 대서 수건으로 묶었다.

16 신복룡, 『개정증보판 대동단실기』, 184~185쪽.

17 신복룡, 『개정증보판 대동단실기』, 선인, 2014, 184~185쪽.

18 국회도서관 편, 『한국민족운동사료』 중국편, 「비밀결사 대동단원 검거의 건」, 1976, 156쪽.

19 도산안창호선생전집편찬위원회, 『도산안창호전집』 4, 『도산일기』, 2000, 888쪽.

20 도산안창호선생전집편찬위원회, 『도산안창호전집』 4, 『도산일기』, 2000, 896쪽.

21 도산안창호선생전집편찬위원회, 『도산안창호전집』 4, 『도산일기』, 2000, 896쪽.

22 신복룡, 『개정증보판 대동단실기』, 선인, 2014, 130~131쪽; 연세대학교국학연구원 편, 『동농 김가진 전집』 2, 선인, 2014, 238~241쪽.

23 정정화, 『장강일기』, 학민사, 2011, 52~54쪽.

24 정정화, 『장강일기』, 학민사, 2011, 55~57쪽.

25 『독립신문』 1922년 7월 8일. 이때 호상은 이발, 박은식, 이동녕, 이시영, 홍진, 김인전, 김철 등이었다.

철혈단을 결성하다

1 도산안창호선생전집편찬위원회, 『도산안창호전집』 4, 「도산일기」, 2000, 874쪽.

2 국회도서관, 『한국민족운동사료』 중국편, 1976, 614~616쪽.

3 국회도서관, 『한국민족운동사료』 중국편, 1976, 161~163쪽.

4 1925년 9월 여자관계로 인한 불미스러운 사건 때문에 부득이 상해를 떠나 귀국

하고 말았다. 1963년에 건국훈장 독립장을 추서했다.

5 도산안창호선생기념사업회, 『도산안창호전집』 10, 「제215단우 임득산」, 2000, 772쪽.

6 1925년 3월 13일 제13회 임시의정원 회의에서 이승만 대통령의 탄핵안을 제안하여 동년 5월에 불신임안이 의결된 바 있다. 1926년 1월에 병인의용대 조직에 참가했다. 1991년에 건국훈장 애국장을 추서했다.

7 장석홍, 「조선민족대동단 연구」, 『한국독립운동사연구』 3, 1989, 275쪽.

8 김정명, 『조선독립운동』 2권, 1980, 477쪽.

9 이현주, 『1920년대 재중항일세력의 통일운동』, 한국독립운동사연구소, 2009, 52쪽. 박용만과 신숙 등이 대동단과의 인연으로 철혈단을 지원하였다.

10 강덕상, 『현대사자료』 27, 동경, 1977; 신복룡, 『대동단실기』 개정증보판, 선인, 2014, 195~196쪽. 일본어로 번역된 것을 다시 한국어로 옮긴 신복룡의 책에서 인용했다.

11 신복룡, 『개정증보판 대동단실기』, 선인, 2014, 196~197쪽.

12 장석홍, 『한국 독립운동의 혁명영수 안창호』, 역사공간. 2016, 110~111쪽.

13 국회도서관 편, 『한국민족운동사료』 중국편, 「상해 한인독립운동가가 조직한 각종단체」, 1976, 213쪽; 이현주, 『1920년대 재중항일세력의 통일운동』, 한국독립운동사연구소, 2009, 53쪽.

14 도산안창호선생기념사업회, 『도산안창호전집』 10, 「제142단우 김기만」, 2000, 700쪽.

15 1920년 일본으로 유학하여 조도전早稻田 대학 정치경제과에 입학했다. 일본에서 활동하다가 1927년 2월 신간회에 참가했다. 2009년에 건국훈장 애국장을 추서했다.

16 1990년에 건국훈장 독립장을 수여했다.

17 1921년 5월 손문이 광동에서 광동중화민국정부를 수립하자, 대한민국임시정부는 김기제를 선전부장으로 임명해 파견했다. 1924년 1월 중국 광주廣州에서 황포군관학교가 설립되자 군의 겸 교관으로 종사했다. 이후 중국군에 편입돼 군의로 활동했다. 2014년에 건국훈장 애족장을 추서했다.

18 장석홍, 「대한독립애국단연구」, 『한국독립운동사연구』 1, 1987, 6쪽.

19 철혈단 단원의 성격이 불분명한 자가 적지 않은 것은 그 가운데 밀정이 여럿 포함된 것이 아닌가 한다.

20 장석홍, 「나창헌의 생애와 독립운동」, 『한국학논총』 24, 2001, 132쪽.
21 『도산일기』 1920년 6월 9일, 13일, 16일.
22 김구, 도진순 탈초 · 교감, 『정본 백범일지』, 돌베게, 2016, 383~384쪽.
23 도산안창호선생전집편찬위원회, 『도산안창호전집』 4, 『도산일기』, 2000, 938쪽.

유호청년대회를 발기하다

1 장석홍, 「연병호의 독립운동 방략과 노선」, 『역사와 담론』 73, 2015, 53쪽.
2 장석홍, 「대한민국청년외교단연구」, 『한국독립운동사연구』 2, 1988 참조.
3 『독립신문』 1922년 6월 24일. 이때 사무 집행위원으로는 나창헌을 비롯해 정광호 · 김정목 · 정태희 · 윤자영 · 서영환 · 김용철 · 방원성 · 장덕진 등 9인으로 선정했다.
4 「유호청년임시대회 개최상황의 건」 기밀 제194호, 1922. 6. 14.
5 「비판연설회 개최에 관한 건」 기밀 제214호, 1922. 6. 25.
6 장석홍, 「연병호의 독립운동 방략과 노선」, 『역사와 담론』 73, 2015, 54~56쪽.

국민대표회의에 참가하다

1 『독립신문』 1923년 1월 24일. 조철행은 『나창헌 - 의열투쟁에 헌신한 독립운동가』, 57쪽에서 나창헌이 국민대표회의에 참가하지 않았다고 하는 것은 사실이 아니다.
2 장석홍, 『한국 독립운동의 혁명영수 안창호』, 역사공간, 2016, 111~112쪽.
3 『독립신문』 1920년 3월 23일.
4 이현주, 『1920년대 재중항일세력의 통일운동』, 독립기념관, 2009, 72~77쪽.
5 조철행, 『나창헌 - 의열투쟁에 헌신한 독립운동가』, 역사공간, 2015, 54~57쪽.
6 『독립신문』 1922년 4월 15일.
7 『한국독립운동사 자료』 2, 536쪽.
8 조철행, 『나창헌 - 의열투쟁에 헌신한 독립운동가』, 역사공간, 2015, 57쪽.
9 조철행, 『나창헌 - 의열투쟁에 헌신한 독립운동가』, 역사공간, 2015, 57쪽.

원동흥사단위원부에 가입하다

1 도산안창호선생기념사업회 편, 『도산안창호전집』 10, 「제178단우 나세웅」,

2000, 738쪽.

2 도산안창호선생기념사업회 편, 『도산안창호전집』 8 흥사단원동위원부, 2000, 402~403쪽.

3 도산안창호선생기념사업회 편, 『도산안창호전집』 8 흥사단원동위원부, 2000, 443쪽.

4 국사편찬위원회 편, 『한민족독립운동사자료집』 16, 「나창헌 신문조서」(제3회).

5 도산안창호선생기념사업회 편, 『도산안창호전집』 8 흥사단원동위원부, 2000, 738쪽. 상해의 독일인의원에서 인턴을 한 것은 그의 아들 나중화가 증언했다(2021년 3월 17일).

6 서울대학교 의과대학, 「관립 의학교 학생들의 항일독립운동」, 2019, 10·18·46쪽; 『신보申報』 1924년 4월 3일 : 『독립신문』 1925년 11월 1일. 세웅의원은 중국 신문에 광고를 내고 있음을 몰 수 있다.

7 그의 아들 나중화의 증언(2021년 3월 17일).

8 흥사단의 정신은 구한말 국내에서 설립한 청년학우회에서 비롯한다. '무실역행務實力行'은 도산의 사상과 이념의 바탕을 이루는 것이었다. 이것만을 놓고 보면 독립운동과는 무관한 것처럼 여겨질지 모르지만, 독립운동에 앞서 무실역행이 선행되어야 한다는 것이 도산의 신념이었다. 나라의 위기적 상황에서 기성세대인 도산은 국권회복운동, 독립운동에 매진해 나가지만, 그것을 이어받을 후속세대 양성에도 누구보다 심혈을 기울였다. 그것은 민족의 독립과 미래를 위한 것이었다.

9 원래 '흥사단'이란 명칭은 유길준이 조직한 단체의 이름이었다. 그러나 이미 그 단체가 소멸된 상태이고, 그 이름이 좋으니 다시 사용해도 나쁠 것 없다는 생각에서 흥사단이란 명칭을 그대로 사용한 것이다.

10 이명화, 『도산 안창호의 독립운동과 통일노선』, 경인문화사, 2002, 313~315쪽.

11 이명화, 『도산 안창호의 독립운동과 통일노선』, 경인문화사, 2002, 317~318쪽.

12 이명화, 『도산 안창호의 독립운동과 통일노선』, 경인문화사, 2002, 215~225쪽.

13 이명화, 『도산 안창호의 독립운동과 통일노선』, 경인문화사, 2002, 327~329쪽.

14 동명학원은 1926년 9월 화재를 당해 학교 건물과 기구 등이 모두 불타버리는 재난을 당했다. 학교재건운동이 일어나 의연금이 모집되고 흥사단 본부에서 3천원의 보조금을 받아 1927년 4월 신학기부터 다시 수업이 이루어질 수 있었다.

그러나 위원부 본부가 남경에서 상해로 이동하면서 폐쇄됐다.

15 도산안창호전집편찬위원회, 『도산안창호전집』 10, 「제178단우 나세웅 이력서」, 2000, 738쪽.

16 도산안창호전집편찬위원회, 『도산안창호전집』 10, 「제178단우 나세웅 이력서」, 2000, 738쪽.

한국노병회에 참가하다

1 김희곤. 『대한민국임시정부』 I –상해시기, 한국독립운동의 역사 23, 독립기념관, 2008, 194~195쪽

2 국회도서관, 『한국민족운동사료』, 417쪽

3 신용하, 「백범과 한국노병회」, 『백범연구』 4, 1989, 89쪽.

4 독립운동사편찬위원회 편, 『독립운동사자료집』 12, 「소화5년 형공 제206호 여운형 판결문」, 1977, 1218쪽.

5 국사편찬위원회, 『대한민국임시정부자료집』 32, 「한국노병회 창립1주년 기념축하 상황에 관한 건」, 2009.

6 김정명, 『조선독립운동』 2, 310쪽.

7 『동아일보』 1924년 1월 20일. 이때 나창헌을 비롯해 오영선 · 김갑 · 정광공(好) · 김두봉 · 민모 · 여운형 · 민필호 · 조덕진 등을 10명의 학무위원을 선출했다.

8 김희곤, 『중국관내한국독립운동단체연구』, 114~115쪽.

9 『독립신문』 1925년 10월 21일.

10 김광재, 「일제시기 상해 인성학교의 설립과 운영」, 『동국사학』 50, 2011, 224쪽.

11 최윤신의 아들인 박유철 전 광복회장의 증언(2020. 12. 20).

이승만 탄핵심판위원장으로 활약하다

1 고정휴, 「상해임시정부의 초기 재정운영과 차관교섭 – 임시대통령 이승만의 역할을 중심으로 – 」, 『한국사학보』 29, 2007, 270쪽.

2 조선총독부 경무국, 앞의 자료, 1926년 3월, 923~924쪽.

3 방선주, 『재미 한인의 독립운동』, 「박용만 평전」, 한림대학교 아세아문제연구소, 1993, 130~137쪽.

4 조선총독부 경무국, 「北美及布哇地方不逞鮮人ノ狀況」, 1926년 3월(고대 아연 소장

자료), 911쪽.

5 윤병석, 「미주 한인사회의 성립과 민족운동」, 『국외한인사회와 민족운동』, 일조각, 1990, 234~256쪽.

6 윤병석, 「1910년대 미주지역에서의 조국독립운동」, 『국외한인사회와 민족운동』, 일조각, 1990, 393~396쪽.

7 홍선표, 「1910年代 후반 하와이 한인사회의 동향과 대한인국민회의 활동」, 『한국독립운동사연구』 8, 1994, 155~165쪽. 박용만과 이승만이 대립하는 발단은, 독립운동의 이념과 노선상의 차이 때문이 아니었다. 이승만의 국민회 주도권 장악, 특히 재정권 장악과 재정권 남용에서 비롯됐다. 1918년 이승만이 박용만을 법정에 고소하면서 두 사람의 감정 대립이 노골화됐다. 두 사람의 대립은 한인사회로 확대되어 갔으며, 대한인국민회의 분열과 침체로 치달았다.

8 1919년 한 해에 미주에서 걷힌 군자금은 16만 달러에 달하는 거액이었다. 미주의 한인들은 이국땅에서 노동생활을 하며 근근히 모았던 재산을 오로지 조국독립을 염원하면서 기꺼이 헌납한 것이다(고정휴, 「대한민국임시정부 구미위원부(1919-1925)연구」 고려대학교 박사학위논문, 1991, 113~116쪽.)

9 조철행, 『나창헌 - 의열투쟁에 헌신한 독립운동가』, 역사공간, 2015, 66~68쪽.

10 조철행, 『나창헌 - 의열투쟁에 헌신한 독립운동가』, 역사공간, 2015, 54~56쪽.

11 민정식 사건이란 상해에 살았던 민영익의 아들 민정식이 1924년 3월 서울에서 상해로 도망을 와 자신의 재산을 임시정부에 기증한다고 했다가 1924년 12월 일경에 붙잡혀 한국에 돌아간 것을 말한다. 이 일로 민정식의 말에 놀아난 꼴이 되고만 임시정부가 곤혹을 겪어야 했다(국사편찬위원회 편, 『독립운동사자료』 20, 「민정식에 관한 문건」(1),(2), 1991, 38~42쪽; 『동아일보』 1924년 4월 2일 · 12월 21일).

12 『독립운동사자료집』 2, 164~243쪽(임시의정원 회의 제12회).

13 국회도서관 편, 『한국민족운동사료』 중국편, 「임시정부대통령 이승만 탄핵의 건」, 1976, 549~550쪽.

14 곽헌은 1926년 상해 프랑스조계 하비로 307호에 명성사진관을 개업하여 독립운동의 비밀연락장소로 제공했다. 1927년 10월 상해교민회 단장으로 선출됐다. 1933년 4월 상해 일본영사관 경찰에게 붙잡혀 징역 2년 6월형의 옥고를 치른 뒤 천진과 석가장 등지에서 활동했다. 1992년 건국훈장 독립장을 추서했다.

15 『독립신문』 1925년 10월 21일. 그는 중경에서 임시정부 문화부장을 역임했다.

16 1928년 2월에 상해로 돌아와 한국노병회 이사회에서 특별회원으로 가입했다. 중국군에서 복무했다. 1930년 흥사단 원동반에 가입해 신언준申彦俊·임득산 등과 제1반에서 활동했다. 1931년 9월 박창세·이웅李雄, 李俊植·왕웅王雄, 金弘壹 등과 한국군인회를 조직하여 군인회간장軍人會簡章을 발표하는 등 무장투쟁 계획을 세웠다. 1933년 1월 15일 한국독립당 대회에 참가, 1936년 한국독립당 재건에 노력했으며, 신한민주당 조직에 참가했다. 1943년 임시정부 교통부 총무과장을 역임했다. 1962년에 건국훈장 독립장을 추서했다.

17 도산안창호선생전집편찬위원회 편, 『도산안창호전집』 10, 「제239단우 문일민」, 2000, 795쪽.

18 1925년 임시정부 내무부 참사 겸 경무국장 서리에 취임했다. 노병회 이사로 활약했다. 정위단 총무 겸 심판원을 맡았다. 1926년 병인의용대에 참가했다. 1963년에 건국훈장 독립장을 추서했다.

19 1928년 강소성江蘇省 경찰학교 교관을 지내고, 1930년에 한국독립당에 참가했다. 1933년에 병인의용대장에 선임됐다. 1935년 민족혁명당 조직에 참가했고, 1944년에는 홍진·유동열·신영삼 등과 함께 신한민주당을 조직하고 중앙위원으로 활동했다.

20 1926년 3월 1일 상해 불란서 조계에서 교민단장 대리로 한국독립선언기념식을 거행하고, 동년 10월 인성학교 교감을 지냈다. 1927년 4월 중국 상해에서 개최된 한국민족대당촉성회의 집행위원으로 활약했다. 1995년에 건국훈장 독립장을 추서했다.

21 1926년 11월 한국노병회 정기총회에서 강창제 등과 같이 회계검사원으로 재임되어 노병회의 재정을 감사했다. 김규식·최창식 등과 협의해 상해 한인유학생의 진학준비기관으로 프랑스조계 천상리에 3·1공학을 세웠다. 한국광복군의 창립 등에 힘을 쏟다가 1943년 중경에서 영면했다. 1968년에 건국훈장 독립장을 추서했다.

22 1934년에 한국독립당에 입당하여 광동지부 간부로 활동했다. 임시정부가 광동으로 이전해 오자 이준식과 함께 임시정부 청사의 확보에 도움을 주었다. 1940년 9월 17일 한국광복군이 창설되자 광복군 총사령부 참모처장에 임명됐다. 1943년에 한국독립당 중앙집행위원에 선임됐다. 1944년에는 광복군 제1지대장에 임명됐다. 1968년에 건국훈장 독립장을 추서했다.

23 국회도서관 편, 『한국민족운동사료』 중국편, 「임시정부 대통령 이승만 탄핵안 결정의 건」, 1976, 550쪽.

경무국의 응원단체로 정위단을 조직하다

1 국사편찬위원회, 『대한민국임시정부자료집』 1, 「대한민국임시정부공보」 제83호, 2005, 335~346쪽.

2 국사편찬위원회, 『대한민국임시정부자료집』 1, 「대한민국임시정부공보」 제42호, 2005, 148~160쪽.

3 「한인독립운동자의 정위단 조직에 관해 1925년 6월 18일자 재상해총영사가 외무대신에게 보고한 요지」, 562쪽.

4 도산안창호선생기념사업회 편, 『도산안창호전집』 10, 「제205단우 박창세」, 2000, 443쪽.

5 도산안창호선생기념사업회 편, 『도산안창호전집』 10, 「제127단우 김정근」, 2000, 683쪽.

6 도산안창호선생기념사업회 편, 『도산안창호전집』 10, 「제236단우 박규명」, 2000, 792쪽.

7 1990년에 건국훈장 애국장(1977년 건국포장)을 추서했다.

8 1925년 12월 20일 상해 일본영사관에 폭탄을 투척했다. 1926년 1월에 상해의 일본 외무성 촉탁이며 밀정인 최동윤을 사살하던 중 현장에서 총상을 입고 체포됐다. 1926년 4월 30일 일본 나가사키로 압송됐으며, 1927년 11월 경성복심법원에서 무기징역을 받았다. 나가사키 형무소로 보내져 옥고를 치르다가 17년 만에 출옥했으나 옥고의 여독으로 순국했다. 1963년에 건국훈장 독립장을 추서했다.

9 조철행, 『나창헌 – 의열투쟁에 헌신한 독립운동가』, 역사공간, 2015, 73~74쪽.

'여운형구타사건'을 처리하다

1 박영석, 『한민족독립운동사연구』, 일조각, 1993, 356~357쪽.

2 국회도서관 편, 『한국민족운동사료』 중국편, 1976, 575~576쪽.

3 국회도서관 편, 『한국민족운동사료』 중국편, 1976, 583쪽.

4 국회도서관 편, 『한국민족운동사료』 중국편, 「여운형 피구타사건에 관해 1925년

12월 14일자 재상해총영사가 외무대신에 보고한 요지」, 1976, 575~576쪽.

5 박영석, 『한민족독립운동사연구』, 일조각, 1993, 362~363쪽.

6 이현주, 『1920년대 재중항일세력의 통일운동』, 한국독립운동사연구소, 2009, 263~264쪽.

7 윤대원, 『상해시기 대한민국임시정부연구』, 서울대출판부, 2006, 283~285쪽. 박희곤은 참의부 중앙조직의 교육위원 및 조직위원이었다. 참의부는 서간도에서 정의부와 대립하고 있었으며, 참의부가 임시정부 군무부의 직할 부대로 편입될 때 여운형 등이 정국쇄신운동의 대상이던 이동녕내각의 지지를 받았다.

8 국회도서관, 『한국민족운동사료』 중국편, 543~544쪽. 김규면, 윤자영 구타사건이란 상해한인청년동맹회에서 발표한 선언서의 내용 가운데 의열단을 공박하는 내용이 있다고 판단한 의열단원들이 1925년 김규면, 윤자영을 구타한 것을 말한다. 청년동맹회와 의열단 간에 공방이 벌어졌고, 결국 김원봉이 윤자영과 김규면을 찾아가 위문·사과하면서 일단락되었다.

9 국회도서관, 앞의 책, 579~580쪽.

10 이현주, 『1920년대 재중항일세력의 통일운동』, 한국독립운동사연구소, 2009, 261~263쪽.

11 박영석, 『한민족독립운동사연구』, 일조각, 1993, 371쪽.

12 국회도서관 편, 『한국민족운동사료』(중국편), 1976, 583쪽.

13 임시정부는 5월 8일 안창호를 후임으로 정하고, 미주 순방을 마치고 5월 하순 상해 에 돌아온 안창호는 임시정부의 어려운 상황 상 일단 취임을 승인했으나, 일부 반대에 부딪치자 취임하지 않고 남경으로 떠나 이전부터 구상하고 있던 이상촌 건설을 추진하게 된다(조동걸, 「민족운동가로서의 도산」, 『안도산전서』 하, 도산사상연구회, 1993, 40~45쪽).

14 최창식은 6월 중순 진강으로 가서 홍진洪鎭에게 국무령을 요청하고, 6월 22일 의정원회의를 열어 비공식으로 홍진을 국무령으로 추천하였다.

15 임시정부는 불조계 보석로 14호에 있다가 재정난으로 6월에 다시 만지로 보경리 4호 임득산의 자택으로 이전하여 간신히 명맥을 유지하는 상황이었다(국회도서관, 『한국민족운동사료』(중국편), 1976, 597-598쪽).

16 국회도서관 편, 『한국민족운동사료』 중국편, 1976, 583쪽.

병인의용대를 결성하다

1 국회도서관 편, 『한국민족운동사료』 중국편, 1976, 576~577쪽.
2 조범래, 「상해시기 임시정부의 외곽단체」, 『대한민국임시정부수립80주년기념논문집』 상, 국가보훈처, 1999, 559쪽.
3 국회도서관 편, 『한국민족운동사료』 중국편, 1976, 576~577쪽.
4 조범래, 「병인의용대연구」, 『한국독립운동사연구』 7, 1993, 356~362쪽.
5 조범래, 「병인의용대연구」, 『한국독립운동사연구』 7, 1993, 356쪽.
6 김정명, 『조선독립운동』 2권, 1980, 495쪽.
7 『동아일보』 1927년 12월 10일; 국회도서관 편, 『한국민족운동사료』 중국편, 1976, 562쪽.
8 『동아일보』 1926년 6월 9일 · 7월 14일; 송상도, 『기려수필』, 293쪽. 그는 6월 7일 오전 2시 감방 내에서 목을 매달아 자살했다. 1995년에 건국훈장 독립장을 추서했다.
9 『동아일보』 1926년 7월 12일 · 7월 15일.
10 독립운동사편찬위원회 편, 『독립운동사자료집』 11, 822~827쪽.
11 1936년 1월 오면직 · 노종균 등이 조직한 맹혈단猛血團에 가입해, 오면직 등 10여 명과 함께 일본 영사관을 공격하다가 일경에 붙잡혔다. 1937년 해주지방법원에서 사형선고를 받고 5월 16일 순국했다. 1963년 건국훈장 독립장을 추서했다.
12 한국노병회의 특별회원에 가입했으며, 1930년 5월 대한교민단 의경대원으로 활약했다. 1931년 7월 상해한인각단체연합회가 발표한 성명서에 병인의용대장의 자격으로 서명했다. 1932년 한국독립당에 가입했으며, 11월 중한민중토일동맹中韓民衆討日同盟에 가입했다. 1968년에 건국훈장 독립장을 추서했다.
13 1931년 한인애국단韓人愛國團에 가입해 특무공작 활동을 폈다. 1933년 상해에서 한국독립당 간부로 활동했다. 1934년 2월 중국중앙육군군관학교 낙양분교 내에 한인특별반의 교육간부로 활약했다. 12월 하순 한국특무대독립군을 조직할 때 중대장 및 조사부장에 선임되었다. 1935년 2월 학생훈련소의 감독 책임을 맡았다. 1936년 7월 맹혈단猛血團을 조직했다. 1938년 1월 상해에서 조선인민회 회장 이갑녕을 처단했다가 일경에 붙잡혔다. 황해도 해주에서 옥고를 치르던 중 1939년 6월 옥중 순국했다. 1995년에 건국훈장 독립장을 추서했다.
14 조범래, 「병인의용대 연구」, 『한국독립운동사연구』 7, 1993, 351~353쪽.

15 국사편찬위원회, 『대한민국임시정부자료집』 32, 「상해·남경·광동지방 불령선인 근황」, 2009.

16 추헌수 편, 『자료 한국독립운동』 Ⅱ, 연대출판부, 1972, 41~42쪽.

17 「불령단관계잡건조선인ノ部, 李王薨去ト鮮人, 대정 15년」, 『외무성문서』(국가보훈처 소장자료).

18 일본 동경의 신한건설당 당원과 한중협회 회원 등의 정보를 일제에 넘겨 당원과 회원들이 체포됐다.

19 처단된 친일 주구배는 염익지, 이수봉 외 2명으로, 이들은 모두 일본 영사관의 밀정이었다.

20 조범래, 「병인의용대연구」, 『한국독립운동사연구』 7, 독립기념관 한국독립운동사연구소, 1993, 364~366쪽.

21 독립운동사편찬위원회, 『독립운동사자료집』 11, 835쪽; 경북경찰부, 『고등경찰요사』, 1934, 104쪽.

22 국회도서관 편, 『한국민족운동사료』 중국편, 1976, 577~578쪽.

23 독립운동사편찬위원회, 『독립운동사자료집』 11, 835쪽; 경북 경찰부, 『고등경찰요사』, 1934, 104쪽.

24 조선총독부 경무국, 「상해정보」 1926년 5월(고대 아연자료 문서번호 33), 213쪽.

25 「광동육군사관학교 졸업 조선인 군대 입경」, 『중외일보』 1926년 2월 14일; 「해외 각 과격단체에서 폭탄 권총 휴대 잠입」, 『동아일보』 1926년 2월 28일.

26 조범래, 「병인의용대연구」, 363~364쪽.

27 조범래, 「병인의용대연구」, 『한국독립운동사연구』 7, 1993, 363쪽.

28 국사편찬위원회, 『대한민국임시정부자료집』 32, 「병인의용대」, 2009, 참조.

6·10만세운동 때 국내 의열투쟁을 추진하다

1 조선총독부 경무국, 「상해정보」 1926년 5월(고대 아연자료 문서번호 33), 213쪽. 당시 나창헌의 움직임은 일제 첩보망에 포착되고 있었다.

2 조선총독부 경무국, 「상해정보」 1926년 5월(고대 아연자료 문서번호 33), 213쪽.

3 그는 한국독립당의 기관지인 『상해신문上海新聞』 사장에 취임하여 차리석·이수봉·박창세 등과 함께 일했다. 1933년 3월 9일 상해 품반로品班路에서 일본헌병에 의해 체포된 뒤 신의주지방법원에서 징역 3년형을 받아 1936년 출옥했다.

1963년에 건국훈장 독립장을 추서했다.

4 채영국, 『한민족의 독립운동과 정의부』, 국학자료원, 2000, 237쪽.

5 조선총독부 경무국, 「상해정보」 1926년 5월 20일(고대 아연자료 문서번호 33), 256~257쪽.

6 독립운동사편찬위원회, 『독립운동사』 7, 610~612쪽; 『동아일보』 1926년 6월 4일·6월 19일.

7 『동아일보』 1927년 3월 13일·3월 26일·7월 13일·7월 27일.

8 『동아일보』 1926년 7월 14일·7월 16일에 의하면, 이들은 국내에서 일본인 대관을 처단하고 ○○교와 호응하여 조선민족운동을 촉진할 일대 운동을 일으킬 목표 아래 서울에 있는 동지와 사전에 연락을 취하고 있었다고 한다.

9 장석홍, 『6·10만세운동』, 독립기념관 한국독립운동사연구소, 2009, 51~53쪽.

10 이날의 기념식장에서 김단야는 6·10만세운동에 대한 경과보고를 했다.

11 독립운동사편찬위원회, 『독립운동사자료집』 11, 「오면직, 김창근 재판기록」, 1976, 827쪽.

12 국회도서관 편, 『한국민족운동사료』 중국편, 1976, 631쪽.

13 국회도서관 편, 『한국민족운동사료』 중국편, 1976, 631쪽.

한국유일독립당상해촉성회에 참가하다

1 장석홍, 「차리석의 『한국독립당 당의의 이론체계 초안(1942)』과 안창호의 대공주의」, 『한국독립운동사연구』 49, 2014, 176쪽.

2 장석홍, 『한국독립운동의 혁명영수 안창호』, 역사공간, 2016, 131~134쪽.

3 러시아의 무산혁명자가 공산당의 깃발 아래 모였고 중국의 혁명자가 국민당에, 아일랜드의 혁명자가 신페인당Sinn Fein에 각각 집결한 사실을 예로 들면서, 당적 결합이 필요하다는 당위성을 강조했다.

4 신주백, 「안창호와 1920년대 사회주의운동」, 『도산사상연구』 8, 215쪽.

5 도산안창호선생전집편찬위원회, 『도산안창호전집』 4, 「도산일기」, 2000, 900쪽.

6 조철행, 『나창헌 : 의열투쟁에 헌신한 독립운동가』, 역사공간, 2015, 108~110쪽.

7 경북경찰부, 『고등경찰요사』, 1934, 105쪽. 집행위원은 홍진·이동녕·이규홍·조상섭·조완구·나창헌·최석순·최창식·김철·김갑·오영선·안공근·김구·윤기섭·송병조·김규식·홍남표·조봉암·황훈·강경선·김두봉·정백·현정건·이민

달 등이었다.

상해를 떠나 항주·구강·중경으로 옮기다

1 국사편찬위원회 편, 『한국독립운동사 자료』 20, 「상해 불조계 공무국 문서(낭트 소장 사료)」, 「한인 폭탄투척사건 관련 제 문건」, 1991.

2 국사편찬위원회 편, 『한국독립운동사 자료』 20, 「해제」, 1991.

3 국사편찬위원회 편, 『독립운동사 자료』 20, 「나창헌 체포 협조에 관한 건」, 1991, 82~84쪽.

4 국사편찬위원회 편, 『한국독립운동사 자료』 20, 「상해 불조계 공무국 문서(낭트 소장 사료)」, 「프랑스 조계 한인에 관한 공문」, 1991.

5 국사편찬위원회 편, 『독립운동사 자료』 20, 「상해 불조계 공무국 문서(낭트 소장 사료)」, 「나창헌 체포에 관한 협조 건」, 1991, 82~84쪽.

6 『동아일보』 1928년 2월 15일.

7 『신한민보』 1928년 3월 15일.

8 『대한민국임시정부자료집』 6 임시의정원, 「1930년 결산안 제출의 건」.

9 국사편찬위원회 편, 『한국독립운동사 자료』 20, 「상해 불조계 공무국 문서(낭트 소장 사료)」,「한인 정황에 관한 건」, 1991.

10 한시준, 「도산 안창호의 피체와 석방운동」, 『역사학보』 210, 2011.6, 213~217쪽.

11 장석흥. 『임시정부 버팀목 차리석 평전』, 역사공간. 2005, 227~228쪽.

12 「동암이 흥사단원에 보낸 통고서」(1932. 6. 25), 『도산안창호전집』 8권, 705쪽.

13 국회도서관 편, 『한국민족운동사료』 중국편, 1976, 767쪽.

14 국회도서관 편, 『한국민족운동사료』 중국편, 「한인독립운동자 나창헌 사망에 관한 건」, 1976, 881쪽. 과거 만현의원의 자리는 현재 만현 제일인민병원으로 사용되고 있다.

15 국사편찬위원회 편, 『한민족독립운동사자료집』 46, 「이초생사건 고백서」,.2001, 128쪽.

국제 정세가 악화일로로 치닫다

1 김구 저, 도진순 주해, 『백범일지』, 돌베개, 1999, 317쪽.

2 박영석, 『만보산사건연구』, 아세아문화사, 1978.

3 김구 저, 도진순 주해, 『백범일지』, 돌베개, 1999, 324~327쪽.

4 김구 저, 도진순 주해, 『백범일지』, 돌베개, 1999, 329~330쪽.

1932년 의열투쟁의 기운이 다시 일어나다

1 김구 저, 도진순 주해, 『백범일지』, 돌베개, 1999, 319~321쪽.

2 김구 저, 도진순 주해, 『백범일지』, 돌베개, 1999, 329~330쪽.

3 장석흥, 「3·1운동의 평화운동적 의미」, 『북악사론』 14, 2021. 101쪽.

한국병인의용대를 재건하다

1 국회도서관 편, 『한국민족운동사료』 중국편, 「한인독립운동자 나창헌 사망에 관한 건」, 1976, 881쪽.

2 국회도서관 편, 『한국민족운동사료』 중국편, 1976, 577쪽.

사천성 만현에서 서거하다

1 국회도서관 편, 『한국민족운동사료』 중국편, 「한인독립운동자 나창헌 사망에 관한 건」, 1976, 881쪽; 『우리들의 길』 제1기(1936년 7월 30일).

2 장석흥, 「차리석의 『한국독립당 당의의 이론체계 초안(1942)』과 안창호의 대공주의」, 『한국독립운동사연구』 49, 2014, 176~178쪽.

3 6월 19일은 음력을 말하는 것 같다.

4 국회도서관 편, 『한국민족운동사료』 중국편, 「한인독립운동자 나창헌 사망에 관한 건」, 1976, 881쪽.

5 국사편찬위원회, 『대한민국임시정부자료집』 35, 「한민」 제5호(1936. 7. 30), 2009, 221~235쪽.

6 국사편찬위원회, 『대한민국임시정부자료집』 35, 「한민」 제7호(1936. 9. 30), 2009, 252~267쪽.

7 국사편찬위원회 편, 『한민족독립운동사자료집』 46, 「민족혁명당원 이초생사건」, 「증인 이상규 신문조서(제二회)」, 125쪽

8 국사편찬위원회 편, 『한민족독립운동사자료집』 46, 「민족혁명당원 이초생사건」, 「고백서」, 208쪽.

9 기록에는 조카사위로 말하고 있으나, 실제 매제였다고 한다(나중화 선생의 증언,

2021. 3. 27).

10 국사편찬위원회 편, 『한민족독립운동사자료집』 46, 「민족혁명당원 이초생사건」, 「증인 이상규 신문조서(제二회)」., 128쪽.

11 胡春惠, 「韓國臨時政府의 改組와 政潮」, 『中國 안의 韓國獨立運動』, 119~123쪽.

12 추헌수, 『資料 韓國獨立運動』 2, 189쪽. 1963년에 건국훈장 독립장을 추서하였다.

13 국사편찬위원회 편, 『한민족독립운동사자료집』 46, 「李初生 신문조서」(제二회), 147쪽.

14 국사편찬위원회 편, 『한민족독립운동사자료집』 46, 「李初生 신문조서」(제二회), 147쪽.

15 이초생은 경기도 개성 사람으로 3년간 조선민족혁명당원으로 활약했으며, 그 후 3년간 옥고를 치렀다. 1990년 애국장을 추서했다.

16 국사편찬위원회 편, 『한민족독립운동사자료집』 46, 「李初生 신문조서」(제二회), 149쪽.

17 국사편찬위원회 편, 『한민족독립운동사자료집』 46, 「李初生 신문조서」(제二회), 147쪽.

18 국사편찬위원회 편, 『한민족독립운동사자료집』 46, 「李初生 신문조서」(제二회), 147쪽

19 국사편찬위원회, 『대한민국임시정부자료집』 6, 임시의정원 1945년, 2005, 154쪽.

20 국사편찬위원회, 『대한민국임시정부자료집』 6, 임시의정원 1945년, 2005, 154쪽.

21 국사편찬위원회 편, 『한민족독립운동사자료집』 46, 「李初生 신문조서」(제二회), 147쪽

22 추헌수 편, 『자료 한국독립운동』 2, 224쪽. 인도 주재 영국군사령부 요청에 의해 민족혁명당에서는 최성오·강창제 등을 인도에 파견할 것에 대한 협의를 거쳤다.

나중화, 부친의 유해를 봉환하다

1 이하의 글은 현지의 『중경만보重慶晩報』 기자가 나창헌의 묘소를 찾는 과정과 본국으로 유해를 봉환까지의 상황들을 1994년 2월 22일자로 정리한 것을 옮긴 것이다.

2 1930년 이강훈과 함께 신민부에서 활동하다가 중국 관내로 이동했다. 1931년 남화한인청년연맹南華韓人青年聯盟에 가입해 1933년 주중일본공사 유길명有吉明을 처단코자 육삼정六三亭 의거 계획에 참가했다. 1936년 남경에서 조선혁명자연맹 중앙위원으로 선출됐다. 1938년 10월 한구漢口에서 조선의용대가 창설될 때 본부 선전조장을 맡았으며, 주로 문필활동으로 이름을 높였다. 1942년 조선의용대가 광복군에 편입할 때 광복군 제1지대 비서로 활동했다. 이후 중경에 거주하다가 1942년 사망했다. 1992년 건국훈장 독립장을 추서했다.

3 최위자는 조선의용대 출신으로 후일 연변조선족자치주 부주장을 역임한 최채의 딸이다.

4 『중경만보重慶晩報』 1994년 2월 22일.

5 한위건은 3·1운동 당시 경성의전의 학생대표로서 서울의 1차, 2차 시위를 주도한 뒤 중국 상해로 망명해 대한민국임시정부의 내무부위원, 임시의정원 함경도 의원으로 활동했다. 1920년 일본에 건너가 와세다 대학 정치경제학과에 입학한 후 공산주의연구회에 참가하면서 사회주의사상을 받아들였다. 조선유학생학우회 위원, 동경 조선기독교청년회 이사 등으로 활동하면서 재일 유학생계의 핵심 인물이 되었다. 1924년 귀국해 『시대일보』 이사를 거쳐 1925년 3월부터 약 3년 동안 『동아일보』 기자와 정치부장을 역임하였다. 그 뒤 중국으로 넘어가 사회주의운동의 전선에서 맹활약한 인사였다.

나창헌의 독립운동사적 위상을 말하다

1 한국근현대사학회, 『새롭게 쓴 한국 독립운동사 강의』, 한울, 2021에 저자가 작성한 것에 수정 보완했다.

2 한국 독립운동에 참가한 사람들이 얼마나 됐을까는 누구도 말할 수 없을 것이다. 종합적으로 통계를 나타낸 자료가 없기 때문이다. 대체로 보면, 3·1운동 당시 200만 명이 참가했고, 의병에 참가한 사람도 수십만 명, 해외의 독립군과 독립운동가들, 거기에 국내의 대중운동에 참가한 사람들까지 합치면 500만 명은 될 것이라는 게 저자의 생각이다.

참고문헌

연속 간행물

『국민보』

『독립신문』

『한민』

『우리의 길』

『동아일보』

『대동신보』

『독립신문』

『삼천리』

『서울대학교병원보』

『시대일보』

『신보』

『신한민보』

『중외일보』

『천도교회월보』

사료 및 자료집

경북경찰부, 『고등경찰요사』, 1934.

국사편찬위원회, 『대한민국임시정부자료집』 전 51권, 2005~2011.

______________, 『한국독립운동사자료』 전 43권, 1970~2007.

______________, 『한민족독립운동사』 전 13권, 1987~1994.

__________, 『한민족독립운동사자료집』 전 71권, 1986~2007.
국학진흥연구사업추진위원회, 『한국독립운동사자료집 3 조소앙편』, 1997.
국회도서관, 『대한민국임시정부의정원문서』, 1974.
__________, 『한국민족운동사료』 중국편, 1976.
도산안창호선생기념사업회, 『도산안창호전집』, 전 14권, 2000.
독립운동사편찬위원회, 『독립운동사』 전 10권, 1970~1978.
__________, 『독립운동사자료집』 전 17권, 1969~1978.
독립기념관 한국독립운동사연구소, 『한국독립운동의 역사』 전 60권, 2009.
백암박은식선생전집편찬위원회, 『백암박은식전집』 전 7권, 동방미디어, 2002.
연세대학교국학연구원, 『동농 김가진 전집』 전 2권, 선인, 2014.
예관신규식전집편찬위원회, 『예관신규식전집』 1, 2권, 2019.
파리통신국 편, 『구주의 우리 사업』, 1920.
추헌수 편, 『자료 한국독립운동』 Ⅱ, 연대출판부, 1972.

단행본

김구 저 · 도진순 주해, 『백범일지』, 돌베개, 1999.
김도훈, 『박용만 – 미 대륙의 항일무장투쟁론자 – 』, 역사공간, 2010.
김정명, 『조선독립운동』 전 5권, 국학자료원, 1980.
김해경, 『나의 아버지 의친왕』, 진, 1997.
김희곤, 『중국관내 한국독립운동단체연구』, 지식산업사, 1995.
______, 『대한민국임시정부』 Ⅰ 상해시기, 한국독립운동사연구소, 2008.
류광열 편, 『항일선언 · 창의문집』, 서문당, 1981.
민두기, 『신해혁명사』, 민음사, 1994.
박영석, 『한민족독립운동사연구』, 일조각, 1993.
삼균학회 편, 『소앙선생문집』 上 · 下, 횃불사, 1979.
손과지, 『상해한인사회사』, 한울아카데미, 2001.
신복룡, 『개정증보판 대동단실기』, 선인, 2014.
신용하, 『도산 안창호 평전』, 지식산업사, 2021.

신용하, 『독립협회연구』, 1976.
윤대원, 『상해시기 대한민국임시정부연구』, 서울대출판부, 2006.
이명화, 『도산 안창호의 독립운동과 통일노선』, 경인문화사, 2002.
이범석, 『우둥불: 철기 이범석 자전』, 외길사, 1991~1992.
이병헌, 『삼일운동비사』, 시사시보사, 1959.
이현주, 『1920년대 재중항일세력의 통일운동』, 한국독립운동사연구소, 2009.
장명국, 『대동단 총재 김가진』, 석탑출판, 2022.
장석흥, 『한국 독립운동의 혁명 영수, 안창호』, 역사공간, 2016.
______, 『6·10만세운동』, 독립기념관 한국독립운동사연구소, 2009,
______, 『임시정부 버팀목 차리석 평전』, 역사공간. 2005.
정정화, 『장강일기』, 학민사, 2011.
조철행, 『나창헌의열투쟁에 헌신한 독립운동가』, 역사공간, 2015.
주요한, 『안도산전서』, 삼중당, 1963.
채영국, 『한민족의 독립운동과 정의부』, 국학자료원, 2000.
삼균학회 편, 『삼균주의연구론집』 Ⅵ, 삼균학회, 1985.
희천군지편찬위원회, 『희천군지熙川郡誌』, 1980,

논문

강영심, 「신규식의 생애와 독립운동」, 『한국독립운동사연구』 1, 1987.
고정휴, 「대한민국임시정부 구미위원부(1919~1925) 연구」, 고려대학교 박사논문, 1991.
고정휴, 「상해임시정부의 초기 재정운영과 차관교섭 -임시대통령 이승만의 역할을 중심으로-」, 『한국사학보』 29, 2007.
김광재, 「일제시기 상해 인성학교의 설립과 운영」, 『동국사학』 50, 2011.
김상태, 「경성의학전문학교 학생·졸업생들의 국내 항일운동」, 『동국사학』 67, 2019.
김은지,「대한민국 임시정부의 국내활동 연구(1919~1921)」,단국대 박사학위논문, 2018.

김희곤,「동제사의 결성과 활동」,『한국사연구』48, 1985.
박걸순,「1920년대 초 국내무장투쟁단체의 활동과 추이: 평북거점 천마산대, 보합단을 중심으로」,『한국독립운동사연구』3, 1989.
박민영,「도산 안창호와 임시정부 연통제」,『도산사상연구』7, 2001.
반병률,「한인사회당의 조직과 활동(1918~1920)」,『한국학연구』5, 1993.
______,「해외에서의 대동단 조직과 활동」,『한국근현대사연구』28, 2004.
배경한,「신규식 동제사 그룹과 파리강화회의」,『역사학보』256, 2022.
신승하,「예관 신규식과 중국혁명당인과의 관계」,『김준엽교수화갑기념 중국학논총』, 1983.
신용하,「신한청년당의 독립운동」,『한국학보』44, 1986.
______,「백범과 한국노병회」,『백범연구』4, 1989.
______,「3·1 독립운동의 전개과정」,『한국근대민족운동사연구』, 1988.
______,「신한청년당의 독립운동」,『한국학보』44, 1986.
신주백,「안창호와 1920년대 사회주의운동」,『도산사상연구』8, 2002.
오수창,「조선후기 경상도·평안도 지역차별의 비교」『역사비평』59, 2002.
______,「조선후기 평안도민에 대한 인사정책과 서민의 정치적 동향」, 서울대박사논문, 1996.
윤병석,「1910년대 미주지역에서의 조국독립운동」,『국외한인사회와 민족운동』, 일조각, 1990.
______,「미주 한인사회의 성립과 민족운동」,『국외한인사회와 민족운동』, 일조각, 1990.
이재호,「대한민국 임시의정원 연구」, 단국대 박사학위논문, 2011.
장경호,「조선민족대동단 전라북도 지단 설립 배경과 단원 모집」,『전북사학』61, 2021.
장규식,「YMCA학생운동과 3·1운동의 초기 조직화」,『한국근현대사연구』20, 2002.
장석흥,「3·1운동의 평화운동적 의미」,『북악사론』14, 2021.
______,「나창헌의 생애와 독립운동」,『한국학논총』24, 2001.

______, 「대한독립애국단연구」, 『한국독립운동사연구』 1, 1987.

______, 「대한민국청년외교단연구」, 『한국독립운동사연구』 2, 1988.

______, 「연병호의 독립운동 방략과 노선」, 『역사와 담론』 73, 2015.

______, 「조선민족대동단연구」, 『한국독립운동사연구』 3, 1989.

______, 「차리석의 『한국독립당 당의의 이론체계 초안(1942)』과 안창호의 대공주의」, 『한국독립운동사연구』 49, 2014.

______, 「평양 3·1운동의 원류」, 『한국학논총』 53, 2020.

정병준, 「신한청년당 결성과 우사 김규식의 독립운동」, 『우사 김규식의 생애와 사상』 5, 우사 김규식 서거 70주년 추모논문집, 2020.

조규태, 「북경 군사통일회의의 조직과 활동」, 『한국독립운동사연구』 15, 2000.

조덕천, 1920년대 중한호조사의 결성과 한중연대」, 단국대 사학과 박사학위논문, 2020.

조동걸, 「임시정부 수립을 위한 1917년의 대동단결선언」, 『한국학논총』 9집, 국민대 한국학연구소, 1986.

______, 『우사조동걸선생저작집』 8집, 역사공간, 2011.

조범래, 「병인의용대연구」, 『한국독립운동사연구』 7, 1993.

______, 「상해시기임시정부의 외곽단체」, 『대한민국임시정부수립80주년기념논문집』 上, 국가보훈처, 1999.

천관우, 「민세 안재홍 연보」, 『창작과 비평』 13-4 통권 50호, 1978.

한국정신문화연구원, 『독립운동사자료집 – 조소앙편』, 1997.

한시준, 「조소앙 연구」, 『삼균주의연구론집』 Ⅵ, 1985.

______, 「도산 안창호의 피체와 석방운동」, 『역사학보』 210, 2011.6.

홍선표, 「1910年代 후반 하와이 한인사회의 동향과 대한인국민회의 활동」, 『한국독립운동사연구』 8, 1994.

찾아보기